売れる広告　7つの法則

九州発、テレビ通販が生んだ「勝ちパターン」

電通九州・香月勝行
妹尾武治　分部利紘

光文社新書

プロローグ——なぜ九州なのか？

通販の広告って、なんとなく似てるよね……。

多くの方がテレビショッピングなどの通販広告を見て、そんな感想を持たれると思います。

そう、事実、通販の広告は似ています。商品を隠したらもはや区別がつかないくらい、通販の広告はうり二つにできているのです。

「差別化」がマーケティングの常識とされるこの時代において、なぜ通販会社はあえて似たような広告を作るのか。答えはもちろん「そのほうが売れるから」。すなわち、通販広告には勝ちパターンが存在し、制作者側はその勝ちパターンに基づいて広告を制作する、だから似たような広告になってしまうのです。

何を隠そう、そのような勝ちパターンが形成されたのが、九州という土地柄。もともとテレビを利用した通販広告は、地方の企業が中央の大手に勝つための戦略として、九州の一食品事業者から始まったものでした。

「広告は認知を広げるための『作品』であるべき」、という考え方が支配的だった中で、はじめは異端であったこのやり方。ところが、効果はてきめん。評判を聞きつけた同郷の事業者がこぞってこのノウハウを学び、各社が様々に試行錯誤することで、テレビ通販のワザは急速に磨き上げられていきます。

2000年代に入ってからはコールセンターや広告会社、映像制作会社などもこの流れに参画。ノウハウはますます研ぎ澄まされ、今ではテレビショッピングという1つのビジネスパターンとして大きな注目を集めるほど、様々なノウハウがここ九州に集積したのです。

近年、通販ビジネスは大きな潮流の変化を迎えています。言うまでもなくその要因は、インターネットの台頭。このおかげで、高額なテレビ広告や流通販路の開拓をせずとも、商品さえあれば、誰もが通販ビジネスに乗り出せる環境が整ってきました。

とは言え、「誰でも始められる」からと言って「誰でも成功できる」わけではありません。

なぜなら、変わったのはビジネス環境だけであり、モノを買ってくれる消費者はさほど変わっていません。つまり、どれだけテレビやインターネットの知識を得たとしても、その先にいる「人」の購買心理を把握しない限り、人を動かしてモノを売ることは未だにとても難しいことなのです。

そんな購買心理、すなわち人がモノを買う心の流れを紐解くうえでのヒントとなるのが、実際に広告を通してモノを買ってもらうことを実践してきた、九州の通販業界に蓄積されたノウハウです。私たちが持つ「勝ちパターン」の後ろには、単に認知を広げるための広告にはない、驚くほど多彩な人間の購買にまつわる心理や行動パターンが詰まっているのです。

本書では、そんな通販広告の中で培われた各種の勝ちパターン、つまり成功のための『鉄板法則』を7つに分け、その「法則」があるのとないのとでどんな差が生まれるのかを明らかにする、という今までにないアプローチでその実態に迫りました。具体的には、法則を盛り込んだ広告とそうでない広告を制作し、両者を調査にかけ、得られたデータを心理学者の監修のもと精緻に分析したのです。

結果から導かれた各法則の詳細は、第1章で、様々な通販広告の制作・分析に携わってきた電通九州ダイレクトマーケティング部の香月勝行が、順を追って余すところなく解説していきます。さらに、気鋭の心理学者として知られる妹尾武治・分部利紘の2名の心理学博士が、各法則の裏に潜む心の動きや思考のパターンを、心理学の面からも考察しています。

また、第2章では、7つの法則による心の動きを総合的にとらえることで、人間のモノを買う心理をモデル化することにも挑みました。通販以外にも活用できる普遍的な「購買心理モデル」とはいったいどんなものなのか、楽しみにしながら読み進めていただければと思います。

納得の事実もあれば、意外な真実もある人間の購買心理。詳しく知ることで、あなたのビジネスはもっと大きく広がるはずです。モノを売る人すべてが必見の、実体経済から導かれた新しいマーケティングの虎の巻！　ぜひ活用して、あなたのビジネスにお役立てください！

目次

第1章

これが、通販の現場で磨き上げられた、通販広告の7つの鉄板法則！

広告と『ＰＤＣＡ』の関係

それではさっそく、本書のメインコンテンツ『通販広告の７つの鉄板法則』をご紹介していきましょう。と、言いたいところですが、実は、それに先立ってあらかじめ皆様に知っておいてほしいことがあります。それが、広告と『ＰＤＣＡ』の関係性。

ＰＤＣＡとは、「Plan」「Do」「Check」「Action」の頭文字をとったもの。計画を立て、実行し、結果を検証し、再度実行する、という物事の進め方のサイクルを意味します。様々な情報がデータとして手に入れやすくなった現代、ビジネスの現場ではこの考え方が広く普及し、あらゆる施策においてＰＤＣＡのサイクルを回すことが重要とされています。

広告業においても、もちろんＰＤＣＡは常に意識されています。特に近年存在感を増しているインターネット広告の場合、広告の表示回数やクリック回数はもとより、ショッピングサイトであればその購入率や購入金額などまで、すべてが数値として計測されます。それらを利用して、複数の広告表現を投入して最も効果のあるものを見つけ出したり、広告の投資額と売り上げを比較しながら最適な広告の投下量を見極めたりと、様々な検証をしながら、より成果の出る広告のあり方が日々追求されているのです。

一方で、インターネット以外の広告は、実はＰＤＣＡサイクルを回すのがそう簡単ではありません。なぜなら広告の効果を、インターネット広告のように直接計測することが難しいからです。どういうことか、とある洗剤Ａを売るケースで説明しましょう。

洗剤ＡのテレビＣＭを流して小売店でそれが売れたとします。その際、その売り上げは１００％すべてがテレビＣＭの効果と断言できるでしょうか。もちろんテレビＣＭの影響もありますが、それ以外にも小売店の店頭でのキャンペーンが効果的だったとか、小売店のチラシに特売として大きく取り上げてもらえた等々、テレビＣＭだけでなく、小売店で行われた各種の販促活動の影響も加わってきます。

ですが、あくまで計測できるのは最終的な商品の売り上げの数値のみ。つまり、直接の広告効果を計る指標を持たない一般的なテレビ広告の場合、大雑把な貢献度は分かるものの、その効果を正確に把握するのは非常に困難なのです。これは、新聞広告、あるいは折り込みチラシなどでも同様です。効果が正確に分からなければ、当然、正確な次の手も打てません。その意味で、テレビＣＭなどのインターネット以外の広告は、ＰＤＣＡサイクルを回すのが非常に難しいとされているのです。

通販広告は効果を計測できる

そんな中、同じようにテレビＣＭや新聞広告を使いながらも、直接的な広告の効果を計測できるのが通販広告です。小売店などを通さずに、広告を見た方に直接電話で注文してもらうやり方のため、広告と結果（注文件数）が直結しているのです。広告効果の計測が容易だからこそ、通販広告の手法はＰＤＣＡサイクルを回しやすいのです。

そんな特徴を生かし、通販広告においては、例えばターゲットの悩みごとを前面に打ち出して訴求するものや、商品によってもたらされるメリットを打ち出すものなど、複数の表現を制作して反応をテストすることが、基本中の基本として行われてきました。

場合によっては、全く同じコピー、全く同じレイアウトで、背景の色だけを複数のパターンでテストするといった、普通はクリエーターの感性にゆだねられる領域ですら、きめ細かくテストされてきたのです。

こうして得られた結果をもとに、広告表現には検証が加えられます。反応が良かった表現同士を組み合わせてさらに結果の出る表現を開発していく、あるいは表現以外の面でも、放送・掲載するメディアは何がいいのか、曜日は、時間帯は、はたまたそれらと表現の関係性は、などなど、様々な要素を組み合わせた分析が行われることで、広告の効果があらゆる面で追求されてきたのです。

中には、ＣＭの放送タイミングと反応したお客様の関係を詳細に分析し、「お年寄り向けの商品なら『水戸黄門』のかげろうお銀の入浴シーン直前のＣＭ枠がベスト！」といったマニアックなノウハウにたどり着く猛者もいたほど。

いずれにせよ、とにかく広告と結果の対応関係が分かりやすい手法だったことから、多くの通販事業者では、蓄積したデータを売り上げという成果に結び付けるための活動が、古くから行われてきました。つまり、まだまだ広告にＰＤＣＡの概念が普及するはるか前のアナログ広告の時代から、脈々とＰＤＣＡを実践してきたのが九州の通販会社だった、ということなのです。

これからご紹介する鉄板法則はすべて、そんな長きにわたるＰＤＣＡの戦いを勝ち抜いた、正真正銘の勝ちパターンばかり。しかもその中で磨き上げられ、現在もビジネスの最前線で使われている一線級のネタばかりです。つまり、よくある概念的なマーケティング仮説や、クリエーターの思い付きとは全く異なる、実戦で証明された本当に効果の出る販促施策を、本書では取り上げております。

それでは、そんな貴重（?）な7つの法則を、これからご紹介していきましょう。ぜひ楽しみながらお読みいただけると幸いです。

鉄板法則1『呼びかけ&問いかけ型導入』

1-①『呼びかけ&問いかけ型導入』って、いったい何だ?

冒頭2~3分で「つかむ」――『アバン』

栄えある最初の鉄板法則として取り上げるのが、通販広告の導入部分で使われる鉄板の勝ちパターン、『呼びかけ&問いかけ型導入』。なんとなくネーミングから推測がつきそうな法則ですが、具体的にどういった表現がこの法則に該当するのでしょうか。それを知るために、まずは通販広告の導入部分の表現に注目して見ていきたいと思います。

通販広告の導入部分とは、チラシであれば真っ先に目に入ってくるキャッチフレーズ、テレビショッピング番組であれば導入の2~3分間のコンテンツ(専門的には『アバン』と呼ばれます）がそれに当たります。したがって、『呼びかけ&問いかけ型導入』は、まさにこの部分に潜んでいるもの、ということになります。

試しに皆さんのご自宅に折り込まれた通販のチラシを見てみてください。よくあるのが「50代、細かい文字を読むのがおっくうになってきていませんか？」とか、「あなたは大丈夫？　日本人の8割が野菜不足！」といった、対象を限定する呼びかけと質問とで構成されたキャッチフレーズです。

当社が研究用に保管している通販の折り込みチラシの過去1か月分を調べてみても、全20種類中15種類、実に7割以上がこのような要素で構成されたキャッチフレーズを採用していました。

では、テレビだとどうか。同様に当社で研究用として録り溜めているテレビショッピング番組を見てみると、さらに驚くべき事態が。なんと異なる5点のスキンケア化粧品の広告が、全く同じ問いかけから始まっていたのです。それが、「突然ですが、テレビをご覧のあなたに質問です！　この人何歳に見えますか？」という導入。そうでないものを見てみても、「あなたのお肌のお悩みは何ですか？　乾燥？　ツヤ？　ハリ不足？」といった、やはり呼びかけと質問で構成された導入となっていました。これはインターネット広告を見ても同じような傾向。つまり、スキンケア商品の通販広告のほとんどは、メディアの違いを問わず同じような導入法を採用していた、ということです。

このように、多くの広告で導入の方法が共通しているのは決して偶然ではありません。前にも触れましたが、通販広告はおびただしい数の表現テストを繰り返しています。そこを勝ち残ったこの導入は、テストの荒波に耐え抜き、結果を出し続けた表現方法だということ。つまりこの事実は、**できるだけ多くの人の目をつかみ、商品に興味を持ってもらうためには、広告の対象者を限定し、その人が気にしていることについて問いかけるやり方が有効**であることを意味しているのです。

この形こそが、『呼びかけ&問いかけ型導入』。対象者を指名して、その後にその人の悩みや関心ごとを問いかけることで本題に入るというのが、通販の長い歴史の中から導かれた鉄板の法則なのです。

この手法が効く2つの理由

でもなぜ、対象者を指名したうえで問いかけると、人は広告に注目し、商品に興味を持つようになるのでしょうか。狙うのがその商品を必要としている人なのであれば、最初から商品特徴を説明しても話を聞いてくれるはず。ですから、商品によってもたらされる嬉しい効果を魅力的に描いたほうが、商品への期待度も高まる気もします。

私たちは、この手法が効果的な理由は、次の2つだと考えています。1つは、対象者を名指しすることで、広告に注目される可能性が上がること。簡単に言うと、呼びかけるからこそ人は振り向いてくれる、という考えです。

そしてもう1つが、質問をすることで、その問いについて考える人が増える、ということ。考えてもらうことで、自身の問題点についての意識が高まり、結果的に広告の内容を受け入れやすい状態を生むのではないか、という推測です。

果たしてこの仮説は、本当に正しいのでしょうか。そこで私たちは、『呼びかけ&問いかけ型導入』に触れた人たちがどのような心の動きをしたのかについて、詳しく調べてみることにしました。

1-②『呼びかけ&問いかけ型導入』への反応を調べてみると……

電通九州独自の通販広告評価システム

今回、調査の対象にしたのが、とあるヘアケア商品のテレビショッピング番組。この番組の冒頭は、「テレビをご覧の皆さん、毛髪のことで悩んでいませんか?」というナレーションから始まっていました。テレビを見ている人に呼びかけて、その後悩みを問いかけるという、まさに『呼びかけ&問いかけ型導入』が採用された番組です。

そこから先は、髪の毛のコシの低下やボリューム不足などの、年齢を重ねると起きがちな髪の悩みが紹介され、その後に商品が登場する、というのがアバンの大まかな流れです。ちなみにこの番組は、実際に放送した際に、非常に多くの注文を得ることができました。

そして、この番組の反応を調査するのに用いたのが、電通九州独自の通販広告評価システム、その名も『お買い物心電図』。簡単に言うとこのシステムは、インターネット上でモニターの方々に映像を見てもらい、その心の動きを計測するものです。

具体的には、図1のような調査画面でモニターに番組を見てもらい、見ながら良いと思っ

図1　「お買い物心電図」調査画面

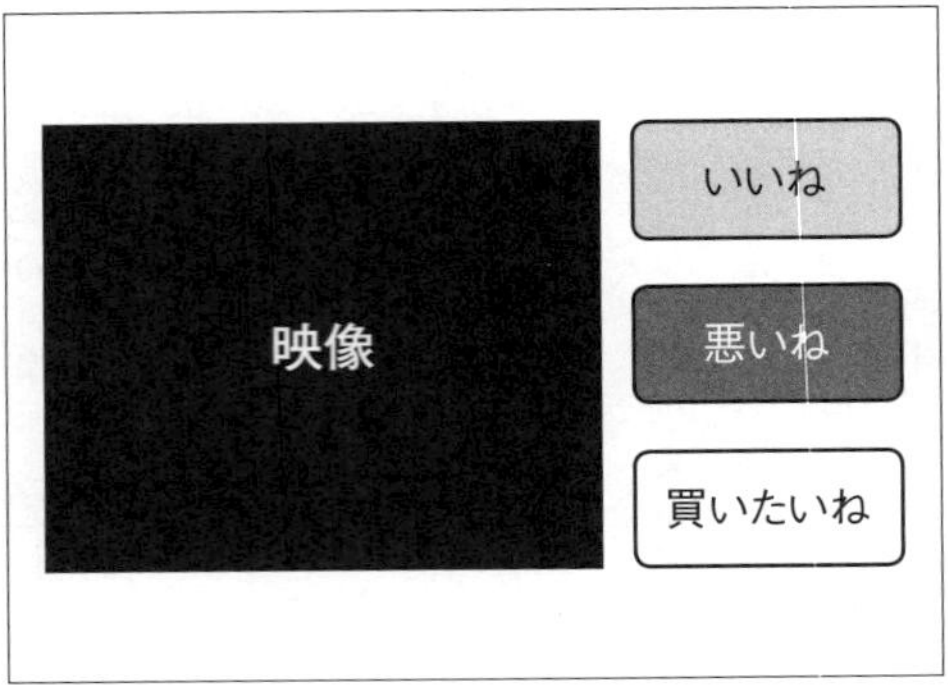

たら映像の横に置かれた「いいね」ボタンを押す、イヤだと思ったらその下に置かれた「悪いね」ボタンを押す、そして買いたいなと思ったらさらにその下にある「買いたいね」ボタンを押す、という3つのことをやってもらう仕組みです。

ボタンを押すだけ、というシンプルな仕組みであるがゆえに、このシステムにはダイレクトに視聴者の感情が反映されます。しかもそれを１００人以上の規模で行うことができるため、多くても10人くらいの反応しか得ることができなかったグループインタビューなどの従来の手法と異なり、圧倒的な量のデータを得られるのが特徴です。心理学の現場でも実験の被験者数は40人程度で行われることが通常であり、その意味でもデータの信頼性は非常に高いと言えます。

本書の調査では、主に１００人、もしくは２００人のモニターに参加してもらっており、その数は各図表に「N＝○○○」の表記で記載しておりますので、データ理解のご参考にしていただければと思います。

さて、収集された反応データは、映像の時間経過に沿って、26～27ページの図２のような３つの波形として表されます。

これにより、視聴者が映像のどこで期待感や好意というポジティブな心情を抱いたのか、そして悩みや不快感などのネガティブな心情はどのような表現から生まれたのか、またそれらの心情がどのように交差することで「買おう！」という気持ちが生まれたのか、そうしたことを視覚的に把握することが可能となります。

つまり、映像視聴中の視聴者の心がどのように推移したかという見えない情報を、データとして定量的に収集できるシステムが、この『お買い物心電図』なのです。

なお、本書において、グラフの縦軸の数値、すなわち「いいね」「悪いね」「買いたいね」の実数値については、データ管理の都合上そのまま開示することが難しく、全編において伏せさせていただいております。とは言え、得られた数値に沿って正確にグラフ化していますので、波形の推移を見ていただくことで、実際の調査結果のままのリアルな心の動きを把握していただくことが可能です。

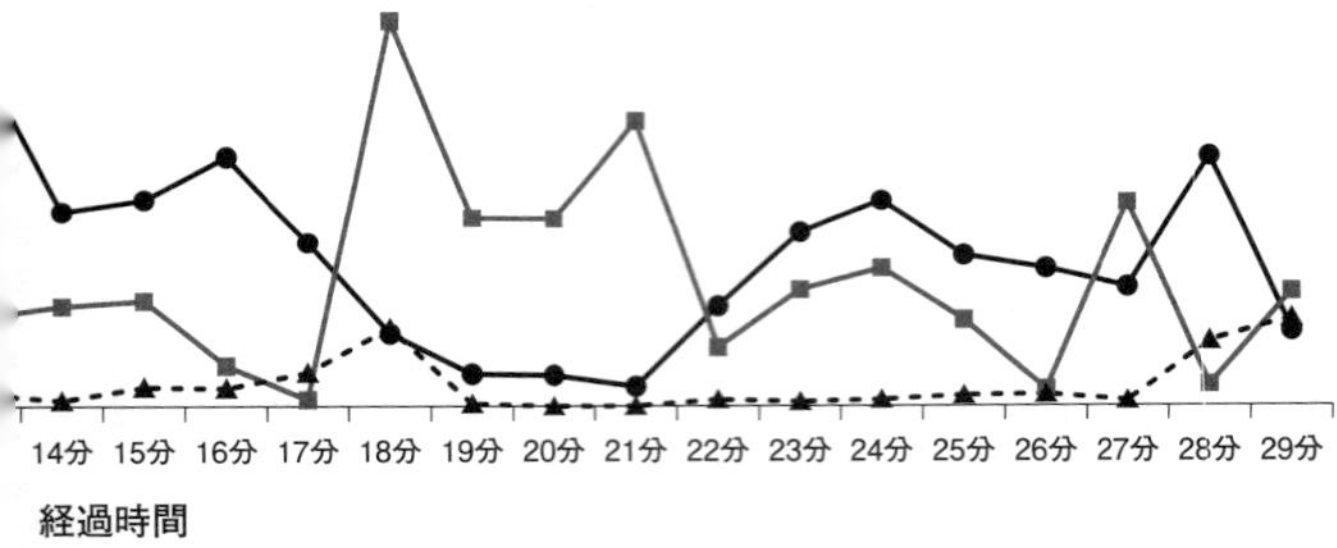

「悪いね」はネガティブな共感

ではさっそく、『呼びかけ&問いかけ型導入』を採用した典型例である先ほどのヘアケア商品のテレビショッピング番組を、今回200人のモニターに見せて得られた結果を紹介しましょう。ここでは、分かりやすいように呼びかけ&問いかけ部分が含まれた番組冒頭（アバン）の反応のみを取り出して、グラフにしてみます。

（28ページの図3）

グラフを見るとまず目に付くのが、冒頭の呼びかけ&問いかけの場面で「悪いね」がいきなり高まっていること。その後、具体的な髪の悩みの映像が紹介された場面で「悪いね」はさらに高まり、ピークに達しているのも分かります。

「悪いね」という名称から、このスコアが高まることは

図2 「お買い物心電図」から得られるデータ

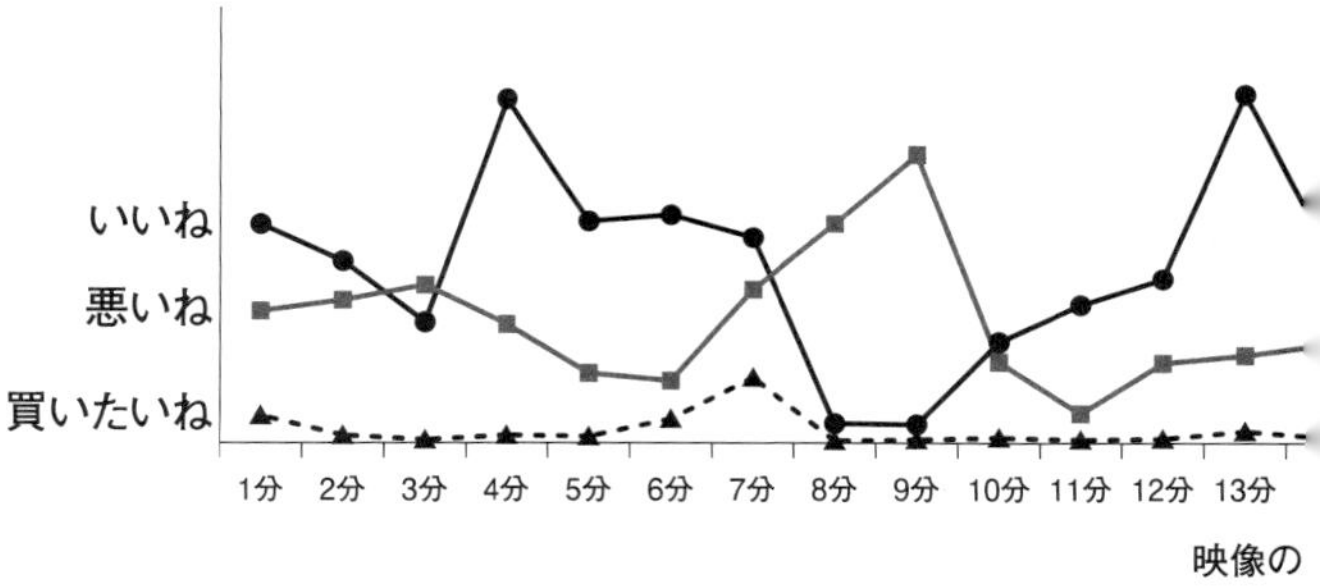

良くないことのように感じますが、必ずしもそうではありません。「悪いね」ボタンは、映像を見てイヤな気持ちを抱いた場合に押される傾向にあります。この場合の「悪いね」もまさにそうで、提示された悩みに対してネガティブな共感を覚えたことを意味していると考えられます。つまりこの番組は、導入部分で視聴者にしっかりと自身の悩みを意識させることに成功していたということです。

また、ネガティブな共感の高さの陰で霞んではいますが、後の商品紹介の場面で「いいね」が高まっていることも注目点の１つ。この「いいね」の波形から、この番組は、商品への興味もそれなりに呼び起こせたと言えるでしょう。

感情を揺さぶり、商品への共感を高める

続いてもう１つ、今度は、『呼びかけ＆問いかけ型導

図3　ヘアケア商品のアバン（番組の冒頭部分）に対する反応

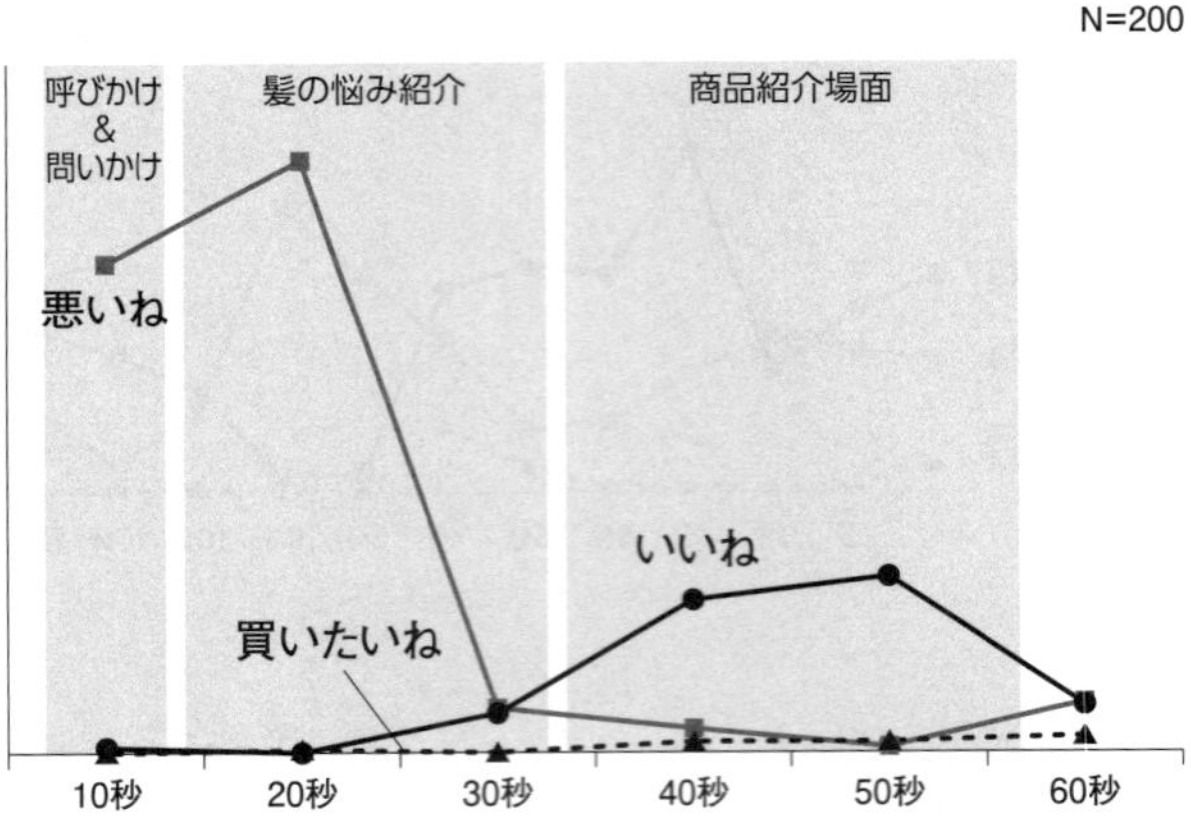

入』を採用した、美容系商品のテレビショッピング番組の調査結果を見てみます。

この商品は、年齢とともに減っていく肌の保湿成分を補うためのもの。そんな商品への注目を得るべく、番組の冒頭は「年齢でお悩みの皆さん！」という呼びかけから始まります。そして、若く見える女性の写真を提示したうえで「この方、いくつに見えますか？」という問いかけに展開し、さらに肌の保湿成分は年齢とともに減るという情報を提示します。その後、「みずみずしさが欲しい方に！」と再度呼びかけ、それから商品の紹介に入っていくというのが大まかな流れになっています。

この番組の反応を、２００人のモニターを対象に調べた結果が、図４です。

図4　美容系商品のアバン（番組の冒頭部分）に対する反応

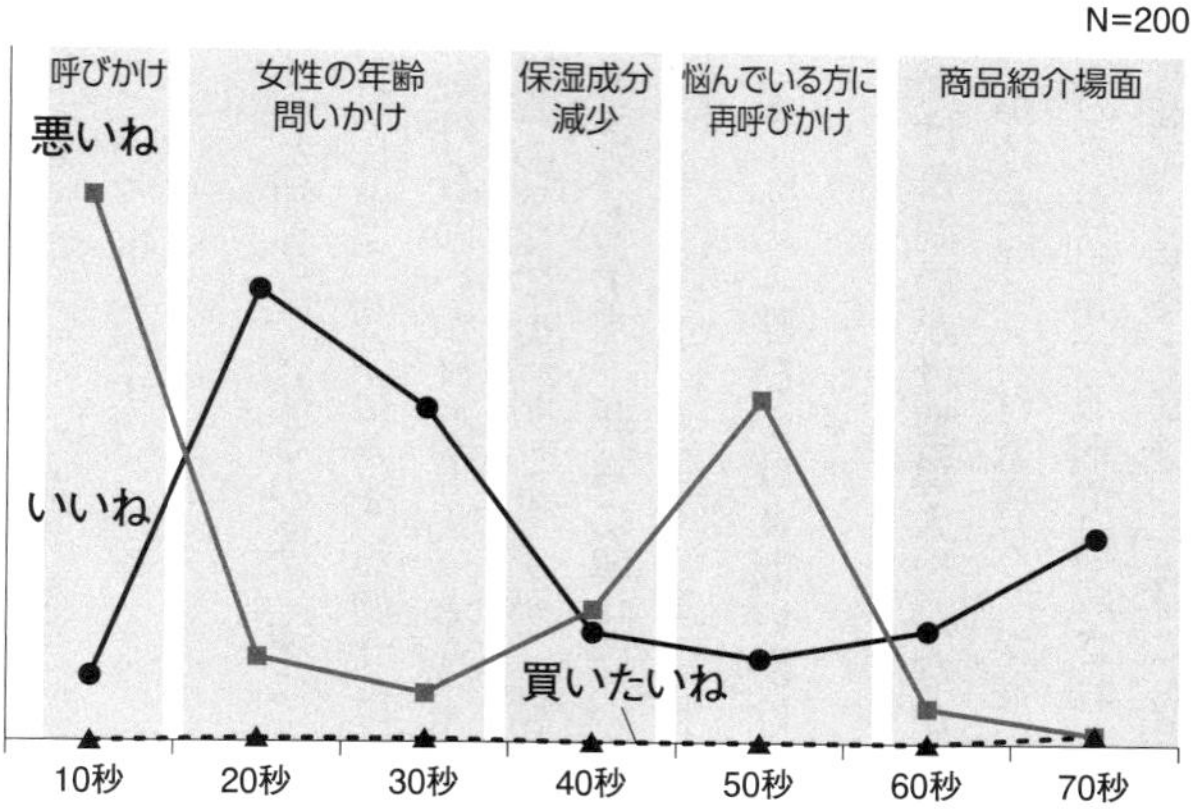

冒頭では、「年齢でお悩みの皆さん」というネガティブな共感をくすぐる呼びかけによって「悪いね」が高まりますが、その直後に若く見える女性の年齢を聞くというポジティブな問いかけが来ることで、一気に波が逆転しています。

その後、肌の保湿成分が減るという情報や悩んでいる方への呼びかけの部分で、再び「悪いね」が上昇。そして商品紹介場面で、改めて商品に対する「いいね」がゆるやかに盛り上がっていく構造となっているのが分かります。

つまり全体的に、呼びかけと問いかけに呼応して気持ちが激しく揺さぶられながら、最終的に自身の悩みや商品のことを強く意識させられた、ということを意味する波形になっているわけです。

ここまで見てきた2つの事例を総合すると、少なくとも言えるのは次のようなこと。すなわち、『呼びかけ&問いかけ型導入』は、ネガティブな共感やポジティブな共感を高め、感情を揺さぶり、商品に対する興味を高める働きがある、という事実です。

となると知りたくなるのは、逆にこうした『呼びかけ』や『問いかけ』がない場合には、感情の振れ幅や商品に対する興味は高まらないのか、という点。そこで続いては、そんな『呼びかけ&問いかけ型導入』を採用しなかった番組の反応結果を見てみることにします。詳細はこの後にご説明しますが、結果はまさに『呼びかけ&問いかけ型導入』がもたらす〝ある働き〟を示す、非常に興味深いものでした。

1-③ 『呼びかけ&問いかけ』がもたらすもの、それは『自分ごと化』

『呼びかけ&問いかけ型導入』がなかったら……

『呼びかけ&問いかけ型導入』がない番組として取り上げるのが、冒頭から商品を愛用するお客様の声を紹介する形で構成された、とある基礎化粧品のテレビショッピング番組です。この番組は、実際に放送した際にあまり多くの注文を得ることができなかったものなのです

図5　基礎化粧品のアバン（番組の冒頭部分）に対する反応

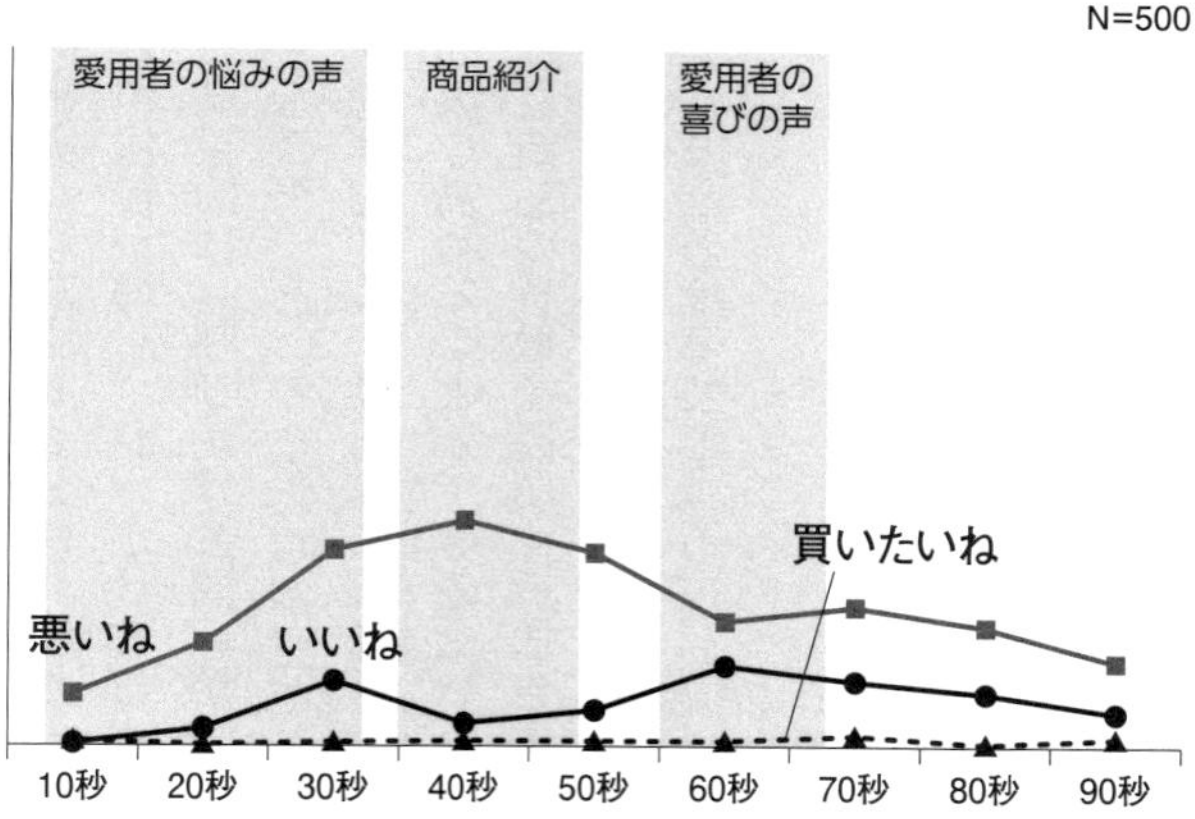

が、その調査結果は、図5の通りでした。

波形を見てみると、これまでの2つの番組との違いは明らかで、「いいね」や「悪いね」の波が少ない平坦な形になっていることが分かります。この波形は、この番組を見た視聴者が、そもそも番組自体にあまり注目をしなかったこと、あるいは、自身の問題点にネガティブな共感を抱かなかったこと、さらには、商品に対してポジティブな感情も抱かなかったことを示していると言えます。

つまりこの番組は『呼びかけ＆問いかけ型導入』を採用しなかったことで、『呼びかけ＆問いかけ型導入』を採用した番組に見られた、情報への共感や商品に対する興味といった心の動きを、生み出すことができなかったのです。

『自分ごと化』の重要性

この事実が意味することはいったい何なのでしょうか。それはやはり、呼びかけることで視聴者の注目が増し、問いかけることで自身の問題についてより深く考えることにつながる、だから結果的に『呼びかけ&問いかけ型の導入』によって商品を受け入れてもらえる可能性が高まるのだ、という私たちが立てた仮説の正しさです。一言で言うなら、**『呼びかけ&問いかけ型導入』は、視聴者に広告を『自分ごと化』させる働きを持っており、それゆえに広告の効果を高めることができる**ということなのです。

単純に商品の特徴を説明する広告よりも、呼びかけ&問いかけ型の導入を用いた広告のほうが反応数が増え、より多くモノが売れることにつながる理由は、まさにこの『自分ごと化』にあると言えるでしょう。

ここ数年、広告業界においては、広告があふれる中できちんと効果を上げていくために、いかに視聴者に広告を自分に関係するものととらえてもらうか、言い換えればいかにして広告を『自分ごと化』するかが大切だ、ということが盛んに言われます。本書をお読みの皆様も、一度はそういった議論をした経験があるのではないでしょうか。その答えの1つとなるのが、呼びかけることで振り向いてもらい、気になっていることを問いかけることで自身の問題について考えてもらうことのできる、『呼びかけ&問いかけ型導入』です。
私たちは、長い間の試行錯誤でその効果の確かさを実感してきたからこそ、『呼びかけ&問いかけ型導入』を、鉄板の導入法として脈々と受け継ぎ、磨き上げてきたのです。

1‐④『自分ごと化』と『ニーズ』の、深い関係

ニーズに「気づかせる」

ここまで、『呼びかけ&問いかけ型導入』の反応から、その働きが『自分ごと化』にあるということについて見てきました。ですが、ここで気になるのは、なぜ『呼びかけ&問いかけ型』の導入をしなければ、『自分ごと化』が起きないのかという点。商品に関係する何らかの問題をすでに抱えている人であれば、そもそも呼びかけたり問いかけたりをしなくても、商品の情報を伝えるだけで『自分ごと化』してくれるはずです。

つまり、『呼びかけ&問いかけ型導入』が、より強い広告への注目と自身の問題への意識を生む裏には、単に表現のテクニックに留まらない、もっと本質的な理由が潜んでいる可能性があるのです。

私たちはその本質的な理由は、『ニーズ』、より正確に言うと『ニーズの認識状況』にある

のではないかと考えています。ここからは、さらにその点について考察していきます。

マーケティング書などでは、「新たなニーズを作り出そう」といったことがよく言われます。しかし、残念ながら通販広告の試行錯誤から分かったこととして、**人はすでにニーズを感じているもの以外はよほどのことがない限り買わない**、という事実があります。新たなニーズを作り出そうとしても、なかなか思い通りにいかない、ということです。

となると、すでに感じているニーズに対して商品をアピールしていくのであれば、わざわざ『自分ごと化』する必要はないのではないか、という気もしてきますが、実際にはそんなことはありません。ニーズを考える場合に最も大切なことが、**ニーズは常日ごろから意識されているわけではない**という点なのです。現代人はあまりにニーズが多すぎて、24時間365日、すべてのニーズを把握して生活を送っているわけではない、ということを意識する必要があるのです。

ありがちな例を挙げると、毎日使う日用品が足りているかは常に頭に入っているのに対し、特殊なものは調べてみないと足りているかが分からない、というようなことです。

例えば、年に一度の大晦日、お風呂場の大掃除の時に、腕まくりをしていざ始めようとしたところで「あれ！　カビ落とし剤を切らしてた！」とハタと気づく……、そんな経験、あなたにだってあるのではないでしょうか。そしてもし、カビ落とし剤がないことに気づく前の段階で、「そこのあなた！　カビ落とし剤を切らしてるんじゃないですか？　だったらこのカビ落とし剤はいかがですか？　よく落ちますよ！」と伝えてみたらどうでしょう。「あっ、確かにカビ落とし剤、切らしてたかも！」と振り向き、話を聞いてもらえて、売れる可能性が高まると思いませんか。

だからこそ購買意欲を作り出すには、普段は心の戸棚の奥にしまわれているニーズに目を向けてもらう、つまり新たなニーズを作り出そうと躍起になるよりもむしろ、自分が持っていたニーズに「気づかせる」ほうが有効になるケースが多いわけです。これこそが、『呼びかけ＆問いかけ』によって生まれている『自分ごと化』の、本質的な部分だと思うのです。

細分化したニーズへの対応

加えて、そんなニーズに気づかせる際に、もう１つ大事なことがあります。それが、「ニーズの気づかせ方」。実はニーズって、モノがあふれる現代だからこそ、その分だけ細かく、かつ際限なく存在しているのです。

図6　「雨の日に濡れたくない」というニーズの変遷

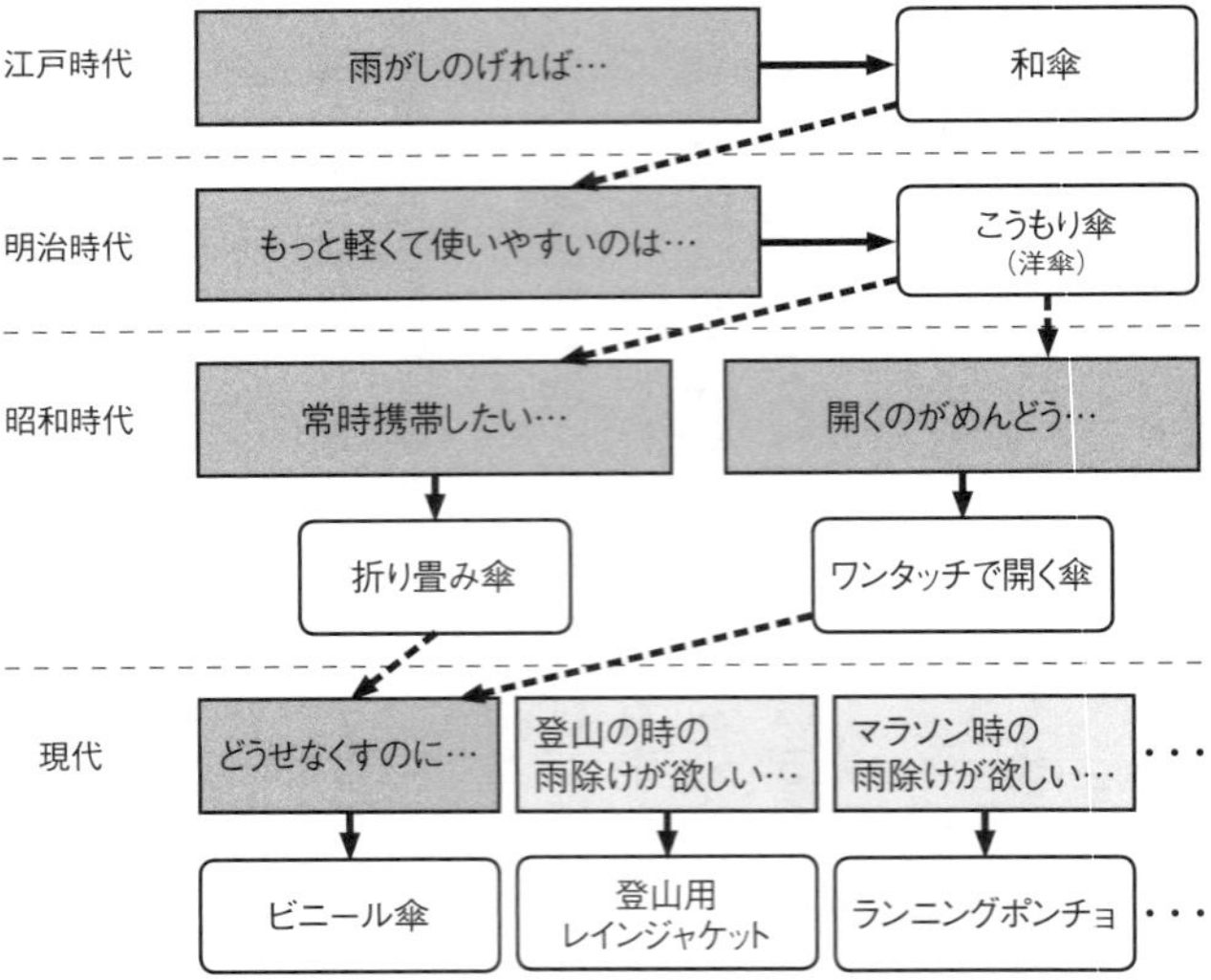

例えば、雨の日に濡れたくない、というニーズを例にとって、ニーズが細かくかつ際限なく存在しているという現象を説明しましょう（図6）。

まだ日本にモノが少なかった江戸時代、このニーズを満たすのは伝統的な和傘しかありませんでした。だから皆（実際には裕福な層に限られるのですが）この和傘を使って雨をしのいでいたわけです。が、実は和傘って重くて耐久性に欠けるのが難点。したがって使っている人たちも「もっと軽くて使いやすい雨よけ手段はないものか」というニーズを持っていたと思われます。

時は変わって明治維新。海の向こうか

らやってきたのが、こうもり傘。軽くて持ちやすく破れにくいこの新しい商品は、和傘では満たされなかったニーズを満たすことで、広く一般に普及していきます。

するとその先に生まれるのが、「突然の雨に備えて常時カバンの中に傘を携帯しておきたい」とか、「いちいち手で開くのが面倒なんだけど」といった新たなニーズ。それを受けて生まれたのが、折り畳み傘やワンタッチで開く傘になります。

そして今やニーズはさらに多様化し、「どうせなくすのに高いお金を払いたくない」というニーズを満たすビニール傘はもとより、「登山の時に蒸れない雨除けがほしい」に応える登山用レインジャケットや、「マラソン大会当日の天気が心配」に応えるランナー用のランニングポンチョなど、際限なく生まれるニーズに合わせて様々な商品があふれることになりました。

そんな多様化した商品に的確に興味を持ってもらうためには、呼びかけによってニーズを持っている対象者を限定し、ニーズがないかを問いかける広告を作ること、すなわち狙うべき対象者に合った『自分ごと化』を意識した広告作りが、とても大切になるわけです。

モノがあふれる、と言われて久しい現代。私たちが取り扱う商品は、おそらく江戸時代の和傘のようなライバル不在の商品ではないでしょう。それどころかむしろ、ビニール傘という限定された1ジャンルの中で、幅の広さや破れにくさなどの細かな差異を争っているような混戦状態になっている可能性が高いはずです。そんな中で消費者に的確な興味を持って商品情報に触れてもらうには、**正しくニーズを認識してもらい、広告を『自分ごと』として見てもらう**ことが欠かせません。

だからこそ、現代において広告で成功するためには、単純に『呼びかけ&問いかけ型導入』を採用すればいいというわけではありません。広告の作り手が、細分化された消費者のニーズを適切に把握したうえで、そんなニーズを持つ人を名指しし、直面している問題を的確に問いかける、そういった適切な『導入』を作り上げることが大切なのです。

いかがでしたか。通販広告の鉄板法則である『呼びかけ&問いかけ型導入』と、その裏にある消費者心理。これらは広告だけでなく、セールストークなどモノを売る様々な局面でも応用できる手法だと思います。『呼びかけ&問いかけ型導入』という鉄板法則には、まだまだ無限の応用の可能性があると思いますので、ぜひあなたもこの法則を応用して、売りたい商品に目を向けてもらう工夫をしてみていただければと思います。

ナレーターの人選で反応が変わる

ところで、最後にちょっと余談を1つ。ここ数年アメリカ発のプレゼンテーション番組がヒットするなど、プレゼンテーションの技術が世間的にも大きな注目を集めています。その上手い下手を決めるカギはやはり、いかに相手を話に引き込み、『自分ごと化』するか。そして、そのために用いられる常套手段の1つが、聴衆に呼びかけ、問いかけることだと言われます。『呼びかけ&問いかけ型導入』の効果を考えると、これはすごく納得のいく話ですよね。

そして実はもう1つ、プレゼンテーションが上手い人は、共通するある特徴を持つと言われるのですが、何だか分かりますか？　答えは、「声」。人の心をとらえるプレゼンテーションをする人は、相手の心に刺さる「声」を持っているのです。心理学的な検証がされているわけではないでしょうが、全く同じ文言でも、明瞭な響きのある声とボソボソした声とでは、相手の脳みそに刺さる度合いが違うというのは、何となく分かる気がしませんか。

面白いことに、それを象徴する事実が、通販の広告でも見られます。テレビショッピングの番組の反応数は、ナレーターの人選によって変わるのです。注意して見て、いや聞いていただくと分かるのですが、全く別の商品でも、テレビショッピングの番組のナレーターは同じ人が務めていることが多いもの。この例などは、まさに声の質によって情報の伝わり方に大きな差が出ることを如実に示しています。

とは言え、声の質は生まれ持ったもの。かく言う私も典型的なボソボソ声です。声は変えられないので、その分、「呼びかけ」や「問いかけ」を駆使しながら、上手なプレゼンテーションができるように、これからも頑張っていきたいと思います。

鉄板法則1『呼びかけ&問いかけ型導入』から導かれる、モノを売る際のポイント

◆人は自分のニーズを心のどこかに置き忘れている生き物。だから、モノを売る際には、まずはお客様自身が持つニーズに目を向けさせることが必要。

◆そのために有効なのが、「そこの○○なあなた!」「こんなニーズ持ってませんか?」という『呼びかけ&問いかけ』型の導入。

◆そうすることで、紹介する商品の話が『自分ごと化』し、商品の特徴や価値がより伝わりやすくなる!

広告を心理学する！　コラム１「自分ごと化で、思考が変わる」

「システム１／システム２」

「人間の思考には、速くて楽だが時に誤った判断を下すシステム１と、遅くて疲れるが正確な判断を下すシステム２のふたつがあるが、人間はとかく楽をしたがるため、システム１に頼りがちである」

これは、２００２年にノーベル経済学賞を受賞した心理学者のダニエル・カーネマンが、名著『ファスト＆スロー』で打ち出した考えだ。細かいことを言えば、「二重過程理論（Dual Process Theory）」と呼ばれる心理学における重要な考え方であり、カーネマンが最初に提唱したものではない。

しかし、「システム１／システム２」という言葉は、この本をきっかけに広く浸透し、心理学や行動経済学に興味をお持ちの方なら一度は聞いたことがあるだろう。もちろん、「全く知らないよ！」という読者の方にも分かるように説明するので、不安にならずに読み進めていただきたい。

具体例を挙げてみよう。一見して、なんだか胡散臭いなという男性に出会い、セールスを受ける。この時感じる胡散臭さはシステム1の働きによるもので、直感とも呼ばれるものだ。次にセールスを受ける中で、商品の良し悪しを真摯に説明する男性をじっくり観察し、時間をかけてその人物と商品を判断する。その日は別れ、また改めて熱心にセールスを受けるうちに、その男性の誠実さを理解し、信頼に足る人物だと認めるようになる。この時間をかけた精査は、システム2の働きと言える。このように、システム1と2の答えは一致しないことも多い。

では、システム1が正しいのか、システム2が正しいのか？　これについては、正直、ケースごとに異なる。カーネマンもたくさんの例を挙げて詳細に紹介しているのだが、システム1に頼るために損をするケースは山のようにある。一方で、直感が正しいという知見もある（グラッドウェル,2006)。

例えば、芸術絵画のポスターと変な動物のポスターについて被験者に直感で好きな方を選んでもらったとしよう。この場合、動物を選んだ者はわずか5％で、大半が芸術絵画を選ぶという結果になった。だが、それぞれのポスターの良し悪しを熟慮させた後に選んでもらうと、結果は大きく異なった。動物を選んだ割合が36％にまで増加したのだ（Wilson et al., 1993）。時間をかけて判断するシステム２は、素早く直感的に判断するシステム１と、少々異なる判断を下したわけだ。

話はこれだけでは終わらない。４週間後に被験者を追跡調査してみると、直感で選んだ者と熟慮して選んだ者では、手にしたポスターへの満足度が異なっていた。驚くべきことに、直感で選んだ者たちではなく、熟慮して選んだ者たちのほうが満足度は低かったのだ（Wilson et al., 1993）。熟慮して選んだことが裏目に出てしまったわけである。これはシステム１のほうが正しかった例と言えるだろう。

いずれにしても、**直感的で、判断の時間がごく短い脳の判断プロセスをシステム１の働きと呼び、熟考的で、時間をかけて様々な要因を考慮した判断プロセスをシステム２の働きと呼ぶ**ことを覚えてほしい。

どちらの広告が効果的か？

ではここで、１つ問題を出してみたい。あなたは新しく発売されるＴ字カミソリの広告を作ることになった。そしてその広告案として、現在、次のＡとＢの２つの案があるとする。このうち、より効果的な広告はどちらだと思われるだろうか？

Ａ：人気の俳優が新商品のＴ字カミソリを使っているシーンを入れ、見た目の良さを詳細に説明する広告

Ｂ：市井の人が新商品のＴ字カミソリを使っているシーンを入れ、刃の品質の高さを詳細に説明する広告

言わずもがな、Ｔ字カミソリは体毛を剃るためにある。そのため、刃の切れ味やその耐久性などは、商品の品質に直結するため、購入において重要な情報となる。一方、Ｔ字カミソリの見た目は、少なくとも刃ほどには重要ではない。見た目が良いからといって、深剃りできるわけでもないし、肌に優しいわけでもないからだ。

実際、「デザインは最悪だが、ひげを剃るうえでは完璧なＴ字カミソリ」と、「デザインは完璧だが、ひげを剃るうえでは最悪のＴ字カミソリ」のどちらを買うかといえば、

剃毛を目的とする以上、前者一択だろう。したがって、見た目の良さを説く広告Ａよりも、品質の高さを説く広告Ｂのほうが消費者の心により響きそうに思える。

だが、そう考えるのは早計である。なぜか？　その答えは、先の「システム１／システム２」にある。

人間はシステム１に頼りがちなのだ。そのため、〝人気俳優が使っている〟などの情報、つまりシステム１に訴えかける情報は、あれこれ考える必要がないため好まれる。一方、切れ味や耐久性などを理解するためには、丁寧な処理を行うシステム２が必要になる。だが、精査用のシステム２は十分に働いてはくれない。その結果、切れ味の良さや耐久性が詳細に説明されたところで、消費者の心をくすぐる広告にはなりにくい。

このように〝楽をしたがる〟という人間の性質を考えると、品質の高さを詳細に説く広告Ｂよりも、人気俳優を起用して直感的に「なんだかカッコいいし、良さそう」と思わせる広告Ａのほうが、より効果的だと考えられるのだ。実際に、世の中には実際にこういった広告があふれていることに、気がつくのではないだろうか？

システム1とシステム2の分岐点は?

と、ここまでが心理学の一般書でよく解説される内容を踏まえた解答である。

ところが、実はこの考えもまた早計と言わざるを得ない。確かに、直感的なシステム1に訴えかける広告Aのほうが、消費者の心により響く場合は多い。それは間違いない。そのため、〝人気俳優を起用したAのほうが効果的〟という結論で終えたくもなる。だが一方で、熟慮的なシステム2に訴えかける広告Bのほうが効果的な場合も確実に存在しているのだ。

では、それはどのような場合なのであろうか? ペティとカシオッポが行った心理実験をもとに、その答えを説明しよう (Petty & Cacioppo, 1983)。

彼らは160人の被験者に、新商品のチラシ広告の冊子を読んでもらった。広告は歯磨き粉やブレスケアなどの12種の新商品に関するもので、6番目はT字カミソリであった。ペティとカシオッポは、このT字カミソリの広告に細工を施していた。その細工とは、広告内の使用者(人気俳優か一般人か)と説明内容(デザインの良さか刃の品質の高さか)を被験者ごとに変えていたのである。

少々分かりにくいが、要は次の４パターンが準備されていたということだ。
①人気俳優が使っているシーンを入れ、T字カミソリの見た目の良さを詳述した広告、②人気俳優が使っているシーンを入れ、T字カミソリの刃の品質の高さを詳述した広告、③一般人が使っているシーンを入れ、T字カミソリの見た目の良さを詳述した広告、④一般人が使っているシーンを入れ、T字カミソリの刃の品質の高さを詳述した広告、以上４種類（２×２）である。ちなみに、先ほど問題として出した「広告A」と「広告B」の案は、それぞれ①と④となる。

ペティとカシオッポはさらに、ある重要な実験操作を加えていた。彼らは、①から④までの広告のそれぞれについて、「T字カミソリは近々この地域にて発売予定で、実験に参加した人には先行してプレゼントする」という文言がある場合（カミソリがもらえる群）と、「(今回の広告とは無関係な）歯磨き粉がプレゼントされる」という文言がある場合（カミソリがもらえない群）の２つを設けた。

つまり、①から④のそれぞれの半数は、自分がこれからもらえると言われた商品に関する広告を読むことになった。そして、それぞれの残りの半数は、自分がこれからもらえるわけでもない商品の広告を読むことになった、ということである。同程度の金額の

図7　2つの群の4タイプのT字カミソリ広告に対する評価

	もらえる		もらえない	
	デザイン	品質	デザイン	品質
人気俳優	①−1.36	②　1.80	①　1.21	②　1.85
一般人	③−1.10	④　1.98	③−0.12	④　0.98

プレゼントがもらえるという点は同じにし、広告の商品をこの後でもらえるかどうかを変えたわけだ。

これらの「もらえる群」と「もらえない群」を①から④のそれぞれで設けたため、４×２通りで合計8通りのパターンとなった。

このように被験者ごとに異なる広告を見てもらったうえで、全員に、広告に出ていたT字カミソリについての評価（良い‐悪い、満足‐不満、望ましい‐望ましくない）を＋４から－４の9段階で求めた。

この結果、何が起きたか。図7を見てほしい。カミソリがもらえる群では、人気俳優が起用されていようが一般人が起用されていようが、品質の高さが説かれてさえいれば、商品は同じように高く評価された（表中の－１・３６と－１・１０、＋１・８０と＋１・９８はほぼ同じ値になっている）。

つまり、〝人気俳優の起用〟といったシステム１に訴えるような情緒的な情報よりも、〝商品の品質〟という情報がしっかりと重視されたわけである。

一方のカミソリがもらえない群では、全く異なる結果になった。確かに、品質の高さを説いたほうが効果はあった。しかしそれ以上に、人気俳優の起用が大きな効果を持った（−０・１２、＋０・９８に対しての＋１・２１、＋１・８５はいずれも大きな伸びである）。

分岐点の１つは「関与」

では、なぜ、カミソリをもらえる群ともらえない群の違い、つまりは〝自分がこの後もらえることになる商品の広告を読むかどうか〟という違いが、このように全く異なる結果を生み出したのだろうか？

実は、カミソリをもらえる群がそうであったように、消費者が〝この商品は自分に関連する〟と考えながら広告に接する場合は、商品情報を比較的精緻に分析しようとする。利に聡い我々は、論理的で正確な判断を下しやすいシステム２を働かせることで、より良い商品を手にしようとするのである。

この結果、刃の品質の高さといった商品の本質的な良さを説く広告、つまりシステム2に訴求する広告がより効果的になる。

反対に、自分に関連すると考えるようなきっかけが乏しい場合、例えば自分がもらえるわけでもない商品の広告をなんとなく眺める場合は、消費者は商品を分析的に考えることはしない。直感的な判断を下すシステム1が優位になるのだ。

この結果、人気俳優の起用といったイメージ戦略、つまりシステム1に訴求する広告がより効果的になる。

このように、システム1とシステム2のどちらが優勢になるか、どちらに訴求する広告が効果的になるかは、ターゲットとなる消費者が商品を自分に関連すると考えているかどうか、学術的には「**関与**（**involvement**）」と呼ばれる態度が高いかどうかによって、大きく変化するのだ。

先ほどの「T字カミソリの広告Aと広告Bのどちらが効果的か」という問題に即して言うと、消費者に「この商品は自分に関連している／重要である」と考えさせる場合、消費者の関与が高い場合は、カミソリの品質の高さを説明するB案を採用すべき、ということになる。

反対に、そのように考えさせない場合、消費者の関与が低い場合は、人気俳優を起用するA案を採用すべき、ということになる。

本節の冒頭で、「人間の思考にはシステム１とシステム２があり、システム１に頼りがち」という二重過程理論を説明した。確かに、この考えは（少なくとも現時点では）広く支持されている。

ところが、一般に流布しているシステム１／システム２の考えには、大きな限界もある。それは、どういう場合にシステム１で考え、どういう場合にシステム２で考えるのか、その分岐点は何か。多くの場合、その説明がされていない。だが、心理学の研究は40年近くも前に、その答えの一端、つまり関与がその分岐点の１つとなることを明らかにもしていたのである。

自分ごと化させるための問いかけ

では、どうすれば視聴者の関与が高まるのか？　商品がもらえる状況を作らなければならないのか？

必ずしもそうではない。簡単な文言で関与を高めることができる。その1つこそが、本文で紹介されたテクニックである。「こんな経験ありませんか？」といった自分ごと化させるための問いかけにより、視聴者は自分の不満や不安に目を向けることになる。その結果、自分の不満や不安の解決策として、商品をしっかり検討してくれやすくなる。自分ごと化させるための問いかけによって、視聴者には、「システム2を働かせ、商品の良し悪しを吟味して購入を検討する」という態度が生まれるのだ。

ダイエットの広告ではビフォー・アフター（使用前・使用後）がしばしば使われるが、この表現が効果を発揮するためには、まずは「ビフォーとして登場する人物＝今の自分」と認識してもらえるか否かが大きなカギになる。だらしない体のビフォーを今の自分として捉えることで、ダイエット広告を見る視点と姿勢が変わるのである。

3つの注意点

ただし、関与について注意すべき点が3つある。

1つ目は、関与を高める行為は、品質の主張と必ずセットにしなければならないという点だ。

先ほど述べたように、関与の高まった視聴者はシステム２を働かせ、商品の良し悪しを分析しやすくなる。そのため、Ｔ字カミソリの例のように自社商品が品質的に優れている場合、例えば他社よりも深剃りができるカミソリを売り出すといった場合などは、視聴者の自分ごと化を促したほうが良い。そのほうが、システム２が優勢になり、視聴者は品質の優れた自社を選びやすくなると期待されるためだ。

反対に、自社が品質的に後れを取っている場合は、自分ごと化させてしまうとやぶ蛇になりかねない。視聴者がシステム２を使って商品の良し悪しを考え始めるため、自社の商品を選ばなくなる恐れが出るためだ。

このような場合は、自社の品質を向上させるか、それがどうしても難しい場合はイメージ戦略を併用し、はじめからシステム１に訴求する戦略を立てた方が賢明だろう。「なんとなくいいいな」と思ってもらうのである。

同様に、品質的に後れを取っているとまでは言えなくとも、商品価値自体では他社との差別化が難しくなった状況（コモディティと呼ばれる状況）にある場合も、やはりはじめからシステム１に強く訴求したほうが良いかもしれない。一部の清涼飲料水は、商品ごとの違いがほとんどなくなっているため、この例に当てはまるだろう。

2つ目の注意点は、システム2を働かせたくとも働かせられない状況がある点だ。保険に加入する時のことを思い出してほしい。保険を検討する際には、月々支払う保険料、掛け捨てとなる割合、事が起きるリスクとその際の保障内容など、評価すべき点が数多い。しかも、それらのどれか一点を評価するのではない。複数の事項を総合して評価しなければならない。さらには、蟻のような大きさの字で書かれた約款も待っている。

この結果、最初は「自分の人生がかかっているから一番良い保険に入るぞ！」と意気込んで、システム2をしっかり働かせようと思っていても、すぐに面倒になり、他の誰かに丸投げしたり、「大手保険会社の商品だから……」といったなんとなくのイメージで選んだりしがちである。つまりシステム1に頼ってしまうのだ。

こういう状況では、「自分に関連する」「自分にとって重要」というだけでは、商品の良し悪しを分析するためのシステム2はろくに働いてくれない。

裏を返すと、システム2を使って評価するには、関与が高いだけでなく、商品に関する複雑な情報（例えば保険料と保障内容のトレードオフ）を処理する能力の高さや、商品のどこを重点的にチェックすべきか（保険料の総額や保険の支払要件など）に関する知識がどうしても不可欠になる（Petty & Cacioppo, 1986）。
どれほど自分に関連する商品であっても、それを評価するうえで必要な処理能力や知識がなければ、元も子もないのだ。

この事実を広告に当てはめてみると、どんなことが言えるだろうか？　広告を打つ際には、商品の強みが理解しやすいかどうかや、商品のターゲット層がどれほどの処理能力や知識力を有しているかについて、分析しなければならないことになる。

自社商品の品質が優れており、しかもそれが分かりやすかったり、あるいはターゲット層が処理能力や知識力の高い人たちであったりすれば、自分ごと化はとても効果的になる。それにより関与度が上がり、しっかりとシステム２で考えてくれ、品質の優れた自社商品を選んでくれると期待できるからだ（場合によっては、インターネットなどを使って自分で調べてくれるため、最低限の広告で済むとさえ期待できる）。

一方、自社商品の品質が優れていても、それが簡単には理解しにくい場合もあるだろう。そういった場合は、ターゲット層を処理能力や知識力の高い人だけに絞った広告戦略を採る、品質の高さを図解する、そしてイメージ戦略に切り替えるなどの措置が必要かもしれない。

3つ目の注意点は、この2点目の注意点から導かれるものだ。

広告を作る側になると、当然クライアントの商品を入念に調べることになる。そうしなければ、商品に適合する広告素材を制作することはできないからだ。この結果、制作する者たちは、当該商品に関する知識を豊富に持つことになる。また、数週間時間をかけながら広告素材を作っていれば、当該商品に対する愛着も自然とわいてくるものだ（この現象に関連する心理学の知見としては「**認知的不協和理論**」や「**IKEA効果**」となる。簡単に言えば、ある対象にコミットすればするほど、その対象を大事に思わざるを得なくなるという心理である。興味がある人はぜひ調べてみてほしい）。

こうして、広告を作る側には、商品に関する知識が増えるばかりか、「この商品は自分に関連するもの」という認識さえ生まれる。すると、関与度の面からも知識の面からも、商品の強みが簡単に理解できるようになる。

このこと自体は決して悪いことではない。だが、広告を作る側からすると、少々事情が変わってくる。つい、システム2に働きかけるような広告のほうが、説得力を持つように感じてしまいかねないのである。広告の送り手が感じる「説得的な広告素材」と、広告の受け手が感じる「説得的な広告素材」とが、広告を作る過程を経て、乖離《かいり》しやすくなってしまうわけだ。広告代理店のジレンマ、とでも言えるだろうか？

このような乖離は心理学の研究からも示されており、商品に関して豊富な知識を持つ者は、知識のない者がその商品について抱く印象を想像しにくくなる（Camerer, Loewenstein & Weber, 1989)。「効能を詳細に説く広告から、シンプルな広告に切り替えて成功したにもかかわらず、すぐに効能を詳細に説くような広告に戻る」といった例は、こういったプロセスからきているかもしれない。

いずれにしても、**広告を作る際には自分の関与や知識が、消費者のそれとは異なっている可能性、分かりやすさの基準が異なっている可能性を常に考えなければならないの**だ。

以上をまとめると、広告とはまさに人間心理を突いたものであり、様々な心理効果と密接で複雑な関係を持っている。これらを紐解き、１つずつの事例にどうして成功したのか？　どうして失敗したのか？　を考えることには広告業界にとっても、心理業界にとっても、とても大きい意義があるはずだ。

本書は一貫してこの意義を主張し、それが伝わるように、広告代理店の社員と心理学者が分担して執筆を行っていく。最後までお読みいただき、何かしらをつかんでもらえたら、心理学者として幸甚の極みである。

Camerer, C., Loewenstein, G., & Weber, M. (1989). The curse of knowledge in economic settings: An experimental analysis. Journal of Political Economy, 97(5), 1232-1254.

グラッドウェル, M.　沢田 博・阿部 尚美（訳）(2006). 第1感：「最初の2秒」の「なんとなく」が正しい　光文社

カーネマン, D.　村井章子（訳）(2012).　ファスト＆スロー（上）（下）　早川書房

Petty, R. E., Cacioppo, J. T., & Schumann, D. (1983). Central and peripheral routes to advertising effectiveness: The moderating role of involvement. Journal of Consumer Research, 10, 135-146.

Petty, R. E., & Cacioppo, J. T. (1986). The elaboration likelihood model of persuasion. In Communication and Persuasion (pp. 1-24). Springer, New York, NY.

Wilson, T. D., Lisle, D. J., Schooler, J. W., Hodges, S. D., Klaaren, K. J., & LaFleur, S. J. (1993). Introspecting about reasons can reduce post-choice satisfaction. Personality and Social Psychology Bulletin, 19, 331-339.

鉄板法則2『小公女型商品説明』

2-① 商品説明の際に多用される鉄板の『型』とは

ネガティブからポジティブへ

呼びかけ&問いかけ型による導入で興味を引いた後は、本編部分、すなわち商品の特徴説明部分で、しっかりと商品を『理解』してもらうことが必要です。そんな、商品を理解してもらうという部分において、通販広告で鉄板のように採用されている型があります。それが、第2の法則『小公女型商品説明』です。

『小公女』とは、アメリカの小説家フランシス・ホジソン・バーネットによる世界的に有名な児童文学作品。皆さんもきっと、子供のころに絵本などで触れたことがあるかと思います。

1985年の日曜日の夜に放送された『世界名作劇場』でも、『小公女セーラ』は最高視聴率27・8％という驚異的な数字を叩き出し、ちょっとした話題になりましたし、毎週楽しみにされていたというアラフォー世代の方も多いのではないでしょうか。

とは言え、もう昔のこと過ぎて忘れてしまった、という方もいらっしゃるかと思いますので、簡単にご説明しますと次のようなお話です。

ロンドンの女学校で幸せな日々を送っていたある資産家の少女。ですがある日、不幸にして父親が病気で亡くなってしまいます。そのせいで少女はそれまでの生活のすべてを失い、屋根裏部屋で使用人として働かなければならなくなってしまいました。そんな不幸な境遇でも優しさや誇りを失わずに生き続ける少女。神様は彼女を見捨てませんでした。とある偶然から、彼女を探し続けていた父の親友と出会い、父が残した資産を譲り受けることになったのです。こうして彼女は屋根裏部屋を脱し、隣の家に引き取られ、再び幸せな暮らしを手にしました。

このストーリーは一言で言うと、「ネガティブな状況から入ってポジティブな状態で終わる」という構造になっています。そして『小公女型商品説明』とは、まさにその「**ネガティ**

ブから入ってポジティブに転じる」という流れで構成された商品説明を意味します。商品の特徴を説明する場合、この形を取るのが通販の鉄則とされているのです。

実際に手元にあるテレビショッピングの本編部分を見てみても、例えばダイエットのビフォー・アフター（使用前・使用後）型の体験記や、メイク商品で主婦がきれいな女性に生まれ変わる大変身もの、あるいは健康食品で生活上の悩みから解放されアクティブな今を手に入れたシニアのドキュメンタリーなど、その多くが、ネガティブな状況から始まり、その後、商品によってポジティブな状況を手に入れた人の姿を通して商品を紹介しています。まさしく、『小公女型商品説明』です。これだけ多くの通販広告に採用されている理由は、やはりこのやり方が一番反応を得られるからに他なりません。

ではなぜ、この型を採ることで商品理解が促進され、反応が高まるのか。それを知るために、先ほどと同様、私たちはこのパターンに触れた際の視聴者の心の動きを、『お買い物心電図』で調べてみることにしました。

2-② 『小公女型商品説明』があるのとないのとで、どう違う?

『お買い物心電図』を使った調査

対象としたのは、本書の調査用に制作したスキンケア化粧品のオリジナル番組。もちろん実際に放送した際に良い反応を得られた構成を踏襲した内容で、具体的には、最初に、自分に合ったスキンケアが見つからないことでお肌の調子に悩む女性が登場、その後、商品を使ったことで満足を手に入れた女性を通して商品の特徴が紹介される、というもの。先にネガティブな状況を提示し、その後、ポジティブな状態を説明するという、まさに『小公女型』の説明となっています。

果たして視聴者は、このストーリーに対してどのような反応を示したのでしょうか。

『お買い物心電図』から得られた反応データが図1となります。こちらも200人のモニターを確保していますので、信頼性は十分に高いものとなっています。

波の形を見てみると、まず、前半のお悩み紹介場面で「悪いね」が高まっているのが分かります。これは、先ほどの『呼びかけ&問いかけ型導入』のケースと同じく、紹介されてい

図1　オリジナルのスキンケア化粧品のテレビショッピング番組に対する反応

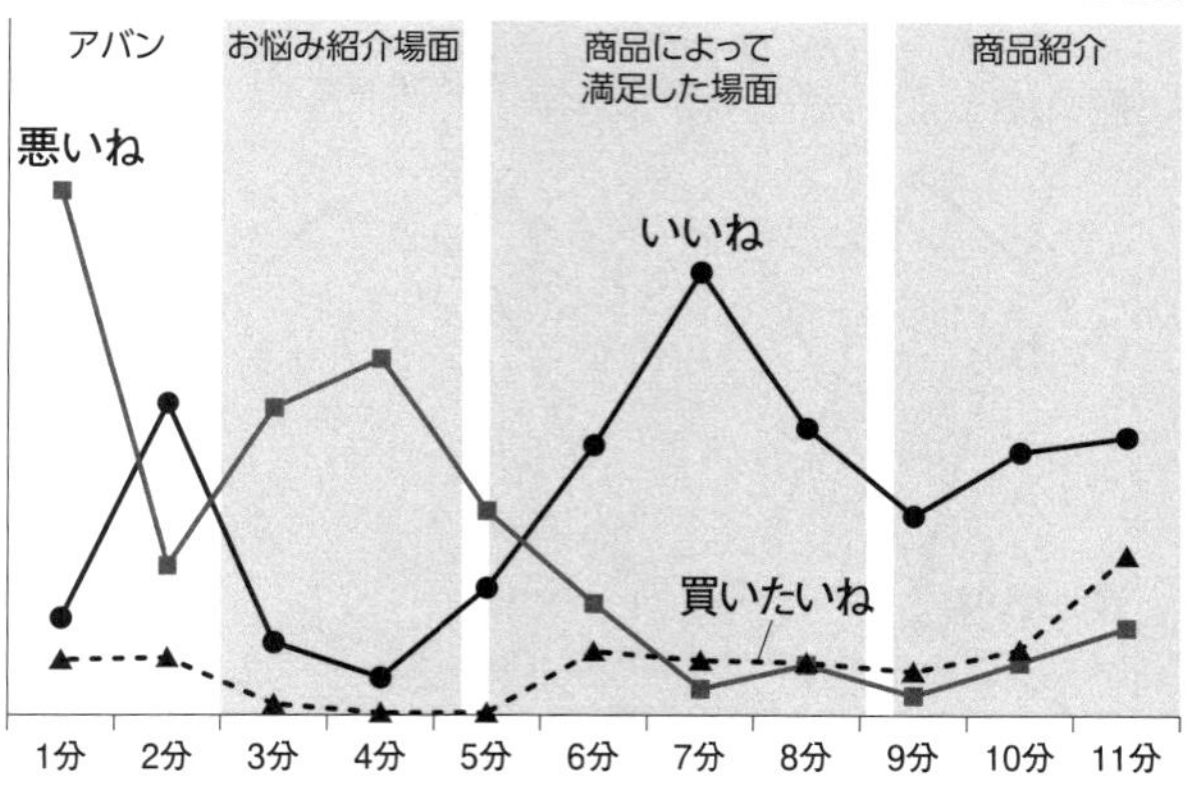

る悩みに対して、視聴者がネガティブな共感を抱いたことを示しています。

一方で、商品を使うことで満足を手に入れた女性を描く後半では、ポジティブな共感を意味する「いいね」が一気にピークを迎えています。そしてそれに続く商品紹介では、「いいね」は下がりつつも一定数を獲得しており、その後は「買いたいね」が高まり、購買意欲が発生している様子もうかがえます。

商品やモニターによる結果の偏りも考えられるため、健康食品の番組でも調査を行ってみました。やはりこちらも、最初に悩みを抱える登場人物の姿が紹介され、その後、商品によって満足を手にした人を通して商品の特徴が描かれるという、典型的な小公女型の商品説明になっています。

図2　健康食品のテレビショッピング番組に対する反応

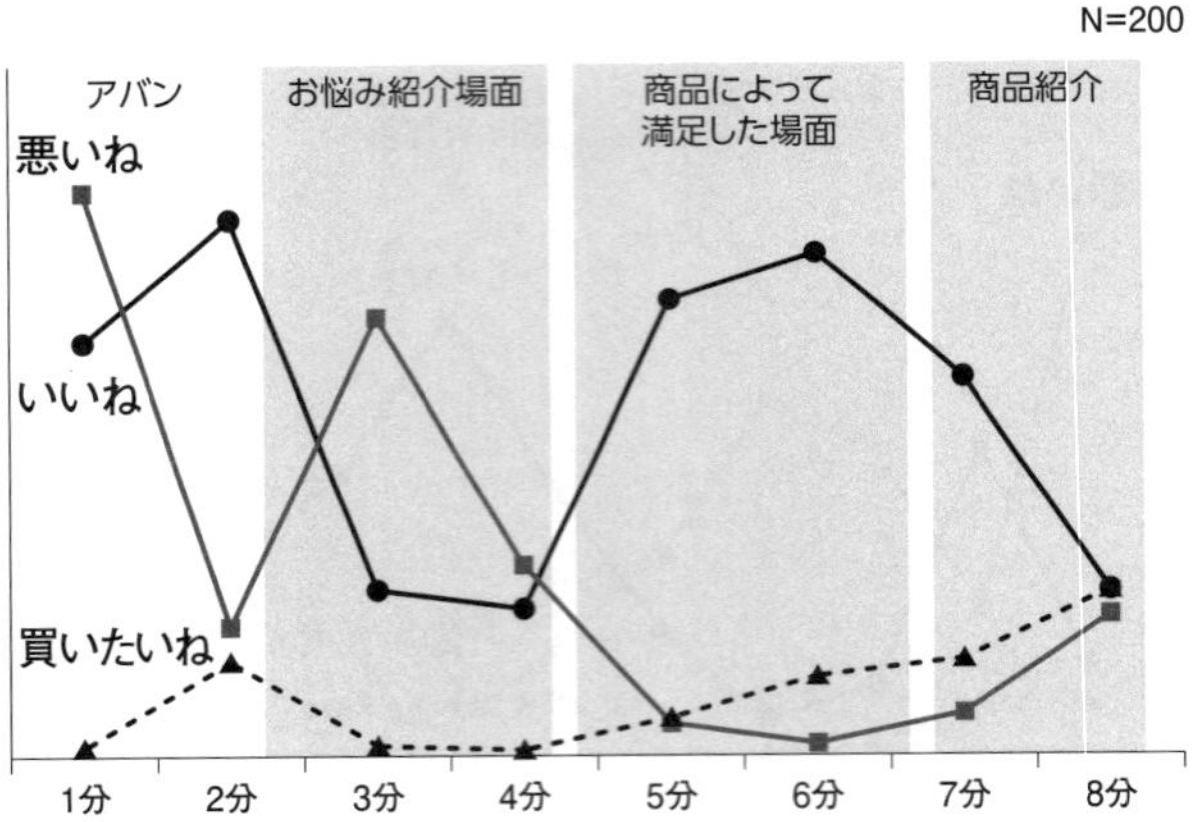

　２００人のモニターの反応データが図２。

先ほどのスキンケア化粧品の場合と同様、前半のお悩み紹介シーンでは「悪いね」のヤマができており、ここでネガティブな共感が高まったのが分かります。そして商品を使うことで満足している人が描かれている後半では、一気に「悪いね」が下がり、代わって「いいね」の大きなヤマができています。ポジティブな共感が一気に高まったわけです。

　商品紹介のブロックでも「いいね」はある程度維持され、結果的に購買意欲を抱く人も増えたことから、最後は「いいね」に代わって「買いたいね」が高まる結末となっています。まさに、先ほどの事例とほぼ同じ推移です。

図3　非・小公女型のテレビショッピング番組に対する反応

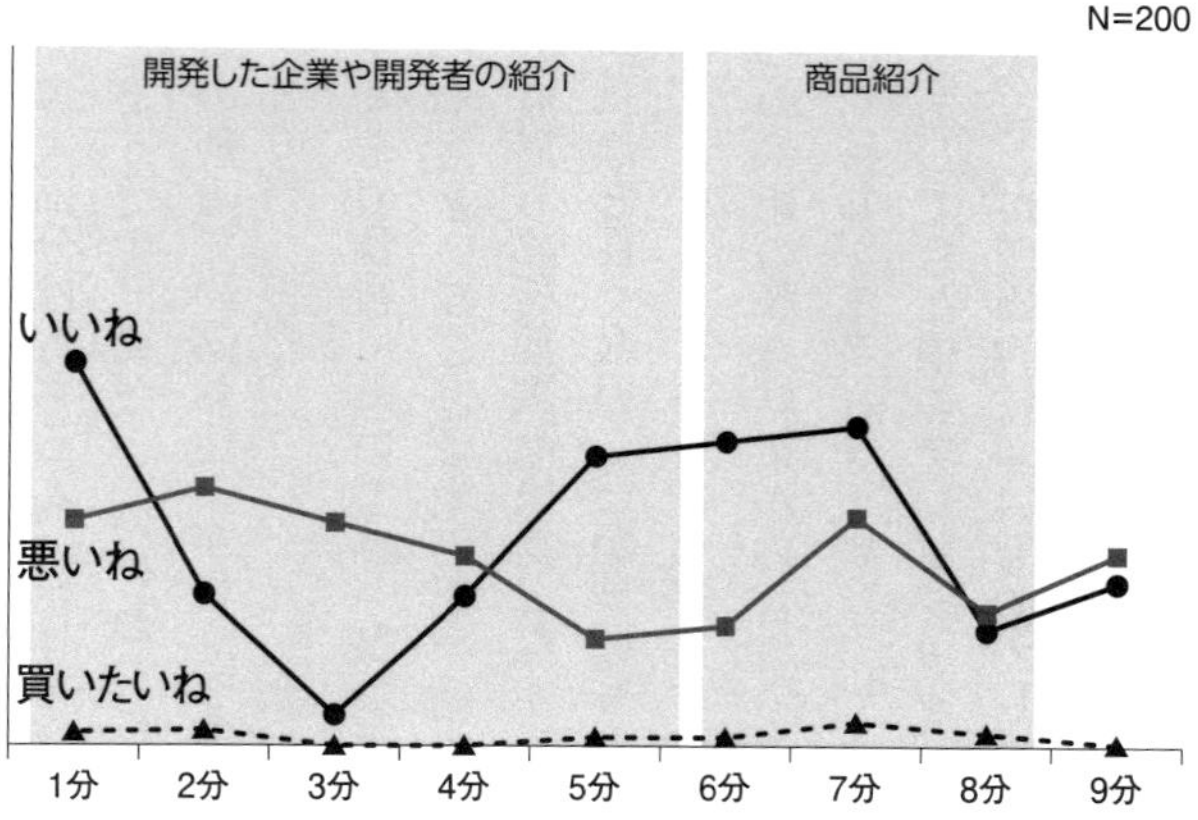

『非・小公女型』広告に対する反応

そうなると逆に気になるのが、小公女型ではない商品説明の場合の反応はどのような形になるのか、ということ。そこで私たちは、『非・小公女型』の商品説明を採用した広告に対する反応も、調べてみました。

対象としたのは、とあるスキンケア化粧品セットのテレビショッピング番組。内容としては、消費者が日ごろ感じている悩みなどのネガティブ要素はあまりなく、開発した企業の紹介などのポジティブな情報のみで商品特徴が説明される構成となっています。

その反応が図3。

ざっと見ただけで、これまでの2つの番組とは波形が大きく異なるのが分かります。特に違うのが、「悪いね」の波の少なさ。視聴者は、番組の導入部分はもちろん、全体を通してあまりネガティブな感情を刺激されずに番組を見ていたようです。また、「いいね」に関しても多少の波はあるものの、どちらかと言うと開始3分の地点での落ち込みが目立つ程度で、こちらも明確なピークはないまま推移していきます。

つまりこの番組においては、良いほうにも悪いほうにも、特段目立った共感のヤマは発生しなかったということです。その結果、購買意欲もあまり高まらなかったのか、「買いたいね」の波形も終始低調なままとなっています。実際にこのタイプの番組は、放送した際の反応もそれほど良くないことが多いものです。

3つの番組の調査結果から言えること、それはやはり、『小公女型』の説明にしたほうが欲しい気持ちが生まれやすい、ということです。実際にこの3つの例に限らず、私たちが過去に放送してきた他のテレビショッピング番組でも、『小公女型』の構成のほうが良い結果を示すことが圧倒的に多いものでした。それは、『小公女型』の「ネガティブから入りポジティブに転じる」という構造が、問題の所在を明確にし、問題の解決策も明確にする、という2つの明確化を実現できるためだと考えられます。

つまり、**『小公女型商品説明』は、自身の問題点を明確にすることで、商品の便益や価値をより深く理解させることができる**、そんな説明手法だということです。逆に言うと、『非・小公女型』だと、問題点に対するネガティブな共感が薄いせいで、商品が何を解決してくれるのかが伝わりにくい。そのために、結果として商品の便益や価値が理解されにくいということなのです。

2-③『小公女型商品説明』には、意外な落とし穴が！

「心の変化」より「効果の変化」

ところで、小公女型についてしばしば言われるのが、「人って不幸な人が幸せになる様《さま》に共感する、だから小公女型の反応が良くなるのだ」という類《たぐい》の見解です。

ですが、私たちは経験上、人はそのような心理から『小公女型商品説明』に反応しているのではない、と考えています。それを示すために、2パターンの『小公女型』のテレビショッピング番組から得られた、興味深いデータをご紹介しましょう（68ページの図4）。

こちらのデータは、全く同一の商品を取り扱ったAとBの2パターンのテレビショッピング番組の購入者数を比較したもの。Aの番組に対して、Bの番組のほうが130％ほど購入

図4　2パターンの小公女型番組の購入者数比較

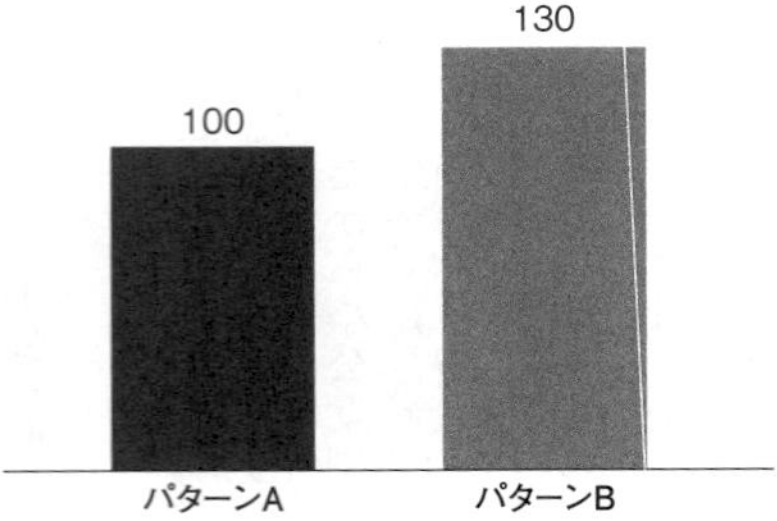

※両番組の全放送回の平均購入者数。
パターンAの購入者を100として比較。

者数が多いという結果となっています。

　実は、この2つの番組、出演者はどちらも全く同じで、どちらも小公女型の商品説明を採用している点も同じでした。ただ1つだけ、大きな違いがありました。AとBでは、小公女型の「切り口」が違っていたのです（図5）。

　Aの小公女型の切り口は、一言で言うと「心の変化」。具体的には、ネガティブ部分で描かれていたのは、自分に合った商品が見つからずにふさぎ込んでいた女性の姿、ポジティブ部分で描かれたのはその商品を手に入れたことで幸せな人生を手にした人の喜びの声でした。あくまで商品の直接的な効果ではなく、「不幸な状態から幸せな状態になる」という人の気持ちの変化を描いているという意味では、感覚的にこちらのほうが「小公女」のイメージかもしれません。

　一方で、Bの小公女型の切り口は、Aとは違い、「効果の変化」となっていました。具体的には、ネガティブ部分で描かれたのは今使っている商品の効果への不満であり、ポジティ

図5　2パターンの小公女型番組の切り口

		ネガティブ	➡	ポジティブ
パターンA	心の変化	不幸	➡	幸せ
パターンB	効果の変化	不満	➡	満足

ブ部分で描かれたのは商品を変えたことで効果に満足した人の喜びの声となっていたのです。こちらは、いわゆる「小公女」というよりも、「使用前・使用後」という感覚に近い表現かもしれません。そして、市場がより高い反応を示したのが、「効果の変化」を描いたパターンBだったのです。

この事実が意味すること、それはやはり、**視聴者が物を欲しくなる基準は、「自分の困った状態を解決してくれるか否か」という商品の直接的な便益や価値にある**ということです。

前述のパターンBは、不満点に的を絞り、商品がそれをどう解決できるのかを端的に説明していました。つまり、不幸な人が幸せになるという「小公女」的な美談というよりも、商品がどんな問題をどのように解決してくれるのかに力点を置いた説明になっていたわけです。

考えてみると、現代の消費者は、その商品が自分のどんな課題をどのように解決してくれるのかさえ分かれば、それが自分にとって幸せなことかどうかを自分で判断することができます。だからこそ、わざわざ「幸せ」というフィルターを通して商品価値を描かずとも、自信をもって商品が解決できることを伝えるだけで、商品の価値は伝わるということなのでしょう。したがって、商品によって解決できることが明確な場合は、直接的な便益を描いたほうが絶対的に人を動かす力があると言えます。

逆に言うと、商品によって解決できることが明確でない場合、例えば競合商品との特徴の差があいまいな場合などは、このやり方は逆効果になるケースもあります。その意味では市場における商品の競争優位性をきちんと把握し、その中でどんな打ち出し方をすべきかを考えることが大切だということでしょう。

理想と現実

いかがでしたでしょうか。私たちの経験から導かれた、商品説明のコツ。人は本質的に、何かを解決したいからこそモノを購入しています。その本質に合わせるためにも、ネガティブからポジティブに転じる商品説明を通して、どんな困った状態を解消できるのかをしっかりと伝えることが大切です。ぜひ皆様も、自社の商品の説明をする際には、このような点を意識されると良いのではないかと思います。

ところで、そうは言っても、広告以外のエンターテインメント、具体的には映画やドラマ、小説などでは、やっぱり人間は不幸が転じて幸せになる、というストーリーが大好きです。冒頭で触れた『小公女』のアニメ番組が、未だにアラフォー世代の心に残っているのも、そんな志向の証しだと言えますし、好きな映画のランキングをとっても、決してゾンビ映画が１位となるようなことはなく、不幸が転じて幸せとなるような作品がたいてい上位を占めます。つまり私たちは、フィクションの世界、ファンタジーの世界では、幸せになることを強く望む生き物だということです。

一方で現実の世界ではどうでしょう。有名人のスキャンダル報道が視聴率を集めたり、インターネット上の匿名の誹謗中傷が問題視されたりと、私たちは現実の側面では、幸せな人が転じて不幸になることを好む部分もあるようです。まさに「人の不幸は蜜の味」です。

同じ人間でありながら、理想と現実では好むものが全く異なる。ちょっと世知辛い現実を知らされるようですが、その背景にはどんな心理があるのでしょうか。これもまた、購買心理と並んで興味深いテーマだと思います。

鉄板法則②『小公女型商品説明』から導かれる、モノを売る際のポイント

◆人が物を欲しくなる基準は、困った状態を解決してくれるか否か、という点にある。ゆえに商品を説明する際には、どんな状態をどう解決できるのかに主眼を置く。

◆そのために有効なのが、「こんな困った状態が、こう変わります」という流れで商品の特徴を説明する『小公女型商品説明』。

◆小公女型と言っても、描くべきは美談や幸せではない。大切なのは、あくまで商品が解決できる具体的な事実を意識すること。

広告を心理学する！　コラム２「小公女型が効果的な訳」

「ジャイアン効果」

ジャイアンは嫌な奴である。すぐに殴ってくるし、借りたものは返さない。そもそも、

借りたというか、無理やり取られたわけで、本当に理不尽な男だ。しかし、それでも、彼は憎めない、いい奴だという評価を得ている。なぜか？　それは、彼がたまに（特に映画で）物凄く頼れるいい奴になる時があるからだ。万策尽きて、絶体絶命の中でも、ジャイアンが先陣を切って、自分の命を顧みず、戦いに挑む。そんなジャイアンを見て、我々は日々の嫌なジャイアンを帳消しにして、「なんていい奴なんだ！」と思ってしまう。

この心の働きは、ネットスラングで「ジャイアン効果」と呼ばれているようだ。普段はネガティブな印象であるが、たまにポジティブな印象が効果的に入り込んでくることで、全体としての印象が大きくポジティブ側に振れるという効果だと思ってもらえれば良いだろう。

ジャイアン以外にもこういった例はあるようだ。映画『インサイド・ヘッド』でカナシミは、冒頭からずっと役立たずだが、最後の最後で主人公を一番大きく救ってくれる。そんなカナシミを見て、我々は「ああ、カナシミってなんて素晴らしいんだろう」と思ってしまう。

ネガティブなところから反転してポジティブな情報が来ると、そのポジティブな情報を過剰に高く評価してしまうという心理を我々は持っているのである。この効果のことを心理学的に最も正確な表現で言えば、「**ゲイン・ロス効果**」である。

「ゲイン・ロス効果」

ゲイン・ロス効果は、1965年にミネソタ大学のアロンソンとリンダーによって報告された心理的な現象である。「ジャーナル・オブ・エクスペリメンタル・ソーシャル・サイコロジー」誌上で報告された科学論文に書いてある、彼らの実験を丁寧に紹介してみたい（Aronson & Linder, 1965）。

被験者は80名のミネソタ大学の女子学生だった。被験者は、大学の実験室に呼び出され、実験者から「今からあなた（被験者）を入れて2人の学生がこの部屋に来ます。皆さんには、私（実験者）のサポート役と被験者をやっていただきたいのですが、もう1人はまだ来ていないので、あなたにはサポート役になっていただきます」と説明を受ける。

この説明から数分後にもう1人の女学生がやって来て観察室に入るのだが、この女学生、実はサクラ（嘘の被験者）であり、金銭で雇われて、事前に言動を指定されていた人だった。もちろん、サポート役となった真の被験者はそのことを知らない。

実験者は何食わぬ顔で、真の被験者に対して、観察室の女性（サクラ）と会話をすること、その後、サクラが実験者と行う会話を別室でこっそり聞きながら、会話の中で複数名詞が何回出るかを数えること、以上の作業を7セット行うことを指示した。つまり、サポート役を務める真の被験者は、サクラと会話をした後で、そのサクラが実験者と会話をしているところを盗み聞きするように求められたわけである。

このサクラと実験者の会話の中で、サクラは直前に会話をしたサポート役（真の被験者）に対する評価を吐露し始める。その内容には、４つの条件が仕掛けられていた。

それは、①7セットの前半も後半も、ポジティブなことを言うポジ‐ポジ条件。②前半も後半も、被験者を悪く言う（ネガティブに言う）ネガ‐ネガ条件。③前半はポジティブ、後半はネガティブなことを言うポジ‐ネガ条件。④前半はネガティブ、後半はポジティブなことを言うネガ‐ポジ条件の４つであった。

なお、前後半でいきなり評価が逆転すると不自然であるため、ポジ‐ネガ条件やネガ‐ポジ条件では、後半開始から徐々に評価を変えていった。

図6　4つの条件での会話相手の評価値の比較

	評価値
ネガ－ポジ	7.67
ポジ－ポジ	6.42
ネガ－ネガ	2.52
ポジ－ネガ	0.87

実際に用いられたネガティブ表現は、「会話がつまらない人」「超普通の人」「全然賢くない」「多分あまり友達がいない」といったものであった。自分が第三者に陰でこのような評価を下されていると知ったら……想像するだけでも恐ろしい表現であった。一方、ポジティブ表現としては、「賢い」「面白い」「好ましい」といったものだった。

実験後、サポート役をさせられた真の被験者は、裏で自分を好き勝手評していたサクラに対して、－10点（非常に嫌い）から＋10点（とても好き）の21段階のアンケートで評した。その結果が図6だ。

サクラに対する評価値は、ネガ‐ポジ条件で7・67、ポジ‐ポジ条件で6・42、ネガ‐ネガ条件で2・52、ポジ‐ネガ条件で0・87となっている。

つまり、**ずっとポジティブでいる相手よりも、前半ネガティブから後半のポジティブで盛り返した相手のほうが、印象はより良くなる**のである。同様に、**ずっとネガティブ**

でいる相手より、前半ポジティブだったのに後半にネガティブに手のひら返しをされたほうが、トータルとしての相手の印象は悪くなってしまうのである。

つまり、明確なジャイアン効果が得られたのである。この効果のことを論文では、「ゲイン・ロス効果」と呼んでいる。ずっと同じ態度の人よりもギャップがあったほうが、ポジティブにもネガティブにも印象が強まるのである。まさに、ツンデレのほうが「イイ！」のである。

この結果から分かるように、相手にポジティブな印象を与えるには、はじめにネガティブで落としておいてから、後でポジティブに転じるのが最善の策なのである。

では、ネガティブからポジティブではなく、中立的なニュートラルからポジティブに転じた場合はどうだろうか？　論文の著者のアロンソンとリンダーはこれについても検証している。

その結果、ニュートラルからの変更では、ゲイン・ロス効果はほとんど生じなかったのだ。つまり最終的な印象は、ニュートラルからポジティブに転じた場合はポジ‐ポジ条件と変わらず、ニュートラルからネガティブに転じた場合もネガ‐ネガ条件と同様であった。やはり、先に落として上げる、上げてから落とすといったジェットコースター型の接し方が、極端な人物評価につながるようなのである。

なぜこのようなゲイン・ロス効果が生じるのだろうか？　おそらく、**我々人間の脳は、現状そのものを単独で評価するのではなく、何かを基準として設定し、その基準との差をもとに現状を評価することしかできない**ためと思われる。行動経済学では、このような基準を「参照点」と言うのだが、先の研究であれば、「自分を悪く言っていたさっき」を参照点とし、そこから「自分を褒めている今」との差を見て、相手を評価してしまうのである。

小公女型の広告は、まさにこのゲイン・ロス効果を利用した効果的な方法なのだ。ダイレクトマーケティングで、30分間終始ポジティブな情報が続くと、ポジティブな情報そのものの評価がぼやけてしまう。氷水に手を10秒つけた後に、温水に手をつけると、ずっと温水に手をつけている時よりも、何倍も温かく感じる。ずっと高所得な状態が何年も続くと、その状態のありがたみが分からなくなる。おしるこだけをずっと飲んでいると、次第に甘みがよく分からなくなるが、塩昆布で一旦しょっぱさを味わうと、おしるこが一層甘く、美味しくなる。

これらと同じで、人間には差が大事なのだ。差がないと現状が把握できないように、人間はできている。そこで冒頭でネガティブな情報を提示して、ムードをネガティブ方向に引っ張っておく。そして、後半にポジティブ方向に大きく傾ける。そうすると、ネガからポジへの差分がはっきり伝わり、最終的な商品に対するポジティブな印象が最大値になるのである。ゲイン・ロス効果は広告で使える策なのだ！

良い警官・悪い警官

最後に、ゲイン・ロス効果を応用した手法を紹介しよう。刑事ドラマを思い出してほしい。被疑者に自白を迫る警官はどんな人物だろうか。多くの場合、２人いる。１人は横暴で高圧的に接する警官（若めの警官）だ。これは、嫌な奴、悪い警官だ。この悪い警官が先に被疑者に接し、ネガティブな印象を与えるわけだが、そこでもう１人のお出ましである。そのもう１人とは、悪い警官の高圧的な態度をたしなめたうえに、被疑者に温和に接する良い警官（少し年配の警官）だ。この良い警官によってポジティブな印象がもたらされたところで、被疑者が落ち、自白を始める。これが相場となっている。

実はこの手法、交渉では古くから使われるもので、その名も「good cop/bad cop（良い警官・悪い警官）」と言う。そのままである。この手法の効果について、カナダの名門・クイーンズ大学のブロットらが、「オーガニゼイショナル・ビヘイビアー・アンド・ヒューマン・ディシジョン・プロセシイズ」に２０００年に発表した研究をもとに見ていこう（Brodt & Tuchinsky, 2000）。

この実験の被験者は、最初に「あなたは現在、卒業や卒業後の就職にも関わる重要なグループプロジェクトに参加しており、他のグループメンバー2名から別々に、プロジェクトの論文を書くように説得を試みられている」と説明された。被験者は、事前テストとしてこの時点で「論文を書く作業を、どれくらいの確率で受け入れるか」を評定した。

その後、被験者は他の2名のメンバーから論文を書くように説得を受けるのだが、その説得の仕方には「良い警官・悪い警官」に対応して4種類があった。

その4種類とは、①2名とも被験者の意思を尊重してくれる受容 - 受容条件、②2名とも被験者の意思を尊重してくれない拒否 - 拒否条件、③被験者の意思を尊重してくれるメンバーが先に、尊重してくれないメンバーが後に説得してくる受容‐拒否条件、④被験者の意思を尊重してくれないメンバーが先に、尊重してくれるメンバーが後に説得してくる拒否‐受容条件であった。最後に被験者は先ほどと同じく、「論文を書く作業を、どれくらいの確率で受け入れるか」を評定した。

ややイメージしにくいかもしれない。要は、あなたは、自分が参加した大きなプロジェクトについて、事業内容や成果などの詳細な報告書を書くようにメンバーたちから説得されている。メンバーのある者（受容）は、あなたの「面倒だ」「書きたくない」という気持ちに理解を示しながら。また別の者（拒否）は、あなたは書くべきだと一方的に指示しながら。そのように考えていただければ問題ないだろう。

その結果が図７である。図から分かるように、説得を受ける前の段階に比べ、メンバーの要望を聞き入れる確率が高まった条件が１つだけある。それが拒否‐受容条件だ。

悪い〝警官〟によってネガティブな印象を与えられた後に、良い〝警官〟によってポジティブな印象が与えられる。すると、最初のネガティブな印象が基準となり、ポジティブな印象が際立つ。その結果、人はポジティブな印象をもたらした人の要望を受け入

図7　4つの条件ごとの、要望を受け入れる割合の変化

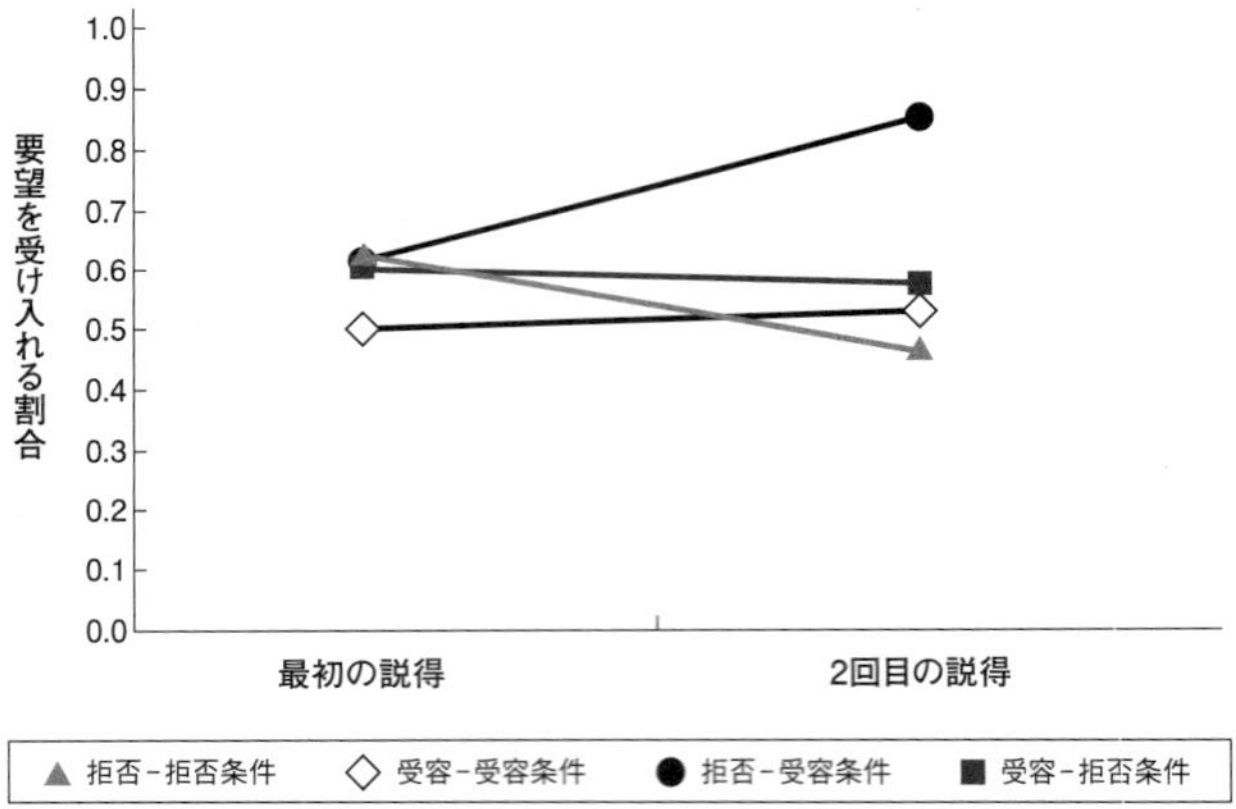

れがちになった。ネガティブからポジティブになると「落ちる」……これはゲイン・ロス効果と全く同じ構造だ。

ドアが勝手に開くような二階建ての家が、匠の力で住みやすい平屋に生まれ変わる。もっさりとした旦那が、スタイリストの力で清潔感あふれるナイスミドルになる。そういうテレビ番組や広告は数多いが、ビフォーが冴えない時ほど、アフターの感動は大きくなる。ビフォーが「そんなに悪くないなあ」と言う場合だと、アフターも面白くない。

日常的にもそうである。不良が雨で濡れた仔犬を抱きかかえた姿を目撃すると、なぜか「なんて優しいんだ！」と思えてしまう。普段ツンツンしている女性キャラが言う、「あなたのためにやったんじゃないんだからね！」に一番グッと来てしまう。おそらく誰しも、そういった実感があるのではないだろうか？

人間はネガからポジへの差分にどうしても弱いのだ。小公女型の広告は、このような「ギャップ萌え」の心理や「ツンデレ」に惹きつけられる人の心理をうまく利用しているのである。

Aronson, E., & Linder, D. (1965). Gain and loss of esteem as determinants of interpersonal attractiveness. Journal of Experimental Social Psychology, 1(2), 156-171.

Brodt, S. E., & Tuchinsky, M. (2000). Working together but in opposition: An examination of the "good-cop/bad-cop" negotiating team tactic. Organizational Behavior and Human Decision Processes, 81(2), 155-177.

鉄板法則3『煽り型ＣＴＡ』

3-①『ＣＴＡ』という言葉、聞いたことありますか？

ＣＴＡ＝煽りブロック

通販広告が全部似ているという印象を受ける要因の1つとして、商品紹介の後に、必ず売り込みのパートがあることが挙げられると思います。

突然テンポの良いＢＧＭになり、「通常価格２０００円のところ、今ならなんと９８０円でご提供！」とか、「お１つお買い上げの方に、もう１つ同じものをお付けします！」とか、「30分以内にお電話いただくと、低反発枕をプレゼント！」など、とにかくあの手この手で買ってくれとアピールし、その後に「お申し込みはフリーダイヤル０１２０-０００-０００へ！」と展開していく。まさに、購入を煽るわけです。

この煽りブロックは、どんなテレビショッピングにも必ず導入されています。このブロックを専門用語では『Call To Action』、略して『CTA』と呼びます。

Call To Action とは、直訳すると「行動を呼びかける」という意味。先ほど挙げた「今なら980円!」も「もう1つお付けします!」も、「お得にするから買ってね」とまさに煽ることで行動を呼びかけていますよね。

そしてこのCTAは、テレビショッピング番組だけでなく、折り込みチラシやインターネットなど、通販広告であればどこででも採り入れられています。

チラシであれば、たいていの場合、裏面の一定のスペースがCTAに割かれており、赤や黄色の目立つ文字で「今なら○○円」とか「サプリメントケースもプレゼント!」などの情報が躍っているはずです。

インターネットの場合でも、特に販売を目的としたページ(専門用語で Landing Page、通称LPと言います)を見てみると、たいていの場合、ひとしきり商品の説明が終わった後に、太い枠で囲まれたCTAが登場します。枠内には商品のお得な価格やプレゼントがハデハデしく書かれ、同時に「お申し込みはこちら」のボタンがクリックを促すかのように、絶妙な場所に設置されていることでしょう。

あらゆる通販の広告にＣＴＡという煽り型の売り込みブロックが用いられる理由、それはやはりこのような**売り込みを行うことが、反応を得るために非常に有効な手段である**から。だからこそ通販関係者はすべての広告に、欠かさずＣＴＡを採り入れているのです。

売り込まれるのは苦痛？

ところでここで、本書をお読みの皆様にご質問。「煽って売り込むことが有効」と聞いて、あなたはどう感じましたか？　実は、売り込みが有効という話をすると、たいていの方、特に通販に携わったことのない方からは、ほぼ例外なく否定的なご意見をいただきます。なぜなら、多くの人にとって売り込まれるというのは、苦痛で、逃げ出したくなるような経験だからです。

例えば海外の観光地で、お土産屋さんがものすごく呼び込みをしてくるような場所があったとしましょう。「お客さんならこれ〇〇ドルに負けとくよ」とか「こっちはもう１袋付けるよ」とか。向こうも必死なのは分かりますが、このような圧を掛けられると、買いたいというよりも逃げたい気持ちになるのではないでしょうか。

ゆっくりお洒落な服を選ぼうと思ってお店に入ったら、店員さんがやたらと絡んで来て嫌になって店を出た。そんな経験は、誰しも一度はあるのではないかと思います。こうなってしまうと、たとえそのお店に欲しいものがあったとしても、「ややこしそうなので別の店で似たようなものを探そう」という気分になってしまいます。

このような経験から、売り込みをかける行為は、買うこととは逆方向に作用することが多いという感覚が、多くの方に存在します。ましてや、煽って売り込むとなれば、なおのこと違和感を覚えるのは当然のことかもしれません。

ですが、私たちは通販広告でモノを売ってきた経験から、煽って売り込むことはモノを売るために必要不可欠なプロセスだと断言します。なぜなら、通販広告における売り込み行為、すなわちＣＴＡは、お土産屋さんの呼び込みとは根本的に異なる役割を果たしているからです。それはいったいどのような働きなのか、これから、ＣＴＡ部分の解析データを使って、その働きについて説明していきましょう。

3-② CTAによる視聴者の反応を解析

ポイントは「お得情報の積み上げ」

図1は、鉄板法則②『小公女型の商品説明』の紹介で取り上げた、調査用のスキンケア化粧品テレビショッピング番組の波形。

ここで注目してほしいのが、「買いたいね」の推移です。番組全体で見ると、CTAの部分で「買いたいね」のヤマができているのが分かります。つまり、CTAという煽って売り込むブロックに接したことで、確実に購買意欲が高まったということです。

この傾向は、放送結果が良かった他のテレビショッピング番組でも同様です。試しに、商品がよく売れたいくつかの番組の「買いたいね」の推移を、グラフ化してみましょう（90ページの図2）。

いずれもCTA部分で「買いたいね」のヤマができており、CTAによって「買いたい」という気持ちが生み出されたという結果になっています。少なくともここでは、「CTAで売り込みを受けたことで、それまでの『欲しい』という気持ちが萎えてしまった」という現象、つまり、お土産屋さんの呼び込みのような現象は見当たらないようです。

図1　オリジナルのスキンケア化粧品番組に対する反応

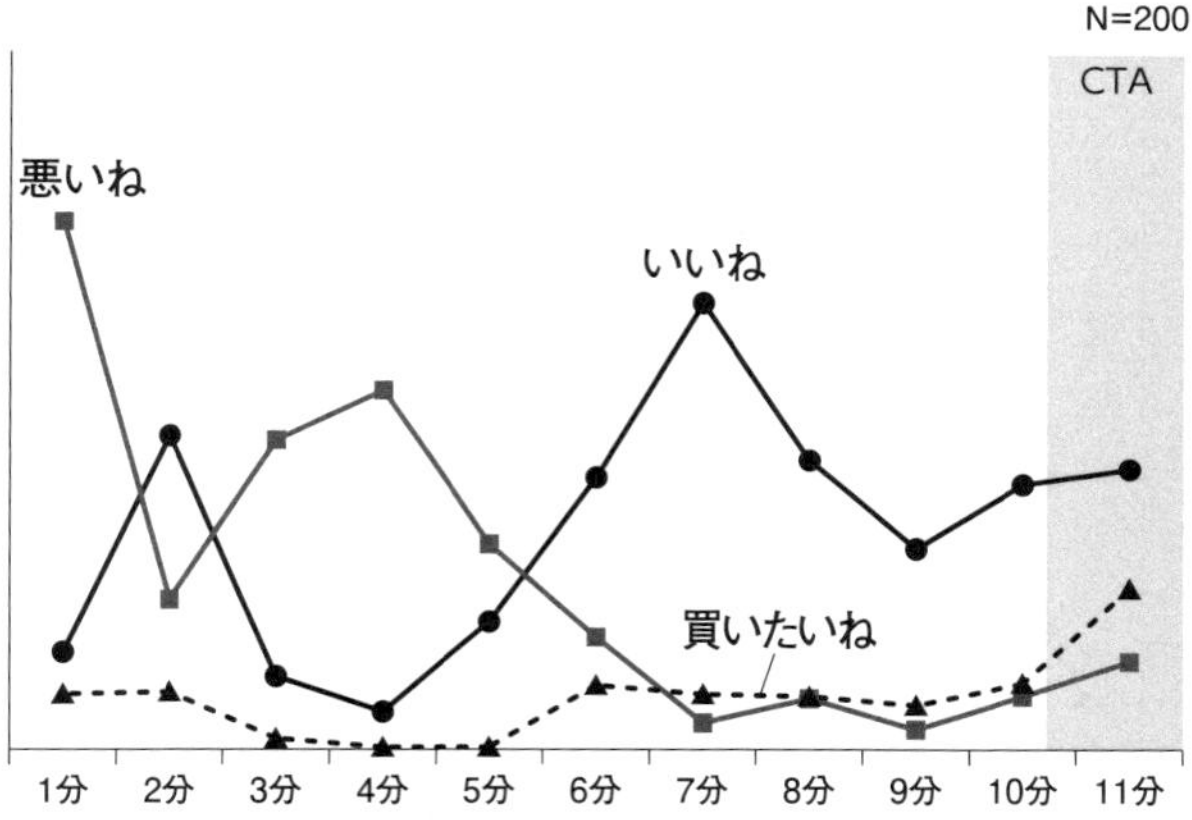

では視聴者は、ＣＴＡという煽って売り込まれるブロックの中でも、どのような要素に反応して、買いたいという気持ちを高めているのでしょうか。商品情報のおさらいなのか、割引なのか、プレゼントなのか……。

それを明らかにするために、今度は、ＣＴＡブロックの内部における反応を細かく見てみます。具体的には、調査用のスキンケア化粧品の番組のＣＴＡ部分を10秒単位に区切って、その中における「買いたいね」の推移に着目していきます。

波形を見る前に、この番組のＣＴＡ部分の具体的な内容を、簡単に説明しておきましょう（91ページの図3）。

ＣＴＡの冒頭で提示されたのは、「それではここから、お求めのご案内です！　メモをご用意く

図2　反応が良かった番組の「買いたいね」の波形

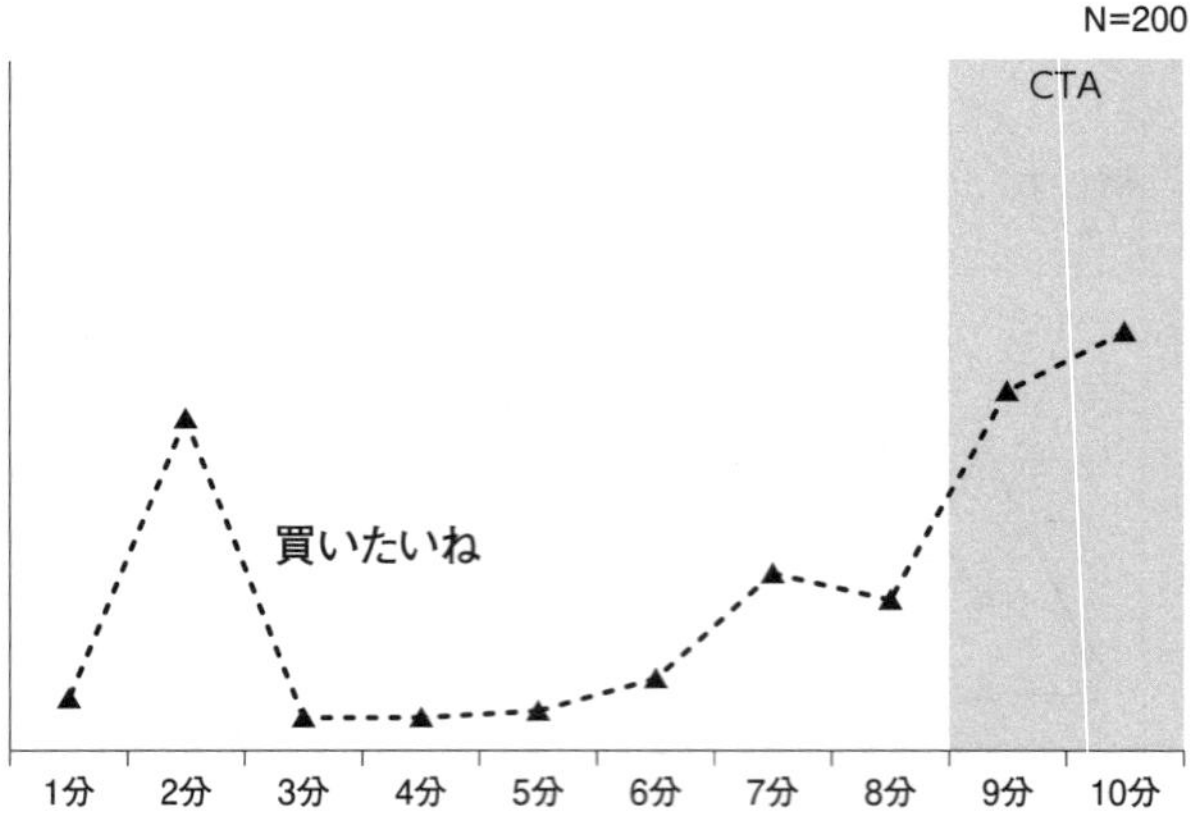

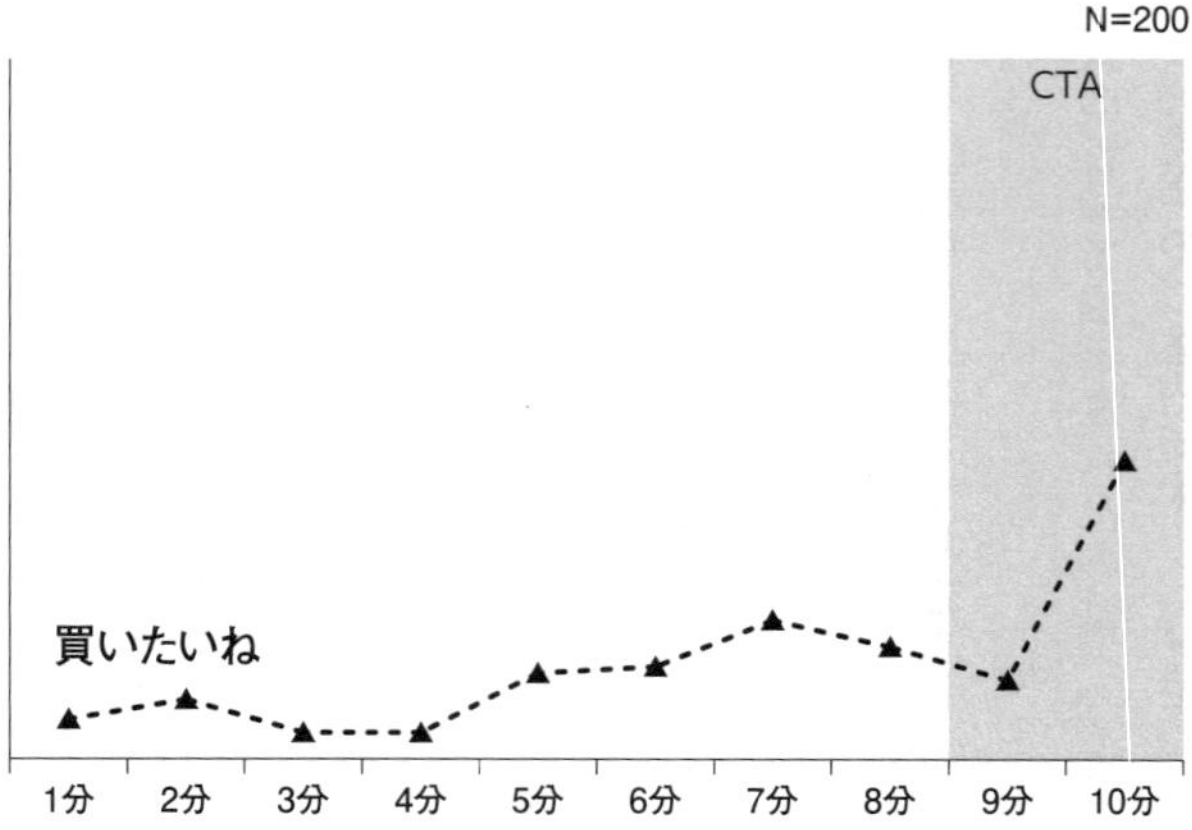

鉄板法則３『煽り型ＣＴＡ』

図3　オリジナルテレビショッピング番組のCTAの内容

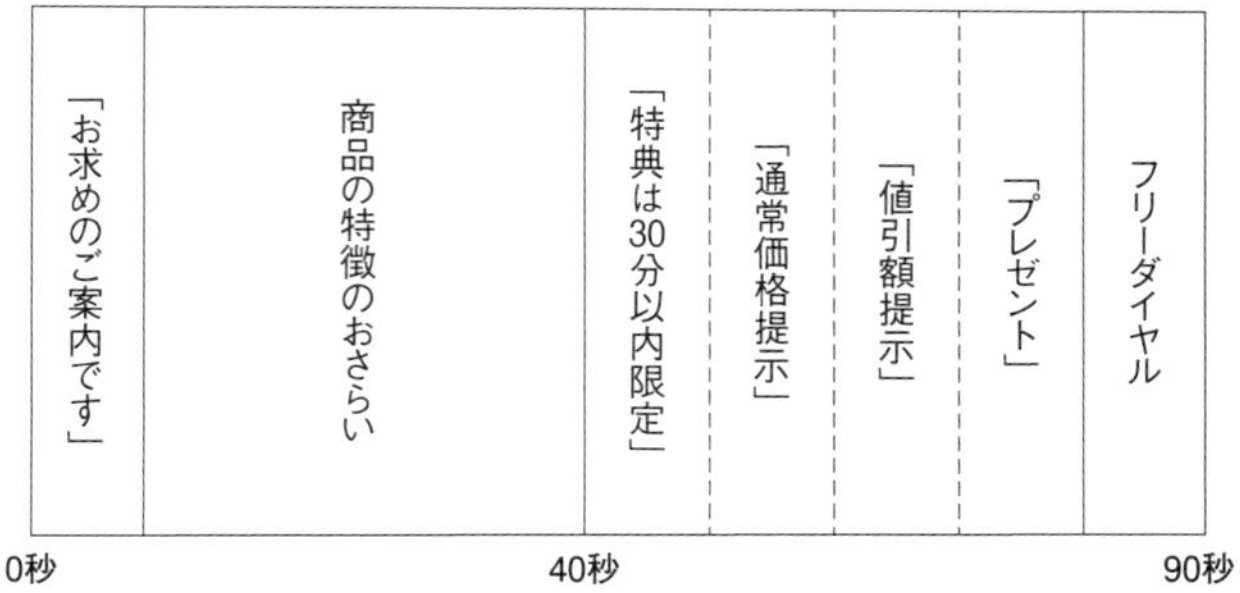

ださい」という情報。ＣＴＡに入る際は、なんとなく売り込みに入ってしまうのではなく、こういった注意喚起をしたほうが反応が良くなる、という経験則から、このような導入となっています。

以降は30秒ほど商品特徴のおさらいが続き、40秒を過ぎたあたりで価格の提示部分に。ここではじめに「特典は放送終了後30分以内限定」であることが明示され、その後、「通常価格提示」「値引額提示」「プレゼント」の順で特典がどんどんと積み上げられるように紹介されます。もちろんナレーションもこうした流れに合わせて、高いテンションで視聴者を煽りながら展開されるものになっています。

「買いたい」がピークを迎える時

さて、そんなＣＴＡ内での提示情報ごとの反応を見てみると、図４の通りでした。

図4　CTA内での提示情報ごとの反応

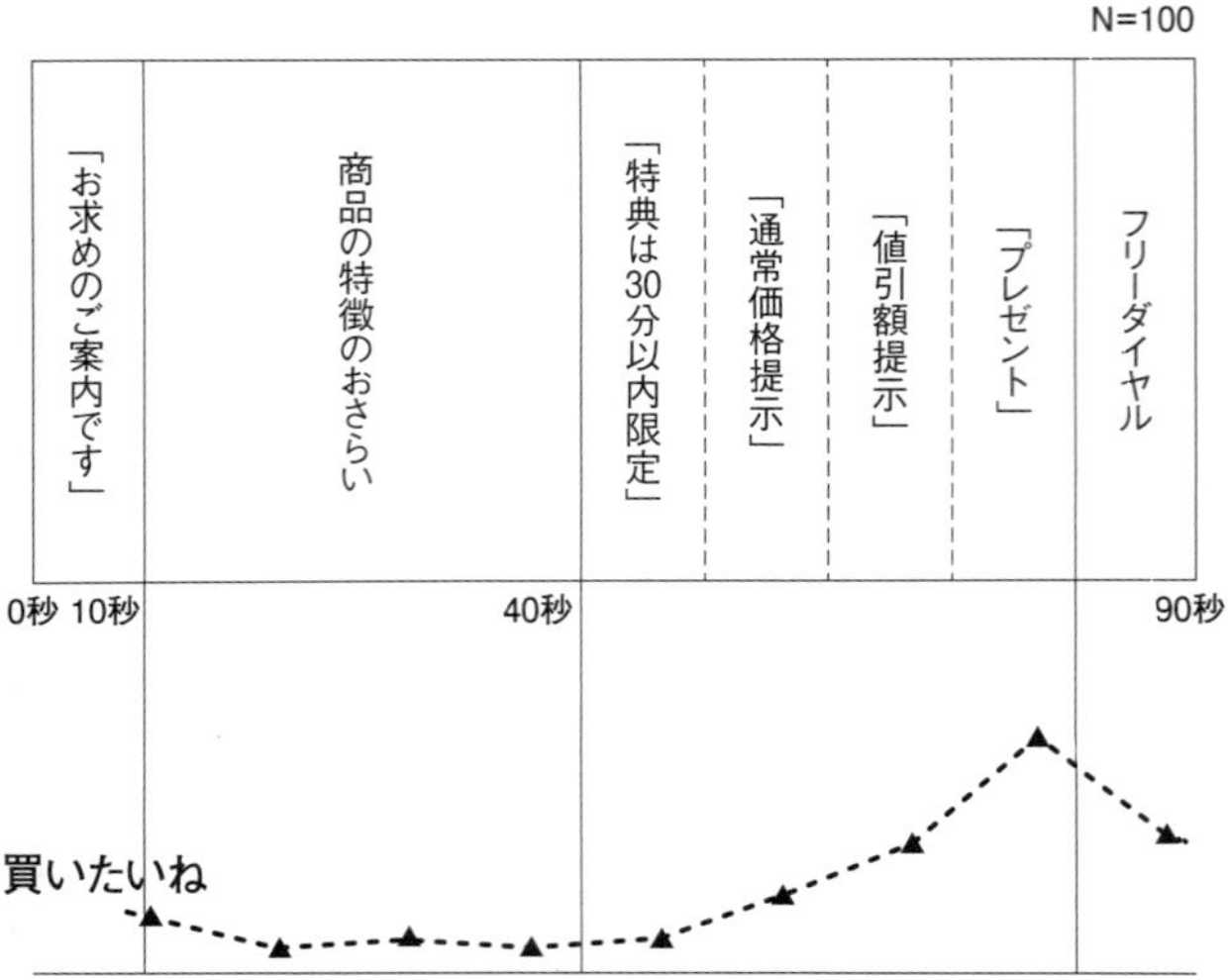

まずは商品特徴のおさらいのブロック。この段階ではまだ「買いたいね」は、低調かつ平坦な推移となっています。これは、この段階ではまだ買いたいという気持ちは生み出されていないということを示しています。

一方で注目なのが、価格の提示部分。「通常価格」「値引価格」「プレゼント」とお得な情報がどんどん積み上げられていくのに合わせて、一転して「買いたいね」がどんどんと高まっているのが分かります。そして、「買いたいね」がピークを迎えるのが、特典がすべて紹介され終わった時。

つまりこのことから言えるのは、買いたいという気持ちを作るのに直結してい

図5　トーンダウンしたタイプのCTAの内容

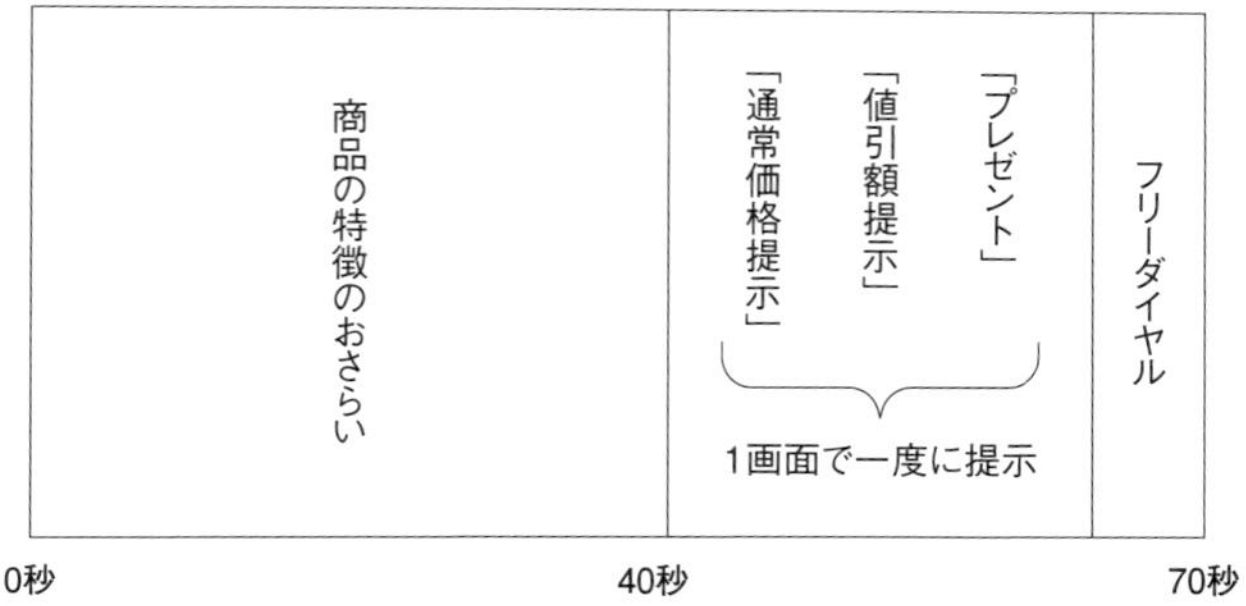

るのは、ＣＴＡの中でも特にお得な情報が積み上げられる部分である、ということになります。

そこで私たちは、この点をさらに検証するために、価格の提示部分を積み上げ型にせず、１つの画面内でまとめてさらりと紹介した、言わばトーンダウンしたタイプのＣＴＡ（図５）を制作し、その反応も調査してみることにしました。

もともとのＣＴＡ（以下『基本版』）と、価格を１画面でさらりと紹介したＣＴＡ（以下『トーンダウン版』）の「買いたいね」の波形比較が、94ページの図６です（なお、新たに制作した『トーンダウン版』のＣＴＡは、価格の紹介の仕方以外にも、「30分以内限定」の告知をカットしたりなど、いくつか『基本版』とは異なる表現があるため、単純な比較はできないことも申し添えておきます）。

図6　2パターンのCTAの10秒単位の反応

■基本版

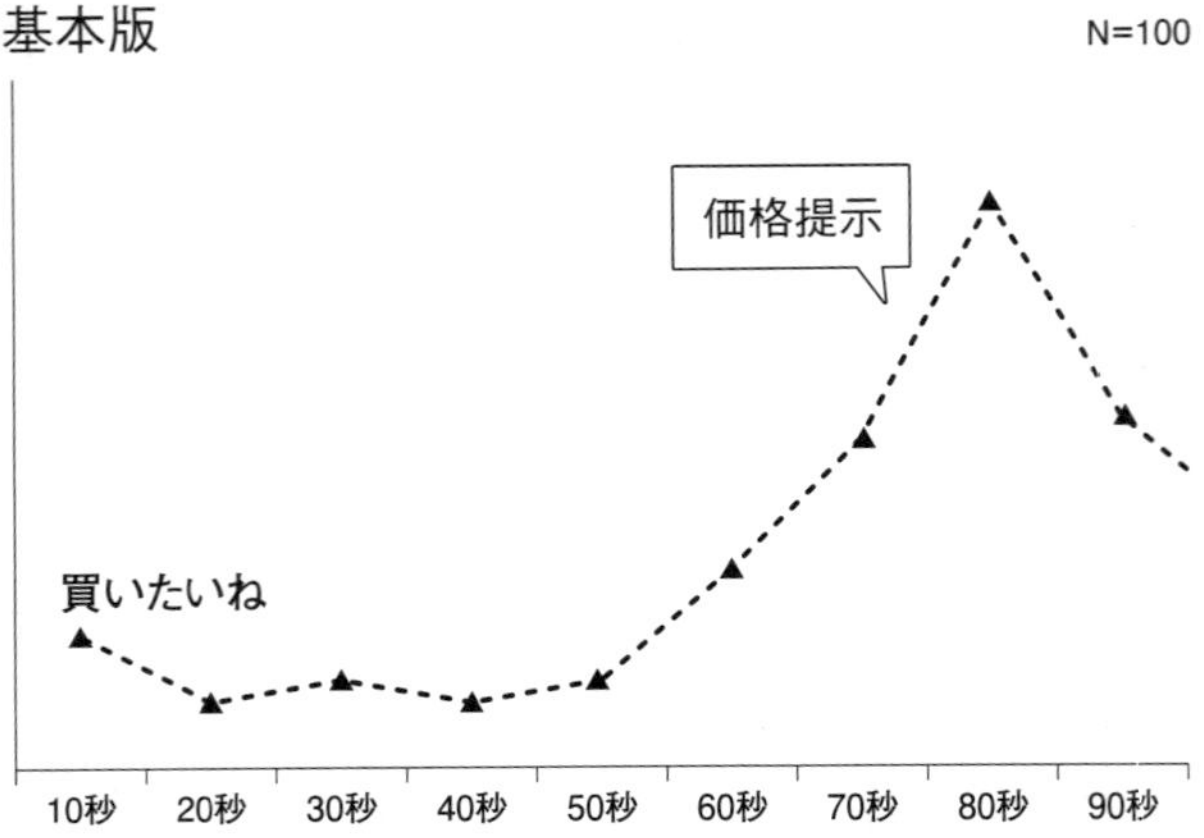

■トーンダウン版

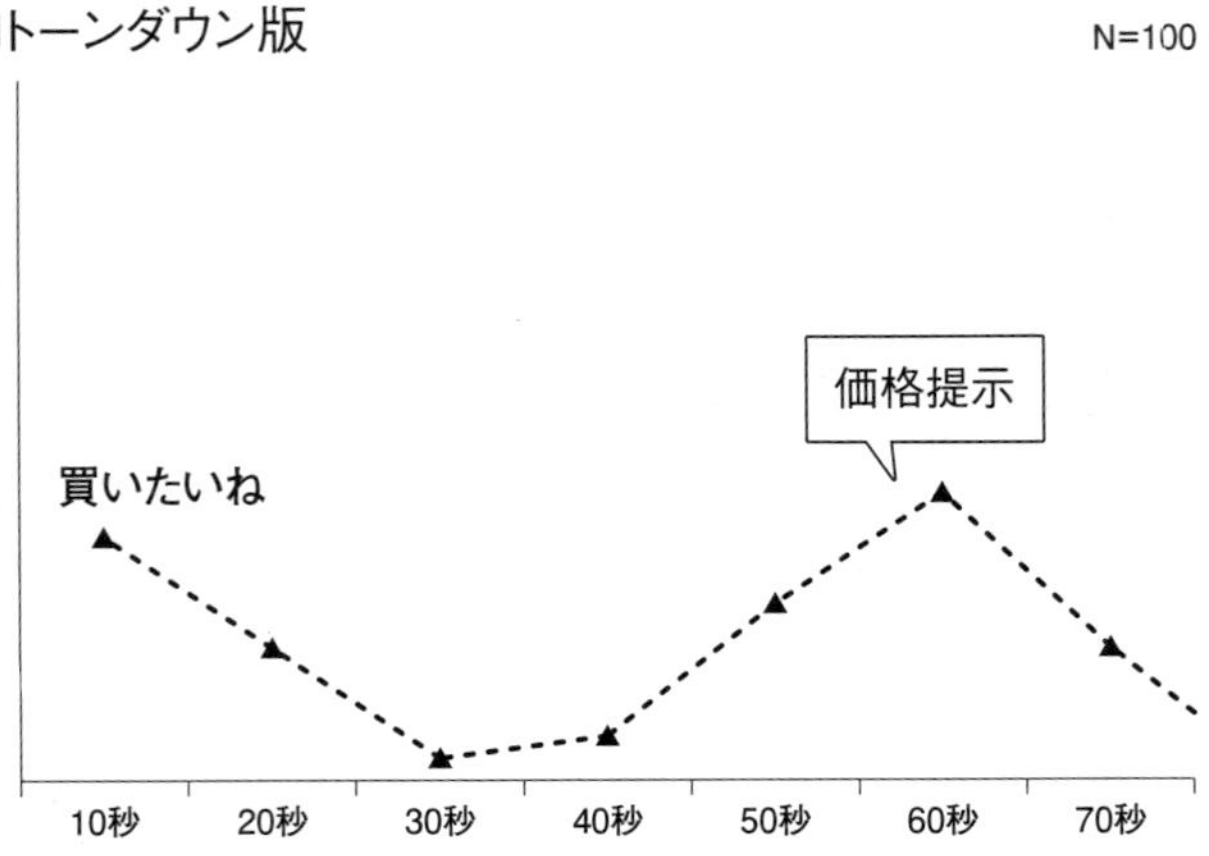

図7　パターン別の「買いたいね」が押された回数（1分当たりの平均）

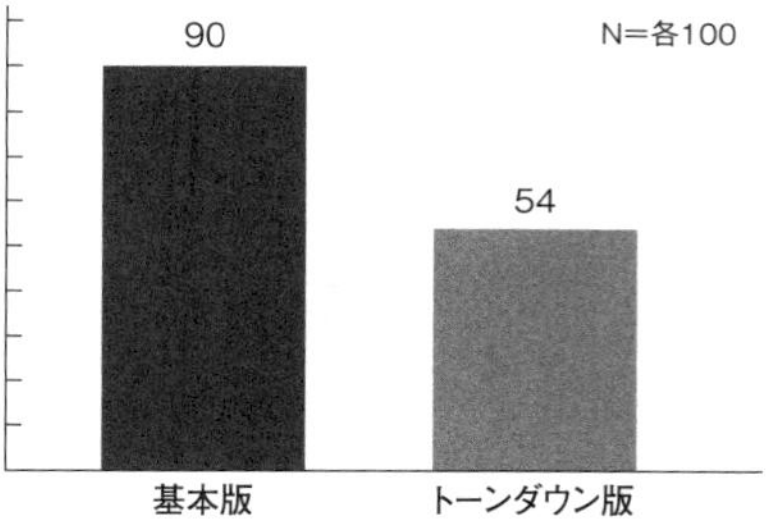

２つのグラフのスケールは同一となっており、高さの違いで反応の差を把握できるようにしています。『基本版』も『トーンダウン版』も、いずれも価格提示部分で「買いたいね」が高まっていますが、その上がり幅を比べると、『基本版』のほうが、より急角度の上昇を示していることが分かります。

つまり、**価格を中心とするお得な情報を畳みかけ、積み上げて見せたほうが、単にまとめて紹介した時よりも、買いたい気持ちがより高まる**、という結果です。実際に、２つの番組の「買いたいね」ボタンが押された回数を比べてみても、『基本版』のほうが、倍近い差をつけて『トーンダウン版』を上回っていたことが確認されました（図７）。

この結果を見る限り、先ほど立てた仮説、すなわち「お得情報の積み上げが買いたい気持ちに直結している」というのは、やはり間違いのない事実だと言えそうです。

というわけで、３つのデータの検証が済んだところで、ここでいったんこれまでの話を整理しましょう。

まず、各種の成功した事例の分析から言えるのが、「煽って売り込むＣＴＡに触れると、人は買いたい気持ちを抱く」ということ。そして、ＣＴＡの内部を分析して分かったのが、「買いたい気持ちを生み出すカギとなっているのが、お得情報を積み上げて見せられること」という事実でした。

この理由については後述しますが、これこそまさに、同じ売り込みでも通販のＣＴＡは、お土産屋の呼び込みとは違い、買いたい気持ちを生み出すことにきちんと貢献している、ということを意味します。しかもその煽り度は、強ければ強いほど効果を増す。煽り型のＣＴＡはモノを売るために必要不可欠のプロセスである、という私たちの経験則は間違いのないものだったのです。

3-③『煽り型ＣＴＡ』を用いたほうが購買意欲が高まる理由

「商品の理解」と「買うかどうかの判断」は別物

でもなぜ、お土産屋さんの呼び込みは買いたい気持ちをそぐのに、ＣＴＡを通して煽ることとは、買いたい気持ちをそがず、むしろ高めることにつながったのでしょうか。

その背景には、「商品の理解」と「買うかどうかの判断」は別物である、という事実があると思います。

分かりにくい話なので少し補足します。

「商品の理解」とは、法則②で見てきた通り、「困った状態を解決してくれる存在」として商品を認識した状態を指します。洋服を買う時で言えば、まず手に取って「これいいね、体型をうまく隠してくれそう。気に入った」などと思っている状態です。この状態に導くために有効なのが、呼びかけ＆問いかけ型の導入や小公女型の説明となります。

一方で、「買うかどうかの判断」とは何か。それは、認めた価値が対価と見合っているかどうかを判断すること。洋服を買う時で言うと、気に入った商品の値札をさりげなくチェックして、買うかどうかを決めるような状況です。いくら価値を認めたとしても、この段階で対価が高すぎれば、買わないという判断が下されることもあるわけです。

ＣＴＡは順序が大事

この事実が意味すること、それは、「モノを売る」ためには、「商品の説明」と「対価の提示」の２つを、順序立ててきちんとやらなければならない、ということです。

消費者が商品の良さを認識すると、頭の中では「購入するならこれくらいの値段が限度だな」という判断（支払意志価格 Willingness-To-Pay、WTPの判断）が下されます。そのような準備が整ったところで対価が提示されて初めて、購入の検討がなされるのです。反対に、商品の説明が十分にされないまま価格を提示しても、消費者は購入を検討する状態にはならない、ということなのです。

冒頭で紹介したお土産屋さんの呼び込みなどは、まさにその典型例。消費者が商品を十分に理解する前に、「安いよー」という対価のみ、あるいは「買ってよー」という要望のみが一方的に発信される。だからこそ、その煽りはうっとうしい情報にしかならず、拒否反応を引き起こしていたのです。

それを踏まえて、改めて先ほどご紹介したオリジナルの調査用テレビショッピング番組の全体の波形をもう一度見てみます（図8）。

冒頭のアバンから小公女型の説明部分の間で商品への「いいね」が集まっていることから、CTAの前に位置するこれらのブロックは「商品の理解」の役割を果たしていると捉えることができます。

そして大事なのはその後のCTA部分。ここで見られる「買いたいね」のヤマは、対価が提示され、それが妥当だという判断が下されたからこそ生まれたものなのです（同時に「悪

図8　オリジナルのスキンケア化粧品番組に対する反応

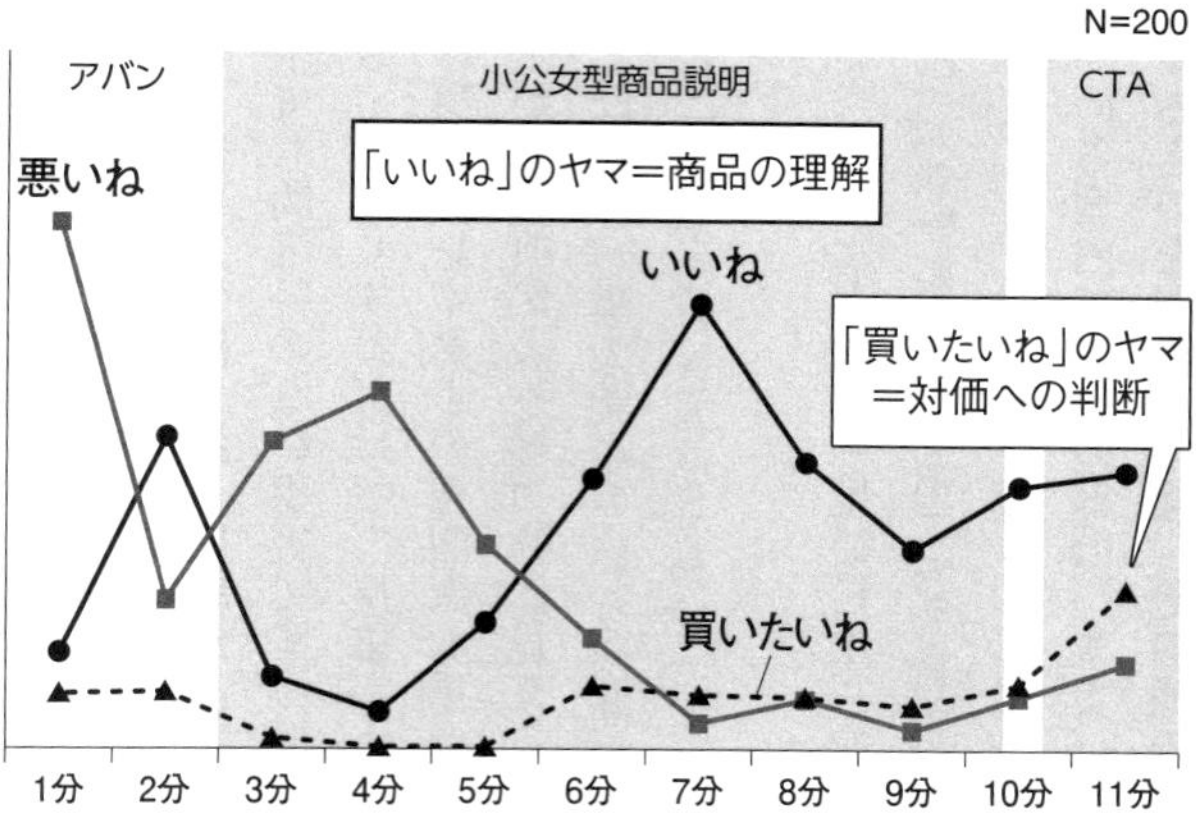

いね」もやや高まっているのは、何らかの理由で対価が妥当ではないと判断した人がいたからかもしれません)。

このように考えていくと、**ＣＴＡは、商品の価値を認識した人に対し、対価を提示することで、買うかどうかの判断を促す役割**をしていると言えます。もしＣＴＡがなければ、良い商品だとは思ってもらえても、買うかどうかの決心をしてもらうことはできない可能性が高いのです。

「赤」の重要性

ただし対価は、「提示さえしておけばどのような方法でも良い」というわけではありません。対価の判断をしてもらううえでは、見逃せないポイントがあります。それは、対価のとらえ方は情報の提示の仕方によって変わる、という点。

思い出してみてください、先ほどご紹介した2パターンの情報の提示の仕方。情報の内容は同じでも、特典を積み重ねて見せていく、すなわちどんどん対価が下がって行くように見せていくやり方のほうが、反応が高まる結果となっていました。これは私たちの広告作りの経験上でも間違いのない事実です。同じ価格や特典でも、積み上げ型で見せたり、期間や人数を限定したりするだけで、反応が大きく向上します。

BGMやナレーターの雰囲気も重要で、テンポや勢いが良いほど反応は上昇。そのほうが、積み上がる特典がより魅力的に見えるし、その分だけ対価が下がっていくことにつながります。これらが、購入するという決断に向けて大きな後押しになる。だからこそCTAは、「煽り型」であるべきというわけです。

なお、このような煽り型のCTAを作る際に、制作者が必ず意識していることがあります。それは、『赤』を多用すること。特別価格はほとんどの場合赤色で表示されますし、割引率はもちろん、フリーダイヤルの番号や果てはCTAのトビラ絵（前述の「それではここから、お求めのご案内です」の部分）まで、CTAは赤色のオンパレードです。**制作者はまず、赤色にするものを配置した後、その他のデザインを決めていくほど。**

言うまでもなくこれも、赤を選んだ方が反応は高まるという経験則に基づくものなのですが、実は『赤』には、科学的に実証された反応を高める不思議な力があるのだそうです（この辺は先生のコラムに詳しく書いておりますので、ぜひそちらをお読みください）。

いかがでしたか。奥ゆかしい日本人の特性からすると、対価を提示して決断を迫るという行為はなかなか実行しにくいもの。ですがデータから見る限り、商品に魅力を感じてくれた人に対しては、きちんと対価を提示して決断を促すのは有効な手段だと言えます。だからこそ、あらゆる通販広告では、商品の説明が行われた後に必ずＣＴＡが設けられ、そこで様々な働きかけを行うことで、消費者の決断を促しているのです。

「セールストークがいいところまで行くんだけど、最後になかなか決断してもらえない……」

もしそんな悩みを持っているとしたら、一度思い切って、堂々と価格を示してみるのも１つの手かもしれません。

ちなみに、対価の提示という概念の真逆に位置するのが、値段が書かれていないお寿司屋さんです。私は未だにこういうお店に緊張してしまうタチ。なので、大将からお好みを聞かれて、何の躊躇もなく「大トロとシマアジとイクラね」とか言える人を見ると、すごいなぁと感心してしまいます。私なんて、値段が書かれてないことに浮足立ってしまい、ついつい「イワシ1つでいいです」などという無難な決断をしてしまうことがほとんど。そして、こういう時に改めて思うのが、『対価』の重要性。値段がないと決断が不安になるくらい、やはり自分の決断にとっても、『対価』ってとても重要なんだなと実感するのです。

鉄板法則③『煽り型CTA』から導かれる、モノを売る際のポイント

◆モノを売るためには、商品の理解だけでなく、対価の提示も不可欠。対価の提示がなければ、単に「気に入った」だけで終わってしまい、買うという決断をしてもらえない。

◆対価の受け止め方は、提示の仕方によって大きく変わる。特典を積み上げる、対象者を限定するなどの手法は、非常に有効。

広告を心理学する！　コラム３「赤は凄い！」

「赤いユニフォーム」は強い

少し細かい点を深掘りすることになるが、本文にＣＴＡの煽りに用いるのは必ず「赤色」だという断言がある。値引き価格は必ず赤字で書かれる。これは一体なぜなのか？心理学で真相に迫ってみたい。

赤は特殊な色なのかもしれない。そんなことを裏付けるデータが豊富にある。文化人類学者のバーリンと言語学者のケイは、全世界のあらゆる部族に対して、色名についてどういう表現を持っているかを調べ上げ１９６９年に成果を報告した。

その結果、いくつかの部族（パプアニューギニアなどの部族）では、色を表現する単語として、白と黒の２語しか存在しなかった。だが、**色名が３つある部族では、白と黒の次に「赤」があった**という。白と黒は、色というよりは明るさを表現していると言えるので、実質色らしい色としてはじめに登場するのが、赤だと考えることができるのだ。

日本でも、国旗の色では白と赤を用いるように、赤という概念は他の色に比べて、重要視されてきたことが分かっている。

赤は色の中でも特別な地位を得た特別な存在なのだが、その赤の特殊性を裏付けるような心理学の行動データが蓄積されている。いくつか具体的に見て行こう。

まずは、ネイチャー誌に報告された、ヒルとバートンの２００５年の論文である(Hill & Barton, 2005)。彼らはオリンピックで行われているある慣例が、選手に対して不公平な事態を招きかねないことを発見したのである。その慣例とは、ユニフォームや防具の色の指定である。

オリンピックには様々な競技種目があるが、その中のフリースタイルレスリング、グレコローマンレスリング、テコンドー、ボクシングでは、慣例的に、片方の選手には赤のユニフォームや防具が、もう片方の選手には青のユニフォームや防具が、ランダムに割り当てられる。ランダムであるから、ある試合では実力的に勝つべき選手が赤になり、別の試合では実力的に勝つべき選手が青になることもある。ただ、多くの試合について平均を求めれば、本来は、赤の選手と青の選手で勝率に差はなくなる、つまりどちらも5割の勝率に収束するはずである。

ところが、２００４年のアテネオリンピックの実際のデータを解析すると、赤を着ていた選手の勝率は5割5分、青を着ていた選手の勝率は4割5分となり、差し引き1割の差があった。この差は単なる誤差とは考えにくい（専門用語を使うと〝統計的に有意な〟）もので、無視できない。しかも、この赤の優位性は5種目すべてで確認できるほど、頑健なものだった。

さらに、彼らは２００４年に行われたサッカーヨーロッパ選手権についても、ユニフォームの色別に勝率を分析した。その結果、オリンピックと同様に、やはり赤いユニフォームのほうが勝率は高いことが分かった。赤を着ていると強くなると言うのである。

ちなみに、柔道では片方の選手には白の道着、もう片方の選手には赤ではなく青の道着が割り当てられる。こちらではどのような結果になるのだろうか。アテネオリンピックの実際の結果を解析してみると、白でも青でも、その勝率は5割ちょうどになり、差は生じないことが分かった（Dijkstra & Preenen, 2008）。つまり、やはり赤が特別なのである。赤は本当に不思議な色なのだ。

「赤」に騙される

では、なぜそんなこと、つまり「赤の優位性」が起こるのだろうか？　影響の仕方の1つとして、審判が赤色に対してある種「騙されて」しまうというものがある。つまり、審判が「赤が強い！」と思い込んでしまうために、〝赤贔屓〟な判定をしてしまうということだ。この仮説を検証したハーゲマンらの２００８年の論文を紹介しよう(Hagemann et al., 2008)。

この論文で対象となった競技は、テコンドーであった。

テコンドーの試合では、片方の選手が赤色の防具、もう片方の選手が青色の防具を着ける。ハーゲマンらは、プロのテコンドーの審判に実際の試合の映像を22本見せ、それぞれどちらが優勢であったかを判定してもらったのだが、映像にはある加工がされていた。それは、22本の映像のうち、オリジナルは11本で、残りの11本はオリジナル映像から防具の色だけを反転させたものとなっていたのである。

例えば、青色の防具を着けた鈴木選手と、赤色の防具を着けた佐藤選手が試合を行ったとする。これがオリジナルとすると、反転版では鈴木選手が赤色、佐藤選手が青色の防具を着けていたということである。つまり審判に提示された映像の半分は、防具の色が反転している以外は、オリジナルと、全く同じ2人の選手が全く同じように戦った試合にすぎなかった。

にもかかわらず、青色の防具を着けている時に比べ、赤色の防具を着けている時のほうが、審判から高いポイントが与えられがち、つまり「より攻めていた」と評価されやすかった。

実は赤色は、往々にして「攻撃」「活動」「競争」というイメージと結びついている。例えば、青色に比べて赤色は「身体的な競争により勝利しやすい」「攻撃性が高い」と評価されやすい（Little & Hill, 2007）。

しかも、その傾向は多数の文化に共通しているようだ。アダムズの古典的な研究によると、世界23か国について色のイメージを調査したところ、多くの文化で赤色は「活動的」「強い」などの概念と関連していることが分かった（Adams & Osgood, 1973）。このような赤色のイメージのために、プロの審判であっても「騙されて」しまい、赤色を着けた選手を優勢だと判定しやすくなったと思われる。

「赤」による生理的な変化

さらに、赤色の効果はイメージなどの心理的な影響だけに留まらない。生理的な変化も起こしうるのだ。

いま、皆さんの目の前に真っ赤なスライドがあるとイメージしてほしい。そのスライドを60秒ほど見ていると、不思議なことに、緑色のスライドを見た時よりも皮膚の発汗が増える（Wilson, 1966）。「手に汗握る」という表現があるが、人間は緊張したり興奮したりすると、汗をかく（精神性発汗）。それが、赤色を見ることで強まるのだ。

また、ご存知の通り、我々の心臓は絶えず拍動しているが、その拍動の速さは一定ではない。その典型が運動時である。運動時には心拍数が大きく増加するが、なんと、赤色の防具をつけてスポーツチャンバラのような運動を行うと、青色の防具の時よりも心拍数がより増加するという報告がある（Dreiskaemper et al., 2013）。

さらに、心拍数は安静にしている時であっても一定ではなく、微妙に増えたり減ったりしている。真っ赤なスライドを見ていると、この微妙な増減（特に1分間に9～30回の割合で生じる変動）が小さくなることも知られている（Elliot et al., 2011）。

図9　あなたが入札しようとしているオークション

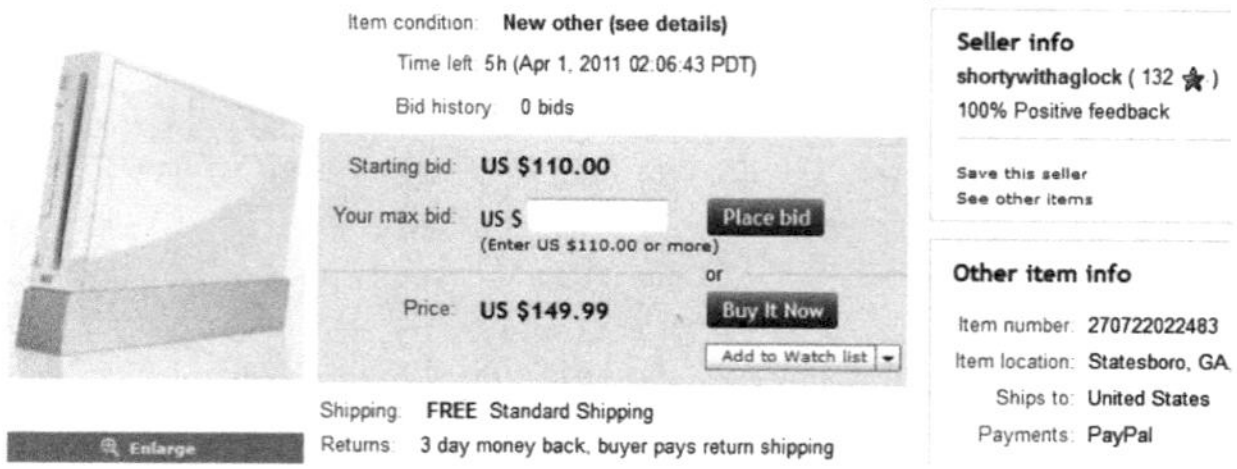

これらの現象はいずれも交感神経系が優位になったこと、平たく言えば、人が覚醒した状態、興奮した状態になったことを意味している。つまり、**赤色を見ることで我々は生理的にも興奮した状態に陥りやすくなる**と言えるのだ。

購買行動にも影響を与える「赤」

そしてこのような「攻撃」や「興奮」と結びついている赤色は、当然のように人の購買行動にも影響を与える。「ジャーナル・オブ・コンシューマー・リサーチ（直訳すると、消費者研究誌）」に掲載された論文を紹介しよう(Bagchi & Cheema, 2012)。

いま、図9にあるように、あなたは日本製家庭用ゲーム機をネットオークションで入札しようとしていると想像してほしい。入札開始価格は110米ドル、希望落札価格（その金額であれば競りなしで即購入できる金額）は14

9・99米ドルとなっている。あと数時間でオークションは締め切られるが、あなたは所用のために値動きをチェックすることができない。そこで、自動入札を使う。つまり、こちらの提示できる上限の金額（最高入札価格）を先に入力しておき、自動で入札を進めてもらうのだ。では、あなたなら、最高入札価格としていくらを提示するだろうか？

以上が、被験者に行われた場面設定である。この設定に際して1つ細工がしてあった。それは、これらの表示が行われるページのトップ（ホームページのヘッダー部分）が、被験者ごとに赤色、青色、灰色、白色のいずれかに変わっていたのである。ある被験者は赤色の画面で最高入札価格の入力が求められ、別の被験者は白色の画面（ページの背景は白色であったため、実質的にページヘッダーがない状態）で価格入力が求められたという具合である。

この細工を行うことで、背景の色が支払意志価格（Willingness-To-Pay でＷＴＰ。この場合は最高入札価格）に与える影響を検証したわけだ。

このように最高入札価格を入力した後、各被験者は希望落札価格の149・99米ドルでゲーム機を購入したいかどうかを尋ねられた。これにより、最高入札価格とは別に、購買意向が色にどのような影響を受けるかを調べたのである。この評定は、「１＝全く購入したくない」から「７＝とても購入したい」までの７段階で行われた。

　なお、一部の被験者については、オークションで競るという場面設定は行われなかった。最高入札価格はオークションを行う際に発生するものであるため、このグループでは、単に「希望落札価格が１４９・９９米ドルとなっており、その金額で購入したいかどうか」という質問、すなわち、購買意向のみが尋ねられた（固定価格群）。


　気になる実験結果であるが、入力された最高入札価格の平均値は、青色で１２５米ドル、灰色で１２３米ドル、白色で１２６米ドルとなっており、これらの間に統計的な差はなかった。つまり、偶然でも生じうる程度の差しか見られなかった。

　一方で、赤色では１３１米ドルとなり、統計的に意味のある差をもって、他の色よりも最高入札価格が高いという結果になった。赤色のヘッダーで入力を行ったグループでは、「ゲーム機にこれくらいまでなら支払ってもいい！」という上限が上がったのである。

　また、購入意向の評定値は、青色の時と灰色の時が同じ３・９、白色の時が４・１に対し、赤の時は４・７となり、最高入札価格と同様の結果となった。つまり、赤色のページにすることで、最高入札価格と同様に、「購入したい」という心理・購買意欲も強まったのである。

「赤」が有効な場面

この結果から、赤色を使うと購買意欲が掻き立てられるのだ！……と言いたいところだが、そう単純でもない。というのも、これは〝オークション〟という場面を設定したグループの結果。オークションという場面想定をしなかった場合は、全く異なる結果となったのである。具体的には、「149・99米ドルという金額で購入したいかどうか」と、希望落札価格だけを提示して購買意向を尋ねた場合（固定価格群）である。

このグループでは、購買意向の評定値は平均で、青色4・3、灰色4・2、白色3・9に対し、赤色では3・4と、他の色よりも購入意向が低かった。赤色にすることで、反対に買いたい気持ちが弱まったのだ。同様の結果は他の研究からも観察されており(Bellizzi & Hite, 1992)、どうやら頑健な現象らしい。

では、なぜオークション場面においてのみ、赤色は購買意欲ならびに支払意志価格を高めたのであろうか？　まさにその原因が、先ほど述べた「赤色＝興奮・攻撃」という関係性にあった。つまり、赤色を見ると覚醒・興奮の度合いが強まる。これが他者と競争するような場面、例えばオークションという他者との競争場面で起きると、他の人よりも優位に立ちたい、他の人に勝ちたいという心理が強まる。そしてその表れとして、購買意向や支払意志価格が上昇したのである。

つまり、赤色そのものが直接的にそれらを上昇させたわけではなかった。そうではなく、**競争場面で赤色を見ることで生じる我々の生理的・心理的な変化が、購買意向や支払意志価格の上昇を引き起こしていた**のであった。

このように考えると、「煽り場面では赤太字を使う」という策は、実に理に適っていることが分かる。その典型が、「先着１００名様限り」「限定50個」などの表現である。ここでは販売される量に限りがあるため、他の人が買えば自分は買えなくなる確率が高まる（無論、逆も然りである）。つまりこの表現は、自分が他の消費者と競争状態にあることを意味している。このような場面では、赤色を使わない手はない。赤色のもたらす「興奮」「攻撃」といった影響が、「他の人にとられたくない（負けたくない）」といった競争心にうまく合致し、購買意向が高まると予想されるためだ。

同様のことは、「電話がつながりにくい場合は」など、他の人たちも買いに走っていることを匂わす表現にも当てはまるだろう。

使いすぎは禁物

では、そのような競争状態にない場面ではどうだろうか？　例えば、在庫が豊富で店舗ごとの値段もほぼ変わらないコンビニでは、他の人と競争して何かを買うということは比較的少ないであろう。

また、同じオークションであっても、他の人たちの入札価格が見えない形式のオークションサイト（某大手ネットオークションなど）では、他の消費者と競争状態にあることが示されにくい。このような場合であっても、赤色を使うほうが良いのだろうか？

その答えは、「否」かもしれない。先ほどの実験における固定価格群、つまり「149・99米ドルという金額だけが表示され、その金額で購入したいかどうかを問われる」という場合を思い出してほしい。ここでは、他の色に比べ、赤色を出した時が購買意向は最も低いという結果だった。

このように他者との競争が弱まる場面では、やみくもに赤色を使うことは避けたほうが無難かもしれない。赤色を多用することで、かえって消費者の財布の紐は固くなってしまう恐れがあるためだ。

いかがであろうか？　ただの電磁波の波長の違いに過ぎない色の違いが、かくも人間の生理状態、心理状態、そして行動を変えるのである。言い換えると、**人間の生理状態や心理状態、そして行動は、一見すると些細な情報に意外なほど左右されうる**のだ。だが、そこには影響を及ぼすに値する、しっかりとした背景がある。色とは大きく異なるが、最後にこの点について紹介したい。

「低音ボイス」の力

皆さんは、本書での１つ目の法則の紹介時に、「商品が売れるナレーターと商品が売れないナレーターがいる」という話があったことを覚えておられるだろうか？　実はこの理解、心理学の研究としても正しいのである。つまり、広告ではナレーターの声の質にも注意を払わなければいけないということなのだが、どのような声質が良いのだろうか。その１つの答えとして、２００３年に「ジャーナル・オブ・コンシューマー・サイコロジー（直訳すると、消費者心理学研究）」に掲載された研究を紹介しよう(Chattopadhyay et al., 2003)。

この研究では、被験者に、あるビタミン剤に関する30秒の音声広告を聴いてもらった。その後、その広告や、広告で取り上げられた商品ブランドなどについて、それらの良さを9段階で評価してもらった。この評価に際して、研究者は1つの細工を施していた。それは、コンピュータを使って、広告を読み上げる音声のピッチ（音の高さ）と読み上げの速度を微妙に変化させていたのである。

具体的な声のバージョンは、①高めの声で普通の速さで読み上げるもの、②高めの声で少し速く読み上げるもの、③低めの声で普通の速さで読み上げるもの、そして、④低めの声で少し速く読み上げるものの4つであった。被験者は、これらのバージョンのどれか1つの音声広告を聴かされ、評価を行うことになった。このように、複数のバージョンを用意することで、どのような音声で広告を読み上げた時にその評価が高まるのかを調べたわけである。

実験の結果、少し速めに読み上げた場合は、低めの声で読み上げることで広告に対する評価もブランドに対する評価も高まることが分かった。**低めの声で速く読み上げるこ**

とで、「おしゃれな広告」「品質の良い商品」といった評価になりやすかったのである。読み上げられる文章、内容はすべて同じであるにもかかわらず、読み上げる声のピッチが違うだけで、それらはよりポジティブに評価されたわけだ。

同様の結果は、アメリカ大統領選からも観察されている。グレゴリーら（Gregory & Gallagher, 2002）は、音声データが手に入ったアメリカ合衆国大統領選挙、具体的には、ニクソンとケネディが争った１９６０年の選挙から、ブッシュとゴアが争った２０００年の選挙までの８つについて、候補者（すべて男性だ）の声と一般投票での得票率との関係を分析した。共和党と民主党の各大統領候補者のうち、一般の有権者がより多く票を投じたのはどちらか？　そしてより声の低いのはどちらか？　両者の関係を調べたのである。

すると、なんと**8つのすべての大統領選挙において、声の低い候補者のほうがより多くの票を得ていた**ことが判明した。

例えば、１９９２年のクリントン（夫）とブッシュ（父）が争った大統領選挙では、一般投票でクリントンがブッシュを上回ったが、両者の声を比較すると、やはりクリントンのほうが低い声となっていた。候補者の声の低さが大統領選挙にも影響を及ぼしうるとなると、もはや脅威ですらある。

実は男性の声については、男性も女性も低音ボイスを肯定的に評価しがちである。男性も女性も、「良い声の男性＝声の低い男性」と思いやすいのだ。この低めの声に対する肯定的な評価が、声そのものの評価を超えて、広告やブランドの評価、果ては大統領としての資質などの評価にまで波及する。この結果、先のように、低い声で読み上げられたほうが広告やブランドを高く評価することになると考えられている。

進化の歴史による裏づけ

では、なぜ人は低い声の男性を肯定的に評価するのだろうか？　実はそこには、進化との密接な関係が隠されている。

１９９９年に「パーソナリティ・アンド・インディビジュアル・ディファレンス（直訳すると、人格と個人差）」に掲載された研究を紹介しよう（Dabbs & Mallinger, 1999)。この研究では、61名の男性と88名の女性に唾液を提出してもらい、男性ホルモンの代表格であるテストステロンの量を分析した。同時に、各人の声の周波数（ピッチ）を分析したところ、男性では、テストステロン濃度が高い人ほど周波数の低い声、つまり低音ボイスという結果が得られた（女性ではそのような傾向は観察されなかった）。

ご存知の通り、男性は思春期になると声が低くなる。これは、喉仏が前方に付き出し、それに引っ張られる形で声帯が伸びることで生じている。この変化を支えるものこそ、男性ホルモンのテストステロンである。テストステロンは同時に、生殖における〝オス〟の働きを促したり、筋骨隆々といったたくましい体、他の男性との競争に勝つ体を作ったりする役割も持つ。

例えば、男性の声に関してその性的魅力を評定してもらうと、女性（特に妊娠しやすい時期＝排卵期にある女性）は、低音ボイスの持ち主に対し、「一夜を共にしたい」という評価を下しやすい（Puts, 2005）。また、単なる評価ではなく実際の子供の数を分析しても、低音ボイスの男性ほど〝子だくさん〟であることが多い（Apicella et al., 2007）。さらに低音ボイスの男性は、男性からも女性からも、リーダーとして望ましいと評価されやすい（Klofstad et al., 2012）。

つまり**男性の声の低さは、実は、テストステロンの多さ、ひいては〝オス〟としての性的・社会的な機能の高さを匂わすシグナルになっているのである。**

このように男性の声の低さには、どのオスを性的パートナーとして選ぶべきか、どのオスに従うべきかといった進化的な情報が横たわっている。そのために、私たちは男性の低い声を良いものと感じることになり、広告や選挙などでは声の低い男性を評価しがちになるのだ。我々が〝この人、良い声だな〟と感じる時、その感覚ははるか遠い祖先から連綿と受け継がれたものなのだ。だからこそ、声は人の判断や行動にも影響を与えることができるのだ。

同じことは赤色にも当てはまる。赤色の「攻撃」「競争」といったイメージにもまた、長い進化の歴史が横たわっているのだ。我々の祖先である霊長類では、性的に成熟したり集団内での地位が上がったりすると、性器周りの皮膚が赤みを帯びる。この変化は、テストステロンの血中濃度が上昇することで生じているのだが（Rhodes et al., 1997）、テストステロンは、個体が自分の地位を保つために必要な行動を促す働きも持っている（Eisenegger et al., 2010）。

自分の地位を保つための行動であるため、自分の地位が脅かされる状況、例えば他者と競争しなければならないような状況では、テストステロンは、他者を攻撃して蹴落とす行動を促してしまう。この結果、テストステロンの血中濃度が高い個体、ひいては赤みの強い個体ほど、相手に攻撃を加えやすいことになる。このように、皮膚の赤色化の背景にテストステロンがあり、それが競争や攻撃のシグナルとなっている。このことが、**我々の文化に共通して「赤色＝競争・攻撃」というイメージを抱く**一因なのかもしれない。

これまで見てきたように我々の判断や行動は、色や声などの、一見すると些細な情報に大きく影響されうる。だが、その影響は決して偶然のものではなく、背後には進化的な理由、心理的な理由が確かに存在しているのだ。そして、膨大な試行錯誤を通してそれらの情報の重要性にたどり着いたもの、それが広告なのである。

Adams, F. M., & Osgood, C. E. (1973). A cross-cultural study of the affective meanings of color. Journal of Cross-Cultural Psychology, 4(2), 135-156.

Apicella, C. L., Feinberg, D. R., & Marlowe, F. W. (2007). Voice pitch predicts reproductive success in male hunter-gatherers. Biology letters, 3(6), 682-684.

Bagchi, R., & Cheema, A. (2012). The effect of red background color on willingness-to-pay: The moderating role of selling mechanism. Journal of Consumer Research, 39(5), 947-960.

Bellizzi, J. A., & Hite, R. E. (1992). Environmental color, consumer feelings, and purchase likelihood. Psychology & Marketing, 9(5), 347-363.

Chattopadhyay, A., Dahl, D. W., Ritchie, R. J. B., & Shahin, K. N. (2003). Hearing voices: The impact of announcer speech characteristics on consumer response to broadcast advertising. Journal of Consumer Psychology, 13(3), 198-204.

Dabbs Jr, J. M., & Mallinger, A. (1999). High testosterone levels predict low voice pitch among men. Personality and individual differences, 27(4), 801-804.

Dijkstra, P. D., & Preenen, P. T. (2008). No effect of blue on winning contests in judo. Proceedings of the Royal Society B: Biological Sciences, 275(1639), 1157-1162.

Dreiskaemper, D., Strauss, B., Hagemann, N., & Büsch, D. (2013). Influence of red jersey color on physical parameters in combat sports. Journal of Sport and Exercise Psychology, 35(1), 44-49.

Eisenegger, C., Naef, M., Snozzi, R., Heinrichs, M., & Fehr, E. (2010). Prejudice and truth about the effect of testosterone on human bargaining behaviour. Nature, 463(7279), 356-359.

Elliot, A. J., Payen, V., Brisswalter, J., Cury, F., & Thayer, J. F. (2011). A subtle threat cue, heart rate variability, and cognitive performance. Psychophysiology, 48(10), 1340-1345.

Gregory Jr, S. W., & Gallagher, T. J. (2002). Spectral analysis of candidates' nonverbal vocal communication: Predicting U. S. presidential election outcomes. Social Psychology Quarterly, 298-308.

Hagemann, N., Strauss, B., & Leißing, J. (2008). When the referee sees red.... Psychological Science, 19(8), 769-771.

Hill, R. A., & Barton, R. A. (2005). Red enhances human performance in contests. Nature, 435, 293.

Klofstad, C. A., Anderson, R. C., & Peters, S. (2012). Sounds like a winner: voice pitch influences perception of leadership capacity in both men and women. Proceedings of the Royal Society B: Biological Sciences, 279(1738), 2698-2704.

Little, A. C., & Hill, R. A. (2007). Attribution to red suggests special role in dominance signalling. Journal of Evolutionary Psychology, 5(1), 161-168.

Puts, D. A. (2005). Mating context and menstrual phase affect women's preferences for male voice pitch. Evolution and Human Behavior, 26(5), 388-397.

Rhodes, L., Argersinger, M. E., Gantert, L. T., Friscino, B. H., Hom, G., Pikounis, B., ... & Rhodes, W. L. (1997). Effects of administration of testosterone, dihydrotestosterone, oestrogen and fadrozole, an aromatase inhibitor, on sex skin colour in intact male rhesus macaques. Reproduction, 111(1), 51-57.

Wilson, G. D. (1966). Arousal properties of red versus green. Perceptual and Motor Skills, 23(3), 947-949.

鉄板法則4『トリプルリフレイン』

4-① 通販広告によくある、同じストーリーの繰り返し

なぜ3回繰り返すのか？

ここまで見てきた鉄板法則は、例えば導入部の『呼びかけ&問いかけ型』の話法など、広告の中の各部分でパーツとして採用されている、いわば『点』の技法でした。ですが、通販広告をこれらの集合体、つまり『線』としてとらえた時、別の大きな特徴が浮かび上がります。それが、同じストーリーが繰り返される、という通販広告ならではの特徴です。

テレビショッピングの番組で言えば、商品説明からCTAに至るストーリーを1つのかたまりとして捉えると（専門用語ではそれを「ロール」と呼びます）、多くの場合、それが3

回繰り返される構成になっています。実際に皆様が見たことのあるテレビショッピング番組も、同じストーリーが複数回繰り返されるものだったのではないでしょうか。そして、その繰り返しは、全く同じものの繰り返しではなく、登場人物や演出はその都度変わりつつも、ストーリーの骨子は同じものが複数回繰り返される、そんな構成だったのではないかと思います。

ところで、もしもこれがテレビドラマだったとしたらどうでしょう。似たような筋書きの話を3回も繰り返されると、たいていの人はチャンネルを変えてしまいます。テレビショッピングだってチャンネルを変えられてしまったら意味がないわけですし、普通に考えて、このやり方はあまりメリットがないように思えます。

ですが、事実はそうではありません。このやり方こそが、最も反応が高まるやり方なのです。**人の購買意向は繰り返すほどに高まる**というのが、私たちの経験則。それはいったいなぜなのか。そして、繰り返すことで人の購買意向がどう変化するのか。それを知るべく、さっそくデータを分析してみましょう。

4-② 繰り返されることで、人の購買心理はどう高まる？

繰り返すほどに買いたくなる

まずは、3つのロールで構成された一般的なテレビショッピング番組の反応データを見てみましょう。これまでは『小公女型の商品説明』や『CTA』といった番組の一部分のみを取り上げて分析していましたが、先ほども述べた通り、たいていの通販番組はこうした要素で構成されたロールが全体で3回繰り返される構成となっています。

ちなみに番組全体の長さは、ほとんどが29分。29分というと中途半端な感じがしますが、テレビ局の放送枠の関係上、日本で放送されているテレビショッピング番組は、大半がこの長さとなっています。

3つのロールで構成された番組全体で、200人のモニターがどのような反応を示したのかをグラフ化したのが、128~129ページの図1です。

図には分かりやすいように3つのロールごとにそれぞれに区切りを入れてみました。各ロールをざっと見ると、最初に「悪いね」のヤマがあり、続いて「いいね」のヤマができ、その後「買いたいね」のヤマが来るという共通の反応になっているのが見て取れます。個々のロールはいずれも「小公女型商品説明」＋「煽り型のＣＴＡ」という構造になっていますので、各ロールの波形は、まさにこの構造を反映したものだととらえることができます。

では、「繰り返し」による影響はどうでしょうか。繰り返すほどに購買意向は高まる、という私たちの仮説に基づけば、ロールを追うごとに反応も高まっていくはずです。そのような視点でまずは、小公女型の商品説明によってもたらされる「いいね」と「悪いね」の波形を見てみます。

各ロールの「いいね」と「悪いね」のヤマの高さを比べると、１ロール目が最も高く、２つ目のロールで下がり、３つ目のロールではやや持ち直す、という形になっているのが分かります。ロールを繰り返すごとに高まってはいないという意味では、「いいね」と「悪いね」の反応は、仮説とは逆の結果を示しているように見えます。

一方で、「買いたいね」のみに着目すると、また違った反応が読み取れました。全体のグラフでは見づらいので、「買いたいね」のみを抜き出し、拡大して見てみましょう（図2）。「買いたいね」ボタンはロールの最後のＣＴＡで押されることが多いため、「買いたいね」

反応

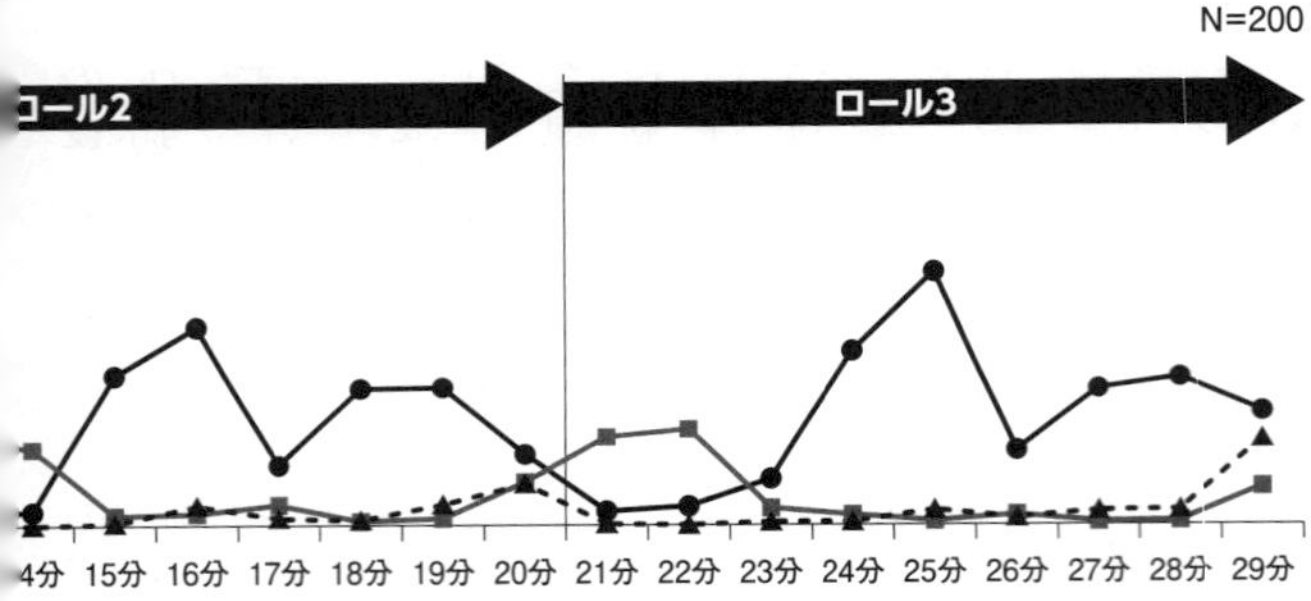
N=200
ロール2
ロール3
4分
15分
16分
17分
18分
19分
20分
21分
22分
23分
24分
25分
26分
27分
28分
29分

いね」の推移

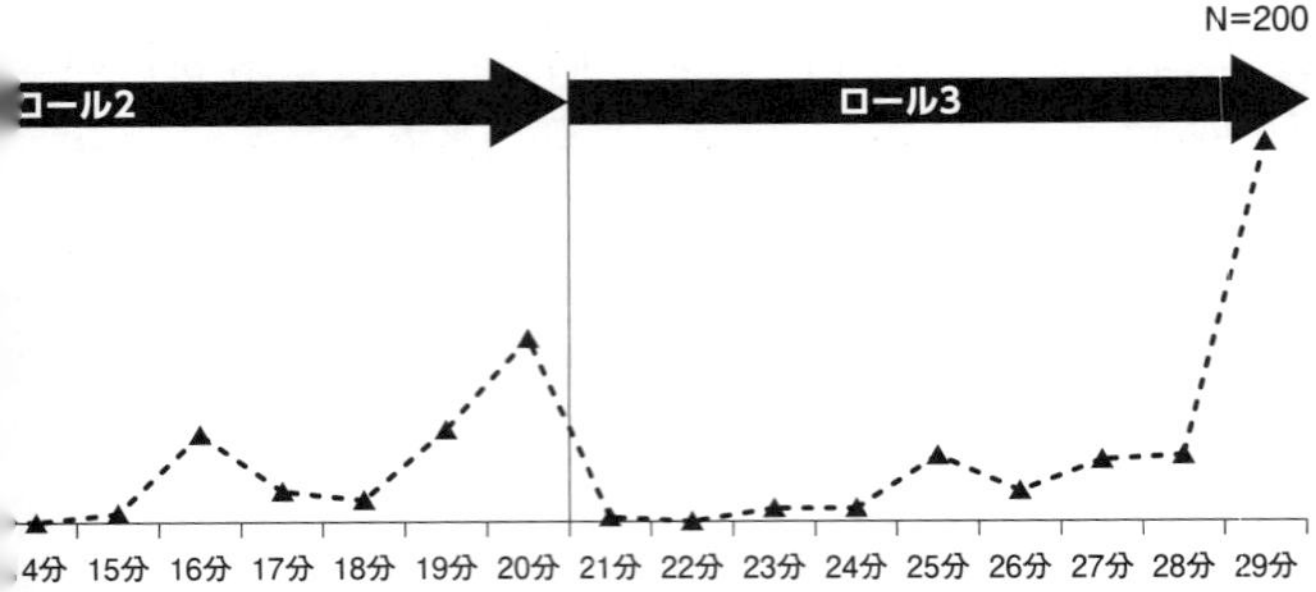
N=200
ロール2
ロール3
4分
15分
16分
17分
18分
19分
20分
21分
22分
23分
24分
25分
26分
27分
28分
29分

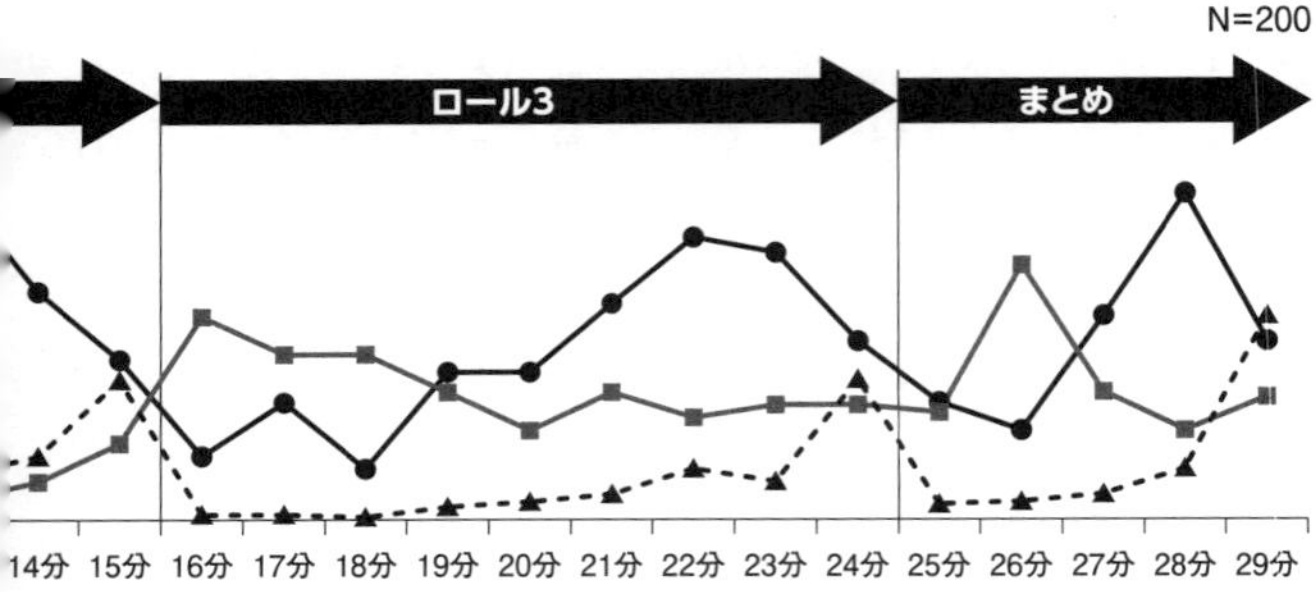
N=200
ロール3
まとめ
14分
15分
16分
17分
18分
19分
20分
21分
22分
23分
24分
25分
26分
27分
28分
29分

図1　3つのロールで構成されたテレビショッピング番組の全体での

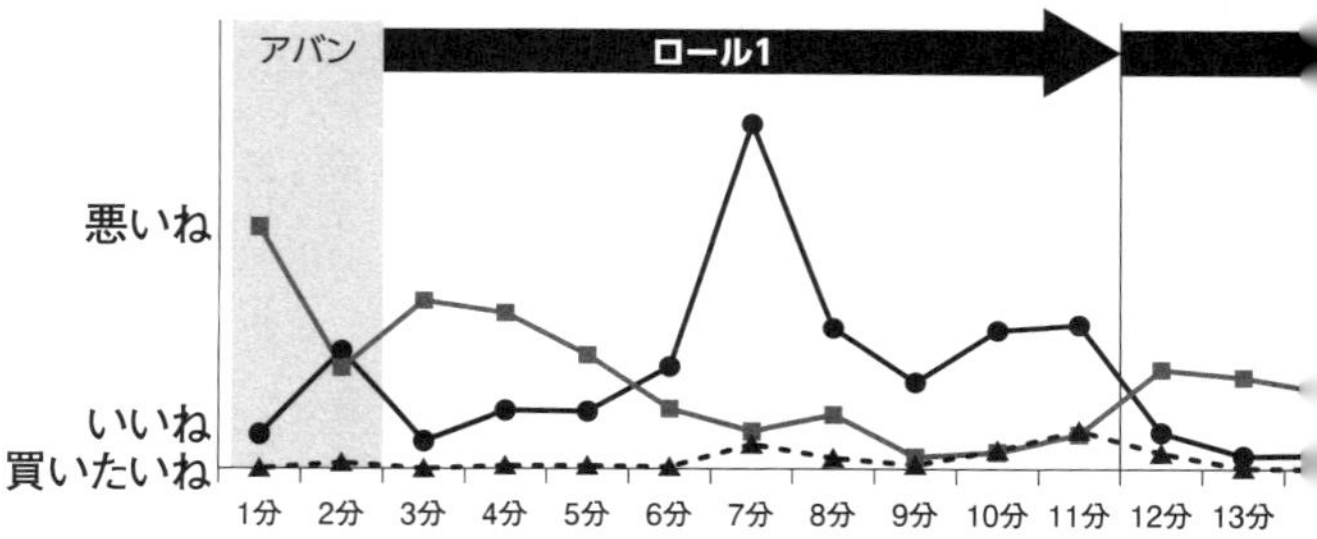

図2　3つのロールで構成されたテレビショッピング番組の「買いた

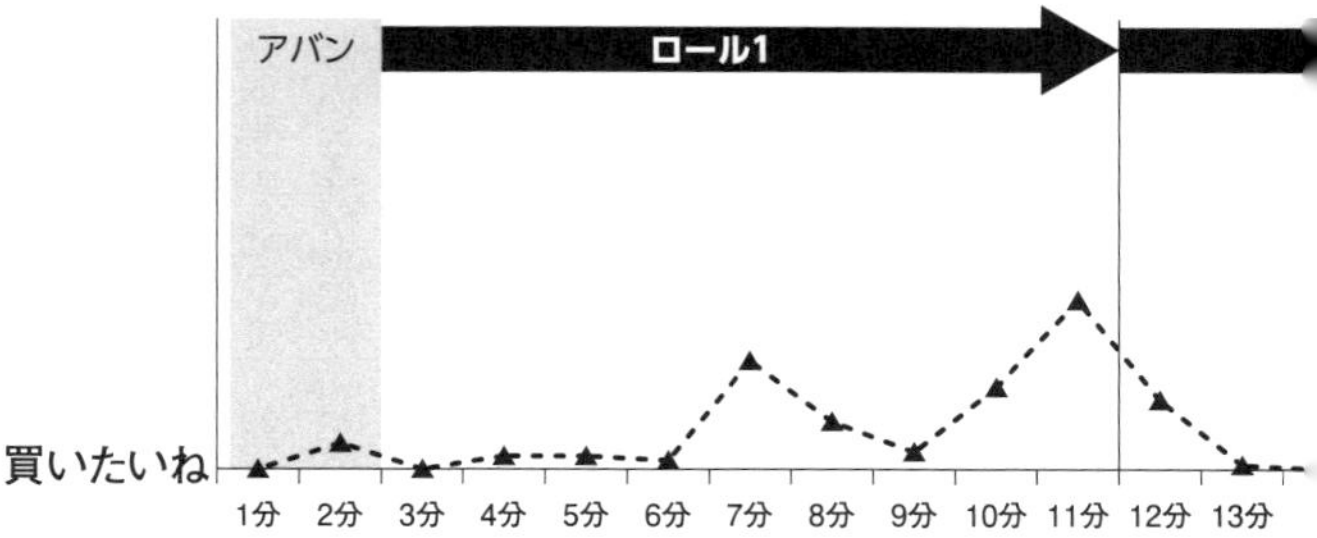

図3　3つのロールで構成された別のテレビショッピング番組の全体での反応

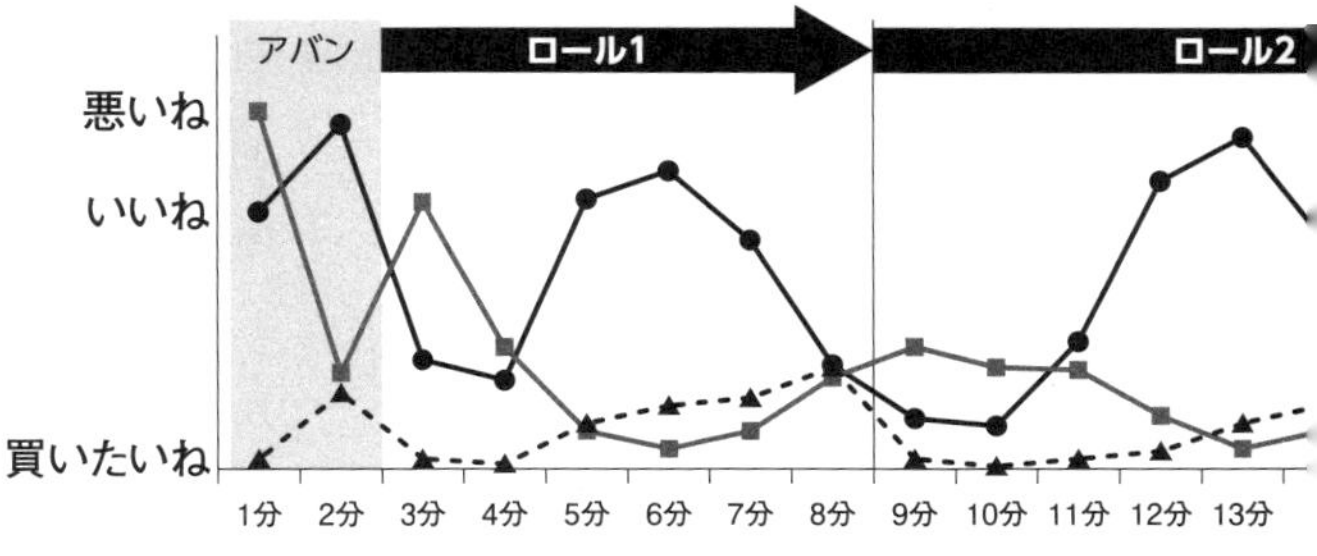

のヤマは基本的に各ロールの最後に表れます。

その高さをロールごとに比べてみると、ロール1が最も低く、ロール2でやや上がり、ロール3では最も跳ね上がる、という時系列に沿って順当に高まっていく推移となっていました。つまり、「買いたいね」に関しては仮説の通りで、買いたい気持ちはロールを繰り返すごとに高まり、最後にピークを迎えるという結果になっていたのです。

この傾向は他の番組でも同様です。次に取り上げるのは、前掲の番組とは商品ジャンルの異なる別の29分のテレビショッピング番組。この番組も小公女型の商品説明が3回繰り返される3ロール構成となっており、さらに最後にまとめのロールがプラスされた形となっていました。その全体の反応が128〜129ページの図3です。

先ほどと同様、各ロールの小公女型の商品説明に対しては、「悪いね」の後に「いいね」が高まるという反応が見られます。またロールの繰り返しによる傾向も全く同じで、「悪いね」と「いいね」のヤマの高さはロールを繰り返すごとに下がっています。

ですが一方で、各ロールの最後の「買いたいね」のヤマはロールを追うごとに高まっているのが分かります。特にこの番組の場合、最後に追加された「まとめ」のブロックが高い効果を発揮しており、この部分で「買いたいね」が最高値を記録しています。

図4　2分のCMを3回見せた時の「欲しいかどうか」の評価

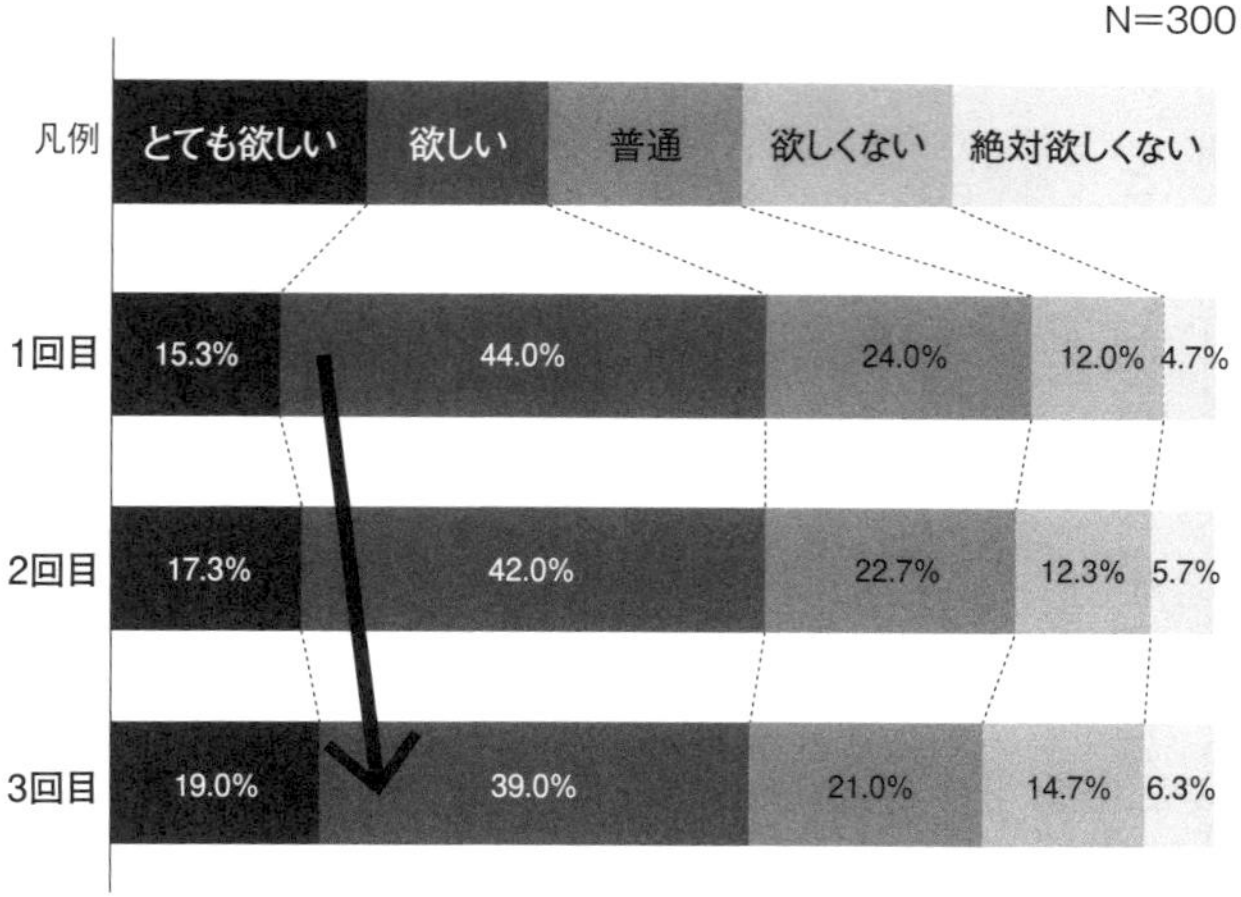

図5　2分のCMを3回見せた時の「好きかどうか」の評価

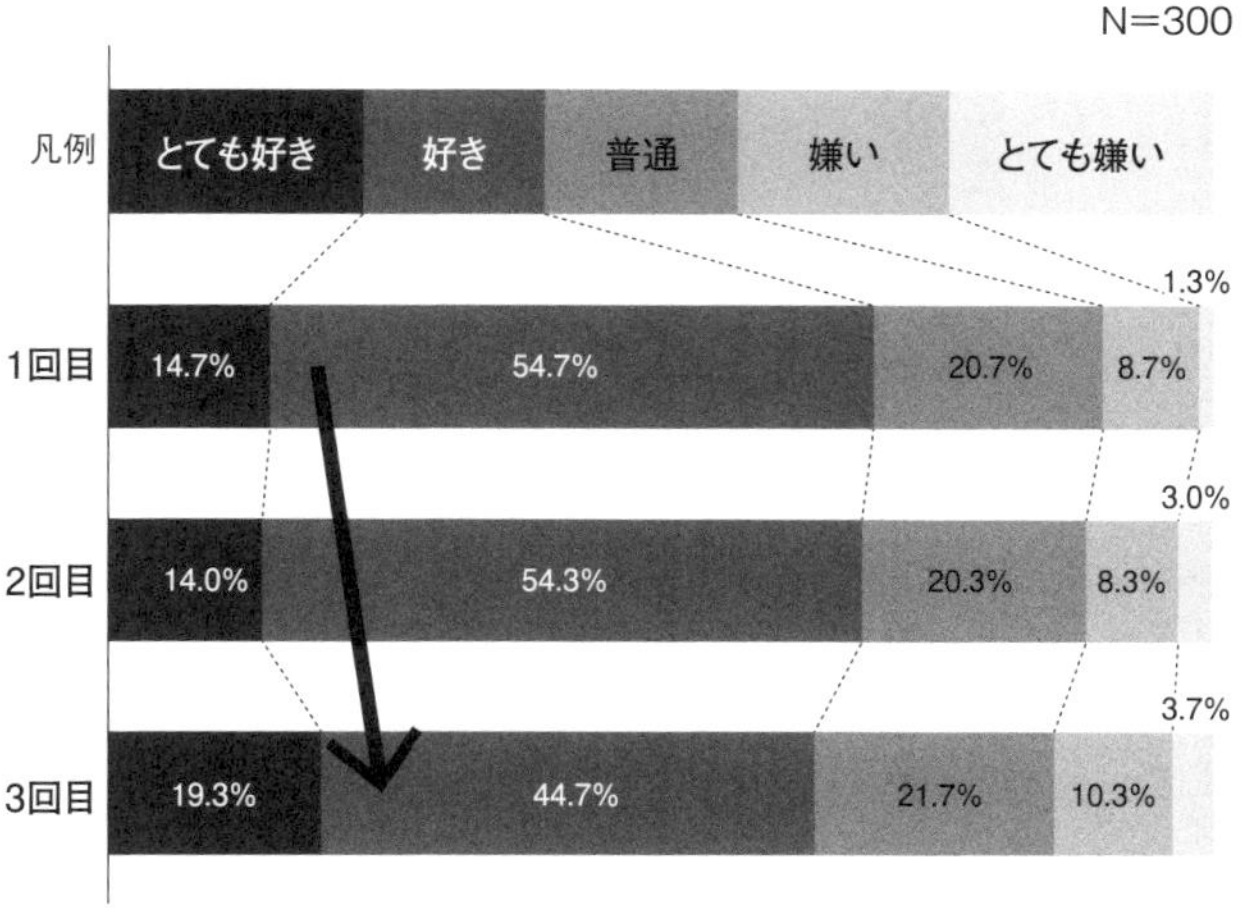

これらの結果を見ると、少なくとも「買いたいね」に関しては、繰り返すことで反応が高まるのだと言えます。繰り返しにより商品理解が高まるのかはさておき、こと**購買意欲に関しては、「繰り返すほどに高まる」というのは確かな事実だ**、と考えられるのです。

そして面白いことに、2分や3分の短い通販広告においても、繰り返すことが有効だと言えるデータが存在していました。

131ページの図4は、300人のインターネットの調査モニターに全く同じ2分のCMを3回見せ、その反応を調査したもの。具体的には、CMを1回見るごとに欲しくなったかどうかを5段階で評価してもらったものです。これを見ると、繰り返すほどに「とても欲しい」という人が増えていっていることが分かります。

また131ページの図5は、同様に好きか嫌いかの評価。こちらでも同じように「とても好き」と評価する人が増えています。

「欲しい」と「欲しくない」が「極性化」

2つの調査で注目なのが、いずれも「欲しい」あるいは「好き」というやや中庸な評価をした人が減っている点です。おそらくこの層が、繰り返し見ることで欲しい気持ちが高まり、「とても欲しい」や「とても好き」に移っていった層だと考えられます。

同時に、いずれの調査でも、「欲しくない」とか「嫌い」というネガティブな評価も、繰り返すたびに増えています。これは、複数回見ることで「やっぱり欲しくないな」という判断をする人も生まれた、ということを意味していると推察できます。

繰り返すことには、もしかすると、その人のもともとの態度を強める働きがあるのかもしれません。この働きは心理学的に「極性化」と呼ばれます。その働きのために、最初に「欲しい」と思った人はより強く「欲しい」と思うようになり、反対に最初に「欲しくない」と思った人はより強く「欲しくない」と思うようになったのではないでしょうか。

実は、このデータに限らず、実際の販売の現場でも、繰り返すことで買いたい気持ちが「極性化」されることをうかがわせる事例がしばしば見られます。

例えば、２分のＣＭはもとより、29分のテレビショッピング番組の場合でも、申し込みをしてくるお客様は何度か同じ広告を見た人が多いですし、全く同じ１分間のＣＭを２本連続で流したほうが、２分間のＣＭを１回流した時よりも反応が良いというケースもよく見られます。つまり、**繰り返し接触することが買いたい気持ちを作るうえで重要**だということは、現場でも確認されているまぎれもない事実なのです。

ちなみに話がちょっとそれますが、その昔、私がまだ新入社員だった20世紀末、広告業界には「CMは3回ヒットさせるべし」という説が一般的に流布していました。この説に基づき、商談の際にマーケター（分析担当者）は、テレビCMは3回見られないと効果がないということを声高に主張するわけですが、一方でその後、CM制作者は「1回見ただけで印象に残るCMを考えてきました！」と主張したりして、いささかちぐはぐな提案になってしまうこともよくあったものです。

両方の話を聞かされたお得意様から「結局、何回CM流せばいいのよ？」という質問をされて、当時は顔を見合わせて答えに窮していたのですが、こうして今分析をしてみると、「インパクトのある広告を、3回にわたって刷り込むべき」というこの経験則はあながち間違いじゃなかったのではないかと、改めて実感しています。

4-③ 繰り返し情報に触れる裏側で、起きている真実

反芻の効果

繰り返すことで、「いいね」や「悪いね」は落ち着いていくのに、「買いたいね」は段々と高まっていく。この結果が意味するのは、いったいどんなことなのでしょうか。私たちはそれを、**商品に興味を持った人は、情報を反芻し、より購買意欲を高めていく**ということではないかと考えています。

ここまでも触れてきた通り通販の広告は、導入で興味を喚起し、本編で商品の価値を理解してもらい、ＣＴＡで対価を判断してもらうという流れで作られています。モノを買ってもらうためには、この順序で心の動きを作り出すことが不可欠だからです。

とは言え、モノと情報があふれる今の時代、たった一度、１ロールだけこのような心の動きを作ったところで、買おうという意思や行動にまでつながることは少ないと思います。むしろ１ロール目に触れることで初めて検討の俎上に乗り、その後数度の検討を経て、ようやく買おうという意思や行動が生まれてくる、そのほうが普通です。同じ情報に複数回触れてもらうことが有効なのは、そんな反芻の機会を意図的に作り出すことに成功しているからだと考えられます。

実際、通販広告を見て商品を購入した方にインタビューをすると、「何回か見て、だんだんと買いたい気持ちが固まった」とか、「最初に見て良いなと思って、もう1回見て良さに確信を持った」とか、「高いので迷ったけど、自問自答するうちに買っとかないと後悔すると思うようになった」などの声が聞かれます。

つまり、1回目の接触で商品を気に入る、だからこそロール1で「いいね」が高くなるし、2回目のロールでは良さは理解したうえで買うかどうかを検討しているから、「いいね」はあまり高まらず、逆に「買いたいね」がやや高まる、そして最後のロールでは、購買の決意を固める人が多く増えることから、「買いたいね」が最高値を記録する、というわけです。先ほどの調査結果は、まさに商品の価値と対価を視聴者が何度も検討しながら決断していたことの表れだったと言えるでしょう。

これと同じ事例は、インターネット広告にも存在します。インターネット広告の世界では、一度商品サイトを訪れた方に限定して何度も広告を表示する手法である「リターゲティング広告」が、販売のために最も有効であるとされます。これもまた、繰り返し情報に触れてもらうことで、情報を反芻する機会を設けることが有効であることを裏付けています。

いかがでしたでしょうか。通販広告において同じ情報を3回繰り返すことが鉄板とされる理由、それはこれまで見てきたように、人が数度の反芻を経て購買意欲を固めていく生き物だからです。そしてそんな人間の心理から生まれたのが、『トリプルリフレイン』型のテレビショッピング番組の構成。同じ情報を3回繰り返すだけの構成ですが、見ている人にとっては単なる繰り返しではありません。

1ロール目でまず商品が持つ価値と対価を把握、2ロール目では商品の価値と対価をしっかりと吟味、そして3ロール目で自分の判断に間違いがないかを最終確認、そんな段階を作り出すことで買うという決断を促す構成です。『トリプルリフレイン』とは、そのような流れを生み出すための鉄板法則だったのですね。

そしてこの理論は、もちろん通販広告に留まるものではありません。現代のインターネット広告の鉄板手法であるリターゲティング広告もそうですし、先ほど触れた15秒CMの「3回ヒットさせるべし」という経験則も示す通り、人の意識を変えていくためには複数回情報に触れてもらい、反芻してもらうことが非常に大きな効果を発揮します。

複数回を意識しすぎて広告を打ちすぎるのは考えものですが、適正な量の繰り返しは必ず効果をもたらすはずです。その辺を意識して販促活動を行っていただければ、きっとより良い成果が得られると思います。

ちなみに、三国志で有名な劉備（玄徳）も、諸葛亮（孔明）を振り向かせるためにトリプルリフレインを活用しました。いわゆる「三顧の礼」というやつです。1回では決断が難しいことも、3回繰り返せば決断してもらえる可能性が高まる、それは時代を超え国境を越えて人間に共通した心理なのかもしれません。

一方で「仏の顔も三度まで」ともいわれる通り、繰り返しも四度になるとクドくなり過ぎるようです。「二度目の正直」という言葉もある通り、繰り返すにしても三度以内に決断してもらうようにすることが、重要なのかもしれませんね。

鉄板法則④『トリプルリフレイン』から導かれる、モノを売る際のポイント

◆商品に興味を持ったとしても、人は1回の情報接触で買うわけではない。情報を反芻し、数度の検討を経て購買意欲を固めていく。

◆反芻の機会を作り出すには、繰り返し情報に触れてもらうことが大切。そのためにも、3回を目安に同じ話（全く同じではダメだが）を繰り返すことが有効。

広告を心理学する！　コラム４「繰り返し提示」

「多情報源効果」

広告の基本は「繰り返し」である。トリプルリフレインのように、１つの商品を異なる人たちが繰り返し勧めたり、その広告を繰り返し放送したり……これらの繰り返しは、非常に大きな効果を持っている。この節では、「１つの商品を異なる人たちが繰り返し勧めることの効果」と「ＣＭを繰り返し放送することの心理効果」に分けて解説しよう。

１つのものを異なる人たちが繰り返し勧める効果、これを専門用語で「**多情報源効果（multiple source effect）**」と言う。ハーキンスとペティが心理学の最高峰の雑誌、ジャーナル・オブ・パーソナリティ・アンド・ソーシャル・サイコロジーに１９８１年と１９８７年に発表した古典的研究を紹介しよう（Harkins & Petty, 1981, 1987）。

彼らは、ノースイースタン大学の学生にある話を読ませた。その話とは、「本学では学部4年生に対し、一般教養と専門知識の卒業試験を課す案を検討している」「試験に合格した者は教養も専門性も備えていることを示せるが、不合格の者は卒業までに補習を受ける必要がある」「学生の意見を聴くために調査を行った結果、これまで3人の学生から意見が出ており、いずれも試験導入に賛成であった」というものであった。

その賛成の根拠とは、①就職に有利になる、②大学の権威が上がる、③志願者の質が上がる、であった。被験者はこれらの根拠を聴いた後、試験導入にどれほど賛成するか反対するかを回答した。

結果を示そう。3人の学生が互いに異なる根拠を挙げながら試験に賛成した場合に、被験者は試験導入を最も強く支持した。

例えば、Aさんは前記①を、Bさんは前記②を、Cさんは前記③を根拠に、それぞれが試験導入に賛成した場合に、被験者は最も説得されたのである。

一方で、3人の学生が同一の根拠をもとに賛成した場合、例えば全員が前記①を根拠として賛成した場合は、たった1人の学生がどれか1つまたは3つすべての根拠を挙げて賛成した場合と同程度の低い効果しかなかった。

つまり、ただ複数の人を登場させてお勧めを繰り返せばよいというわけではない。３人が互いに異なる視点を持ってお勧めを3回（3人分）繰り返すことこそが重要だったのである。

さらに面白いことに、その後のハーキンスの研究から、たとえ3名がそれぞれ別の根拠を挙げて賛成していても、その3名がお友達グループであるなど、とても似た、同じ属性の人物であると思わせた場合には効果がなく、できるだけ違う人たちがそれぞれ別の根拠を挙げながら同じものを勧めた場合に、最も効果が高いことが分かっている。推薦者たちが、なるべく違う視点、違う理由で同じものを勧める点こそが、トリプルリフレインの生命線と言えるのだ。

通販広告でも、同一人物の感想が三度繰り返されるのではなく、同じ「この商品良い！」であっても、評価する人物が変わったり、少しだけでも褒めの視点が巧みに変化していたりすることが多いと思う。

「単純接触効果」

次に、１つの広告の中でお勧めを繰り返すという話から、そのような広告を繰り返し放送することの効果を解説する。何と言っても、心理学で一時代を作った巨匠・ザイアンスによる研究だ（Zajonc, 1968）。彼は「CIVADRA」などの無意味な単語（造語）を多数準備し、それらを学生に何度か見せた。その後、各単語がどれほど良い意味を表すと思うかを尋ねた。単語は造語であるため、本来は良いも悪いもない。

だが驚くべきことに、学生たちは見せられた回数の多い単語ほど、良い意味と判断したのである。つまり、何度も見聞きすることで、その対象を肯定的に評価したことになる。この現象を「**単純接触効果**」と言う。実験で使用された単語は造語であったため、この結果は「新規作成されたブランド名やロゴなどは、見聞きした回数が多いほど良いと判断されやすい」と言い換えられるだろう。単純に接触すればするほど、好きになる。だから単純接触効果という名前になっている。

「プライミング効果」

では、なぜ人は繰り返し見聞きしたものを良いものと判断してしまうのか。そのメカニズムについて、選挙を例に説明しよう。

選挙運動では候補者が選挙カーに箱乗りし、自身の名前を連呼する。また、その選挙カーには候補者の氏名が大きく書かれている。このような光景は選挙のたびに目にするため、多くの人は気にもしていないだろう。だが候補者の名前を見聞きするたびに、有権者の脳（特に「潜在記憶」と呼ばれる無意識的な記憶）の中では、徐々にしかし確実に、候補者の名前が根付いていく。

すると次にその候補者の名前を見た際、その記憶がある種のテンプレートとなって名前を処理しやすくなる。「選挙太郎」という候補者の氏名を見聞きしていたとすれば、「選挙太郎」という文字列を読み上げる時間や識別する時間が短くなるといった具合だ。つまり、対象の知覚が容易、流暢になり、知覚する際の負荷（引っかかり、ストレス）が少なくなるのだ。この促進効果を専門用語で「**プライミング効果**」と言う。

知覚する際の負荷が減れば、脳は余計なエネルギーをかけずに済む。実際に脳の研究からも、同じ情報に繰り返し接することで脳活動が減ることが確認されている。

脳には、紡錘状回（Fusiform Gyrus）と呼ばれる領域がある。この領域の1つの特徴は、ヒトの顔を見た時に特に強く活動するというものだ（この特徴から、Fusiform Face Area と呼ばれる）。

ロンドンの神経科学者のヘンソンとラグが2003年に「ニューロサイコロギア」誌

上で報告した論文では、同じ顔を何度も見せられると、この紡錘状回の活動量がどんどん減っていくことが具体的な数値とともに示されている（Henson & Rugg, 2003）。何度も見せられた顔は省エネ対応で済ますのだ。

とかく楽をしたがる脳は、少ない負荷で処理できる状態を歓迎する。この結果、流暢に知覚できるだけの氏名を「公職に望ましい人物の氏名」などと錯覚するはめになる。これが単純接触効果の正体であり、広告主が商品名などを消費者の記憶に残すことに全力を尽くす理由なのだ。

「ごり押し」はなぜダメなのか？

単純接触効果は俗に「ザイアンス効果」とも言い、多くの書籍で紹介されている。そのため、「繰り返す回数が多いほど良い」と考えている方もいらっしゃるかもしれない。確かにその傾向はあるのだが、人間の心理はそう簡単でもない。この点を付け足しておきたい。

「ごり押し」という言葉をご存知の方も多いだろう。この言葉から分かるように、人間は他人からの作用、例えば繰り返し見せられるという行為に対し、強く反発する生き物でもある。なぜか？　それは、人間には「自分のことは自分で決めたい」という欲求があり、その欲求が脅かされると、今度は自由を回復しようとして抵抗する心理が働いてしまうためだ。

この抵抗する心理を「**心理的リアクタンス**」と言う。「勉強しなさい！」と言われると、途端に勉強したくなくなる原因である。

心理的リアクタンスは当然、広告にも働きうる。２００７年にマシューらが報告した研究を紹介しよう（Matthes et al., 2007）。

彼らは牛の品評会に関する動画を準備した。この動画では、野球放送でバックネット下にスポンサー企業の名前が出されるのと同様に、品評されている牛の背景に架空のブランド名が表示された広告を配置していた。動画中でブランド名が登場する回数は、０回、７回、13回の３種類となっており、０回バージョンを視聴した人、７回バージョンを視聴した人、13回バージョンを視聴した人はそれぞれ別の人であった。動画の視聴後、全員に当該ブランド名について評価を尋ねたところ、ブランド名が13回登場した動画を見せられた被験者が、最も高く当該ブランド名を評価した。つまり、単純接触効果が生じたのである。

ところが、である。この結果は、動画でブランド名がアピールされていることに気づかなかった被験者に限られた。ブランド名がアピールされていることに気がついた被験者では、ブランド名が13回登場した動画を見た場合に、なんと最も低い評価が下されたのである。動画を見て影響されることにリアクタンス（反発心）が生まれ、そのブランドがゴリ押しされていることに意識が向いてしまうと、そのブランド名を否定的にとらえるようになったと考えられるのだ。**繰り返し見せて好印象を与えるためには、視聴者に「影響を与えようとしている」と解釈されてはいけない**ことがよく分かる。

だが、視聴者に「影響を与えようとしている」と解釈されないようにすることは、なかなか難しいかもしれない。そんな時は、視聴者が自由に判断して良いことを強調することが有効になるだろう。

２０００年にグーギャンが発表した研究を紹介しよう（Guéguen & Pascual, 2000）。彼は、20～22歳の学生に典型的な若者の恰好（デニム、スニーカー、Tシャツ）をさせ、ショッピングモール内を1人で歩いている男女（30～50歳程度）に声を掛けさせた。何と声を掛けたかと言うと、「バスに乗るために小銭をくれませんか？」という声掛けだった。結果は、お金をくれた割合は10％、額は０・４８米ドル（50円程度）であった。実に厳しい結果だ。

ところが先の声掛けの後に一言加えただけで、お金をくれた割合は47・5％に、その額も１・０４米ドル（１００円程度）にまで増加した。その一言とは、「もちろん受け入れていただいても断っていただいても自由です」であった。たった一言だが、「自由に判断してもらって良い」という言葉が、相手に断りにくくさせるうえで、こちらの要望を受け入れてもらううえで、抜群の働きをしたのである。こちらのメッセージを一通り伝えた後で、相手（視聴者）に「自分で自由に判断できる」と思わせることの重要性がよく分かる研究と言えよう。

「3回」は最もコスパが良い

「繰り返す回数が多いほど単純にどんどん良い効果が得られる」と言えない理由は他にもある。何といっても、実際の広告は無限には繰り返せない。時間的な制約や、金銭的な制約があるからである。それらの制限の中で、最もコスパの良い繰り返し回数で、情報を提示する必要性に迫られるのである。心理学的には、この最もコスパの良い繰り返し回数こそが、3回なのではないか？ と我々は推察している。脳の処理コストが十分に減り、かつ時間的に短く、費用が大きくなり過ぎなくて済む。これが3回という数になるのだろう。

トロント大学のムーアシーとホーキンスは、広告の繰り返しが商品の印象を高めるというデータを報告している。２００５年にジャーナル・オブ・ビジネス・リサーチ誌上で報告した論文を紹介しよう（Moorthy & Hawkins, 2005）。

カナダ在住のカナダ人である彼らは、様々な商品の広告をイタリアから取り寄せた。広告は、料理用品やヨーグルトなど多岐にわたっていたのだが、いずれも被験者にとって初見の広告であり、かつ実際の広告でもあるため、実験にぴったりの素材であると言える。

これらを79人の大学生の被験者に、1、3、5回と繰り返し提示した。その結果、例外もあるものの概ねで、「繰り返し回数が多いほど、商品の質がより高く評価される」という結果になったのである。

図6　様々な商品広告と繰り返し提示の結果

	提示の仕方	提示回数	質の印象の得点	標準偏差	人数
料理用品	現物	1	4.79	3.19	29
		3	5.86	1.27	29
		5	6.31	1.77	29
	説明	1	6.26	1.57	31
		3	6.58	1.52	31
		5	6.00	1.62	30
コート	現物	1	6.34	2.14	29
		3	5.86	2.12	29
		5	7.52	1.68	29
	説明	1	6.61	1.75	31
		3	6.74	2.07	31
		5	6.57	1.78	30
点鼻薬	現物	1	4.52	1.92	29
		3	5.48	1.94	29
		5	5.55	1.40	29
	説明	1	5.23	1.91	31
		3	5.94	1.71	31
		5	4.97	1.33	30
ヨーグルト	現物	1	5.59	1.50	29
		3	6.52	1.09	29
		5	6.69	1.04	29
	説明	1	6.23	1.48	31
		3	6.42	1.57	31
		5	6.03	1.10	30

結果の数値を図6に示した。ここで、面白いことに気がつく。1回提示から3回提示に変えたことで生じた印象の上昇はとても大きいが、3回提示から5回提示に変えたことで生じた印象の上昇はさほどでもないのだ。3回から5回の繰り返しに増やしても、伸び率はさほどでもないのである。つまり、先の脳活動と同じような変異のパターンが、印象評価においても表れるのである。原則で提示回数は増えるほど良いはずだが、**コスパを考えると3回が最も良くな**るのである。

図7　広告に対するポジティブな印象とネガティブな印象の動き

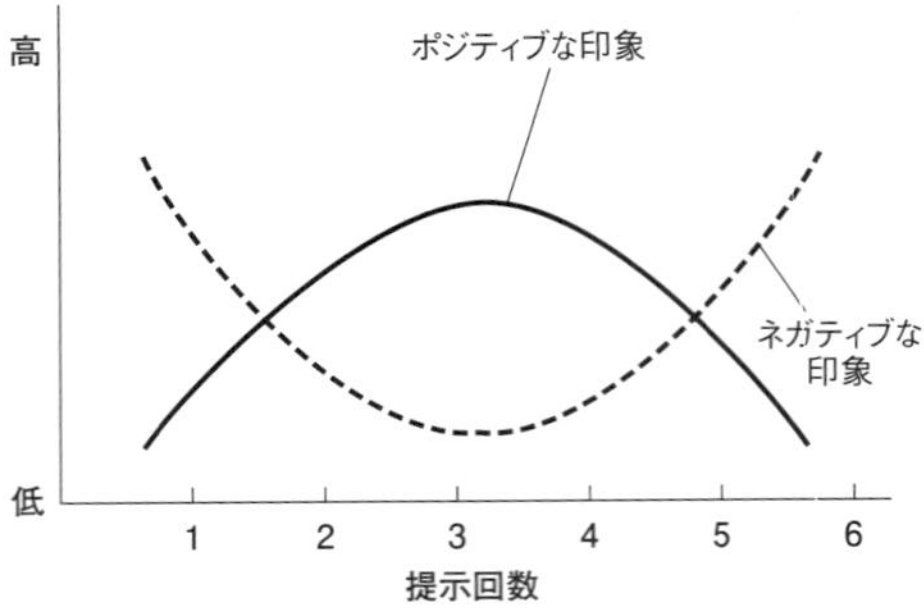

さらに、コスパが良いからというだけではなく、3回の繰り返し提示が一番良いとする根拠がまた別の科学論文から示唆されている。ペックマンとストゥアートが1988年に広告の繰り返し提示についてまとめた総説論文がある（Pechmann & Stewart, 1988）。この総説論文によれば、広告に対する、ポジティブな印象とネガティブな印象は、図7のような動きを見せることが分かっている。

図で実線はポジティブな印象、破線がネガティブな印象を示している。ポジティブな印象の高まりと、ネガティブな印象の低下は、どちらも3回の繰り返し提示の近傍でピークを迎えている。つまり、印象が最も良くなるのが、3回の繰り返しであると言えるのだ。この図は総説論文から持ってきたものであるが、この図の根拠になった実験が70、80年代に繰り返し実施されていたのである。

図８からも明らかなように、繰り返しが多すぎると、逆に印象が悪くなってしまうのである。１つ例示すると、メリーランド大学のカーマニが１９９７年に「ジャーナル・オブ・アドバータイジング」誌上で報告した論文では、明確に、３回の繰り返し提示のほうが、５回や７回の繰り返しよりも、商品の質の印象が高くなることを報告している (Kirmani, 1997)。

図8　商品の質の印象得点
（9点満点のアンケートから）

	提示回数			
	2回	3回	5回	7回
質の印象得点	6.91 (1.20)	**7.26 (.69)**	7.18 (.92)	**6.53 (1.22)**

図８のように、２回提示より３回提示のほうが商品の質の印象は高いが、５回７回と続けていくと、次第に印象が落ちてしまうのである。

カーマニが推察するところによれば、繰り返しすぎると、被験者（消費者）は邪推を始める。すなわち、「こんなに繰り返すということは、本当はいい商品じゃないのではないか？　何か裏があるのでは？」と思い始めると言うのである。先に示した「ゴリ押しの弊害」とも関連していることも指摘できる。なんとも複雑な人間の心模様であるが、これが心理的な真実なのだ。繰り返しは３回が最も適切なのである。

ブランドによる違い

前記のように、広告の繰り返し提示の効果については、実は心理実験が山ほどある。もう1つだけごく簡単に紹介したい。コロラド大学ボールダー校のキャンベルらによって2003年に「ジャーナル・オブ・コンシューマー・リサーチ」誌上で報告された論文だ（Campbell & Keller, 2003）。「ジャーナル・オブ・コンシューマー・リサーチ」とは、直訳すれば、消費者研究誌となり、まさに、消費者心理を専門に取り扱った学術誌である。

キャンベルらが報告したのは、**繰り返し広告による印象アップの効果は、馴染み深いブランドでは効果が強く、馴染みの薄いブランドでは効果が弱い**という事実である。

馴染みがあってもなくても、広告を繰り返すことで、そのブランドの商品の印象は良くなる。しかし、馴染みの薄いブランドの上がり幅は、馴染み深いブランドの上がり幅ほど大きくないことが図9から見て取れるだろう。例えば、サンタクロースの服の色の決め手となるほど、ブランディングが秀逸な企業の広告は、繰り返すと極めて効果的であるが、そうではない馴染みの薄いブランドの広告は、繰り返しの効果がさほどでもないのである。

この研究は、繰り返し広告の奥深さ、一筋縄ではいかない難しさをよく表現していると思う。つまり、個別のブランド、個別の商品ごとに吟味すれば、繰り返せば必ず効果があるとまでは言えないということである。

図9　馴染み深い、馴染み薄いブランドの広告と繰り返しの効果

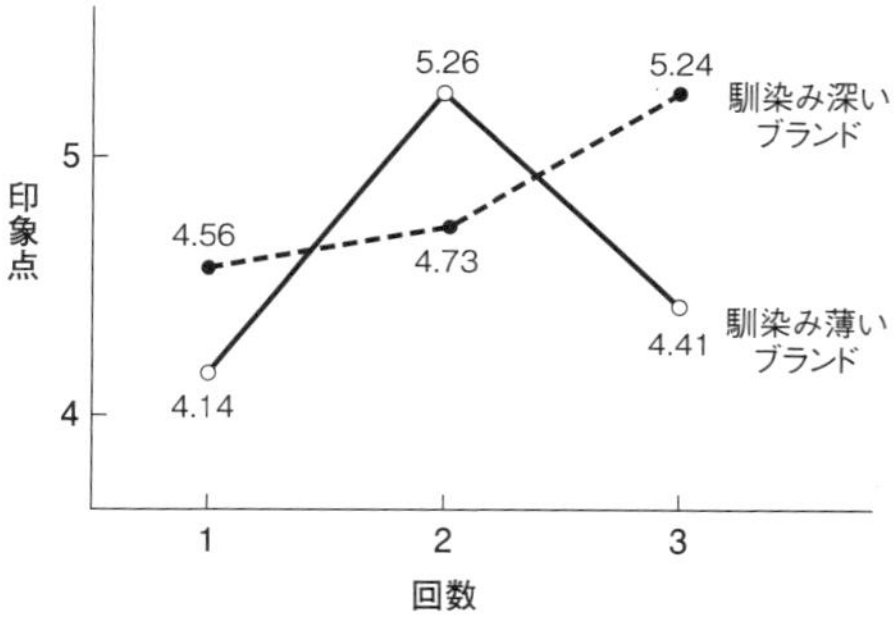

最後にこの節をまとめると、広告の繰り返し、特に3回の繰り返しこそが、非常に有効であることが心理学の多数の論文からエビデンスが得られている。3回というのは、脳の活動量からも、コスパが良い可能性が指摘できる。また、多すぎる広告の繰り返しは逆に商品の印象を下げてしまうこともある。さらに、広告のタイプ、個別の商品ごとに、繰り返しの効果の大きさには違いが生じるので、商品ごとによく吟味して繰り返しの回数、頻度を設定せねばならない。

心理学が広告業界に対して、エビデンス作りという貢献ができる具体的なトピックとして、「繰り返し」が存在していると言えるだろう。エビデンスの後追いだけでなく、次の時代の効果的な繰り返し広告を提案できるような心理実験を望みたいし、それは確実に実現できるはずである。心理学の今後の動向に目を向けていてほしい。

Campbell, M. C., & Keller, K. L. (2003). Brand familiarity and advertising repetition effects. Journal of consumer research, 30(2), 292-304.

Guéguen, N., & Pascual, A. (2000). Evocation of freedom and compliance: The 'but you are free of... technique. Current research in social psychology, 5(18), 264-270.

Harkins, S. G., & Petty, R. E. (1981). The multiple source effect in persuasion: The effects of distraction. Personality and Social Psychology Bulletin, 7(4), 627-635.

Harkins, S. G., & Petty, R. E. (1987). Information utility and the multiple source effect. Journal of Personality and Social Psychology, 52(2), 260-268.

Henson, R. N., & Rugg, M. D. (2003). Neural response suppression, haemodynamic repetition effects, and behavioural priming. Neuropsychologia, 41(3), 263-270.

Kirmani, A. (1997). Advertising repetition as a signal of quality: If it's advertised so much, something must be wrong. Journal of advertising, 26(3), 77-86.

Matthes, J., Schemer, C., & Wirth, W. (2007). More than meets the eye: Investigating the hidden impact of brand placements in television magazines. International Journal of Advertising, 26(4), 477-503.

Moorthy, S., & Hawkins, S. A. (2005). Advertising repetition and quality perception. Journal of Business Research, 58(3), 354-360.

Pechmann, C., & Stewart, D. W. (1988). Advertising repetition: A critical review of wearin and wearout. Current issues and research in advertising, 11(1-2), 285-329.

Zajonc, R. B. (1968). Attitudinal effects of mere exposure. Journal of Personality and Social Psychology, 9, 1-27.

鉄板法則5『答え合わせ型街頭インタビュー』

5-① なんと4分に1回！　通販広告に多用される「街頭インタビュー」

ワイドショーやニュースなど、テレビ番組全般で使われる定番の演出と言えば、街頭インタビューです。銀座の歩行者天国でマダムの声を拾ったり、新橋のＳＬ広場でほろ酔い気味の会社員の心の叫びを聞く、そんなシーンをテレビでよく目にすることがあると思います。

私たちの地元である福岡にももちろん街頭インタビューの定番スポットがありまして、それが市の中心部、天神地区にある「新天町」という古くからある商店街の一角。昼時に訪れると、３日に一度くらいはテレビ番組のクルーがここで取材を行っています。皆様の街にも、このような街頭インタビューの定番スポットがあるのではないでしょうか。

さて、この手法がテレビ番組で定番として使われるのは、用いることで番組の視聴率が向上する効果があるからだと考えられます。

通販広告、特にテレビショッピング番組でも、『街頭インタビュー』は定番の手法として用いられます。試しに手元にあった番組で数えてみると、29分の中だけでも合計7回、つまり約4分に1回もの頻度で街頭インタビューのシーンが登場していました。これだけ多用される理由はただ1つ。用いることでお客様からの反応が増すからです。

街頭インタビューあり・なしの違い

とは言えなぜ、著名人や専門家でもない一般の方の意見が見ている人を惹きつけ、買いたい気持ちを生み出すことに寄与するのか。その要因を探るために、私たちは今回、調査用にあえて同じ商品で『街頭インタビュー』があるものとないものの2つのオリジナル番組を制作。それぞれに各100人のモニターを確保し、『お買い物心電図』で反応の違いをあぶり出すことに挑みました。その詳細を、さっそくご紹介しましょう。

まずは『街頭インタビューあり版』の調査結果から。結果の前に、調査用に制作したオリジナル番組の概略を説明しておきます（図1）。

図1　『街頭インタビューあり版』のオリジナル番組の流れ

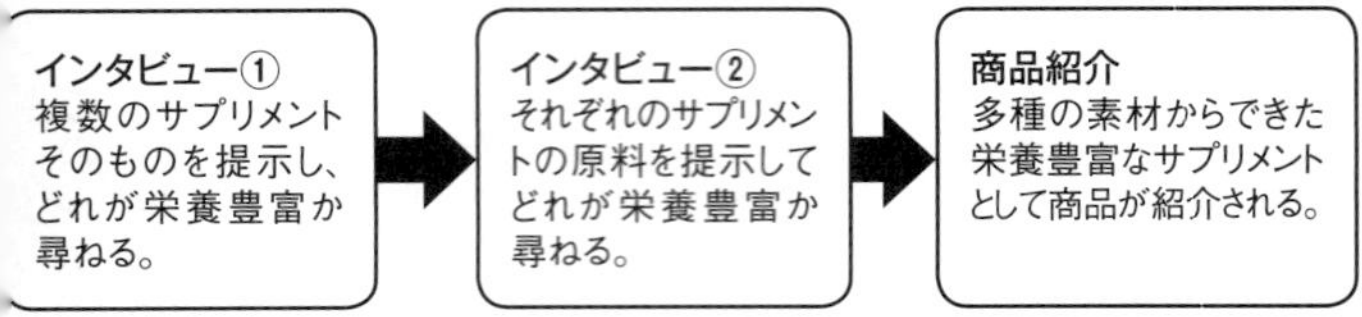
インタビュー①
複数のサプリメントそのものを提示し、どれが栄養豊富か尋ねる。
インタビュー②
それぞれのサプリメントの原料を提示してどれが栄養豊富か尋ねる。
商品紹介
多種の素材からできた栄養豊富なサプリメントとして商品が紹介される。

商品は、たくさんの素材から作られた栄養価の高いサプリメント。そんな商品の特徴を印象付けるために、街頭インタビューでは次の2つの質問を用いました。

冒頭に登場する1つ目の質問は、複数のサプリメントそのものを提示し、どれが栄養豊富だと思うかを聞くもの。見た目はほぼ同じなので、当然どれが栄養豊富かは判断のしようがありません。街頭の方々も、判断しようがないせいで、「分からない」とか「どっちなんですかね?」といった、戸惑いを示す反応を見せていました。

そして2つ目の質問は、それぞれのサプリメントの原料を見せて、どれが栄養豊富だと思うかを聞くもの。並べられた原料の多くは1種類しかないものばかり。その中で明らかに異彩を放つ多種多様で彩り豊かなこの商品の原料。どう見てもこの商品の原料のほうが栄養豊富そうなので、街の方の大半もそう答えました。

その後、2つの質問を受けて展開されるのが、商品の紹介。街頭インタビューの結果を受け、複数の素材から作られた栄養豊富なサプリメントとして商品が紹介されるという流れです。

図2 『街頭インタビューあり版』に対する反応

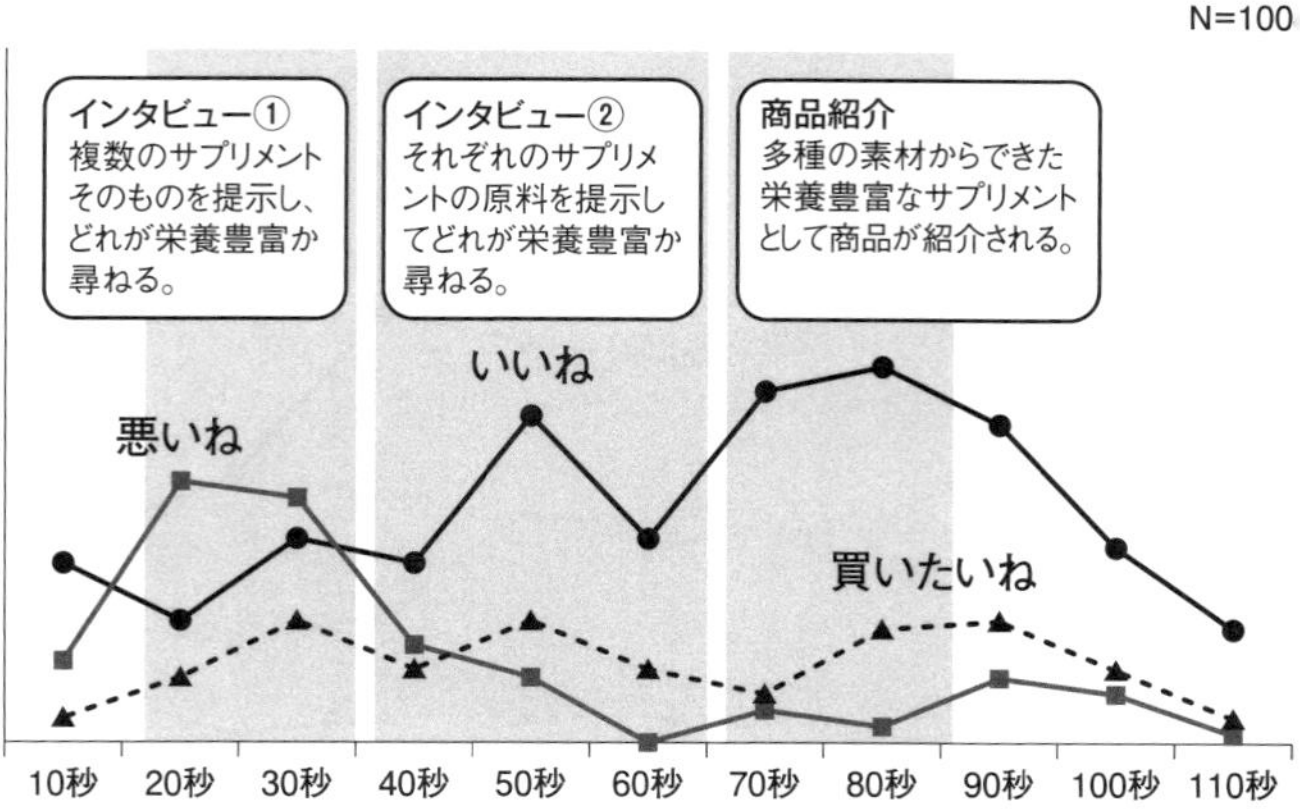
N=100
インタビュー①
複数のサプリメントそのものを提示し、どれが栄養豊富か尋ねる。
インタビュー②
それぞれのサプリメントの原料を提示してどれが栄養豊富か尋ねる。
商品紹介
多種の素材からできた栄養豊富なサプリメントとして商品が紹介される。
いいね
悪いね
買いたいね
10秒
20秒
30秒
40秒
50秒
60秒
70秒
80秒
90秒
100秒
110秒

さて、この番組の流れと、『お買い物心電図』の反応結果を一覧図にしたのが図2です。見てみると、1問目のインタビュー、すなわちサプリメントそのもの同士の比較では、「悪いね」のヤマができているのが分かります。「悪いね」ボタンがネガティブな共感を持たれた際に押されることを考えると、この「悪いね」は、答えが分からない質問をされて困っている街の人たちに対して、視聴者がネガティブな共感を抱いた、つまり「確かに分からない、いやね」といった感想を抱いていることを意味していると考えることができます。

そして、サプリメントの原料を比較した2問目のインタビューでは、逆に「いいね」のヤマができました。1種類の原料と色とりどりの複数の原

図3　『街頭インタビューなし版』に対する反応

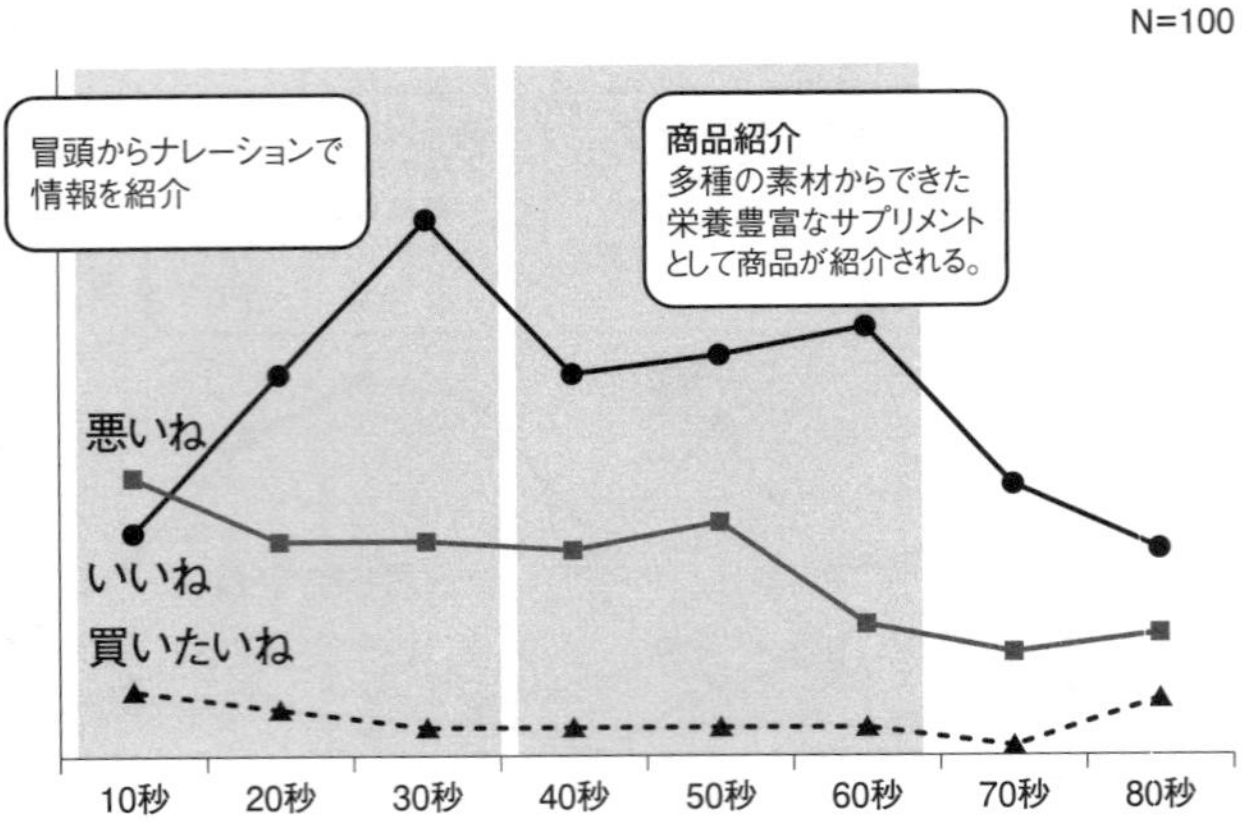

料の比較という、どちらが栄養豊富かが分かりやすい質問だったので、好意的に受け止められたのでしょう。

このヤマはその後の商品紹介まで高さをキープしており、街頭インタビューのおかげで、たくさんの素材を使った栄養豊富なサプリメントという商品への理解が高まったかのように思える結果です。

では続いて、『街頭インタビューなし版』を見てみましょう。こちらのタイプは、前述のものから街頭インタビュー部分をごっそり抜いたもの。つまり、「サプリメントは一見どれも同じに見えるけど、素材により栄養価は違います」という情報を、最初からナレーションでそのまま伝えた形となっています。こちらの反応が図3。

『街頭インタビューあり版』と比べると「悪いね」のヤマがなくなり、最初から「いいね」が高まっているのが分かります。商品紹介のブロックでも「いいね」は維持されており、こちらもそれなりに商品理解が高まっているのではないかと思える結果です。

見たところ差がないように見えるこの2つの番組。ですが、ここでちょっと思い出してほしいことがあります。それが、鉄板法則②『小公女型の商品説明』の項目で見てきた、勝ちパターンの波形です。効果が出た番組の波形は必ずと言っていいほど、最初にネガティブな共感を示す「悪いね」が高まり、その後に「いいね」が高まる形となっていました。この形のほうが、自分が抱えている問題と商品が解決できることの両方がしっかりと心に刻まれるからです。

その観点で言うと、今回調査した2つの番組の場合、『街頭インタビューあり版』はその通りの波形となっていました。一方で、『街頭インタビューなし版』は、「悪いね」が高まらず「いいね」だけが高まった波形、すなわち問題点がはっきりしないまま商品の特徴だけが解説される形で番組が進んでいったことを意味する波形になっていました。

つまり一言で言うと、明らかに『街頭インタビューあり版』の方が、冒頭での『悪いね』の高まりという「売れる」ための心の動きを作り出せていたということです。

5-② 通販の「街頭インタビュー」は、『答え合わせ型』であることが重要

街頭インタビューの2つのパターン

ところで、街頭インタビューには、一般的に2つのパターンがあるとされていることをご存知でしょうか。それが、『問題提起型』と『答え合わせ型』の2つ。2つの差はちょっと分かりにくいため、以下に例を挙げて説明します。

『問題提起型』の街頭インタビューとは、最初に「会社員の方の仕事上の不満って何でしょうか。実際に街で聞いてみました」という問題提起があり、その後回答者が「給料が安い」「評価されない」「人間関係が良くない」などの答えを出していくものを指します。つまり『問題提起型』は、視聴者にとっては、回答者がインタビューに答えるまで問いに対する答えが分からないやり方だということです。

そのほうが話の行く先に興味がわいてチャンネルを変えられにくいのか、『問題提起型』は、ワイドショーやニュースなどのテレビ番組で主に用いられます。

一方『答え合わせ型』の街頭インタビューとは、「会社員の方の仕事上の不満の第1位は、人間関係だそうです。実際に街で聞いてみました」というふうに、先に答えを提示しておき、インタビューがその確認・実証の役割を担っているもの。この後のインタビューで、街の方々が「うん、やっぱり一番不満があるのは人間関係ですね」などと答えるのを見て、視聴者は「やっぱりそうなんだ」と提示された事実が間違いないことを『答え合わせ』するのです。

このやり方は多少予定調和な感じがするため興味喚起力が弱く、そのせいで一般的なテレビ番組では使われる頻度はあまり高くないように思います。

実は、先ほどのサプリメントの番組の『街頭インタビューあり』版に用いられていたのが、後者の『答え合わせ型』の街頭インタビューでした。特に顕著なのは2問目の質問です。サプリメントの原料を見せてどれが栄養豊富と思うかを尋ねていますが、実際に提示されているのは、1種類ずつの地味な原料と多様で彩り豊かな原料という、明らかに答えが明確な比較になっていました。つまり、実質的にあらかじめ答えが提示されているに等しい質問を投げかけて、街の人に答えてもらっていたのです。

当然、これを見た視聴者は、明らかに答えがはっきりしているこの質問を聞いた段階で、

「たくさんの素材を使って作られたサプリメントのほうが栄養が多く摂れそうだな」と自分なりにいったん答えを出します。そして、その後に出てくる街の人の回答を聞いて「やっぱり自分の考えは間違っていなかった」と確認をすることになります。まさに、街頭インタビューを通して『答え合わせ』をしてもらう形になっていたわけです。

また、質問のニュアンス上『問題提起型』ではないかと早合点してしまいそうですが、見た目がほぼ同じ複数のサプリメントを提示して、どれが栄養豊富かを尋ねている1問目の質問も、番組全体のストーリーにおいては『答え合わせ』の機能を果たしています。

なぜなら、この段階で視聴者に感じさせたいのは「サプリメントの栄養価は見た目では分からないから気をつけなきゃ！」というネガティブな共感。見た目が似たり寄ったりでどれがいいのかが外見では分からないサプリメントを見せて、どれが栄養豊富かを考えさせるのは、まさにこのような気持ちを生み出すのにうってつけの質問です。

この質問をされて、「サプリメントの良さは見た目じゃ分からないよね、気をつけなきゃ」と思った人たちは、その後の街の人の反応を見ることで、「やっぱりそうよね」と、自身が抱いた思いの答え合わせをしていたということなのです。

このことを踏まえて、改めて先ほどの『街頭インタビューあり版』の波形を思い返してみると、はたと気づくことがあります。そう、『街頭インタビューあり版』の波形は、はじめに「悪いね」のヤマが来てその後に「いいね」のヤマが来るという形になっていました。そして、その2つのヤマを作り出すことに寄与していたのは、まぎれもなく2問の『答え合わせ型街頭インタビュー』だったのです。

つまり『答え合わせ型街頭インタビュー』により、視聴者はよりしっかりと問題点を受け止め、よりしっかりと商品の良さを認識したということになるのです。

そう考えると、**『答え合わせ型街頭インタビュー』には、自身が抱いた気持ちを、第三者の反応を通して確認してもらうことで、より強固にする働きがある**と言えます。だからこそ、『答え合わせ』の役割を果たす街頭インタビューを差し挟んだ番組のほうが、自身の問題点に目を向けさせることで、人の気持ちをより強く動かすことができ、結果的によりモノが売れるという結果につながったのではないでしょうか。

5-③「答え合わせ」が生む、さらなる効果とは？

真逆の反応

実は、このような街頭インタビューの効果がてきめんに表れた、別の実験データも存在します。それが、あるテレビショッピング番組内の「日本人の野菜不足」の問題を取り上げたブロックに関する、２パターンの映像の比較実験です。

具体的には、「日本人の１日の野菜の摂取量が、目標値の３５０ｇに対して２８０ｇしかない」という問題を取り上げるに当たり、その情報をナレーションでストレートに伝えた『街頭インタビューなし版』と、その前に街頭インタビューを差し挟んだ『街頭インタビューあり版』を制作。この２つの映像に対する反応を調査したのです。

図４の通り、『街頭インタビューなし版』は、単純に、日本人の野菜の摂取量が目標に達していないことのみを伝える形を採用。それに対して『街頭インタビューあり版』では、日本人の野菜不足の情報の前に、街の人に対して、普段摂っている野菜の量が足りていると思うかを聞く街頭インタビューを挿入しました。日本人の多くが野菜の摂取が足りていないわ

図4　「日本人の野菜不足」ブロックの構成

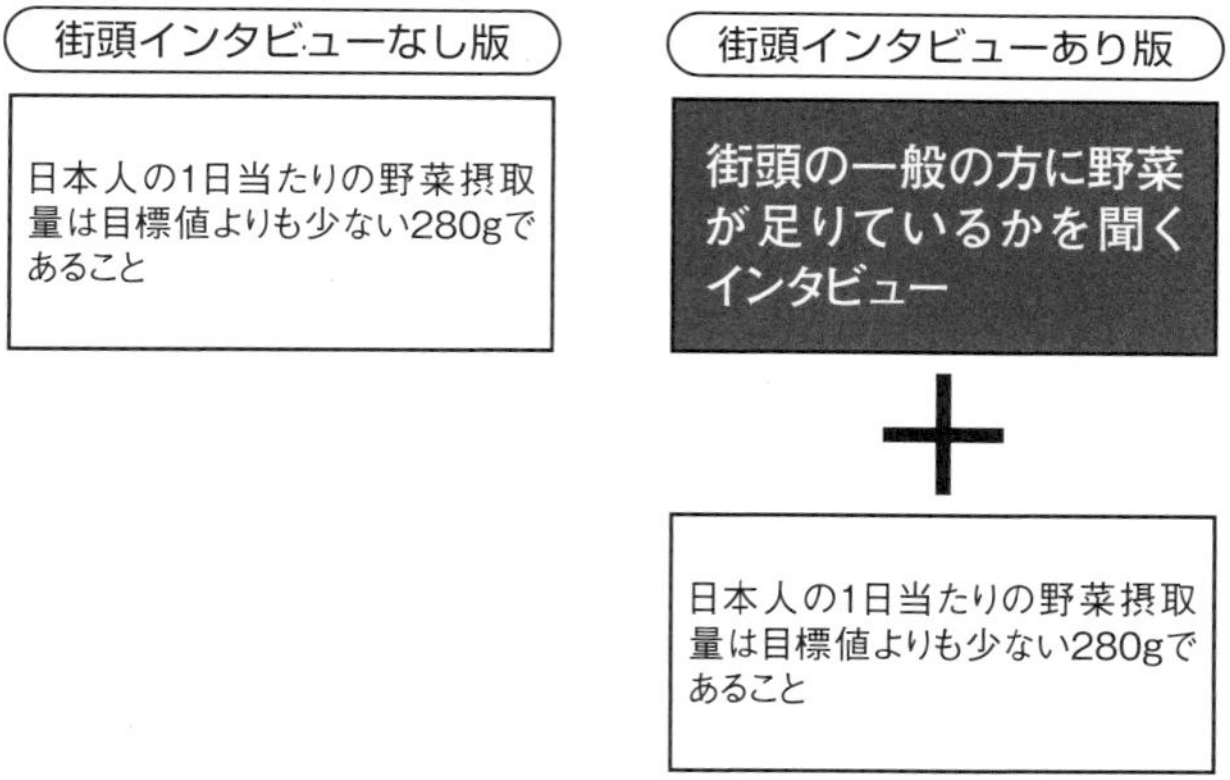
街頭インタビューなし版
日本人の1日当たりの野菜摂取量は目標値よりも少ない280gであること
街頭インタビューあり版
街頭の一般の方に野菜が足りているかを聞くインタビュー
日本人の1日当たりの野菜摂取量は目標値よりも少ない280gであること

けですから、街の人たちのインタビューの答えも、当然ながら「足りていない」というものが中心になります。

つまり、野菜が足りていない視聴者からすると、まず質問の段階で自身の野菜不足に意識を向け、その後に「足りていない」と答える街の人たちの反応を見ることで思いを強め、さらにダメ押しで「日本人の1日の野菜の摂取量が、目標値の350gに対して280gしかない」という事実を突きつけられる、そんな心の動きをたどる設計になっていたわけです。

そして、「日本人の野菜不足」を伝えたこの2パターンの映像の反応結果は、168ページの図5の通り、非常に興味深いものでした。

なんと、街頭インタビューがあるのとないのと

図5 「日本人の野菜不足」情報に対する反応

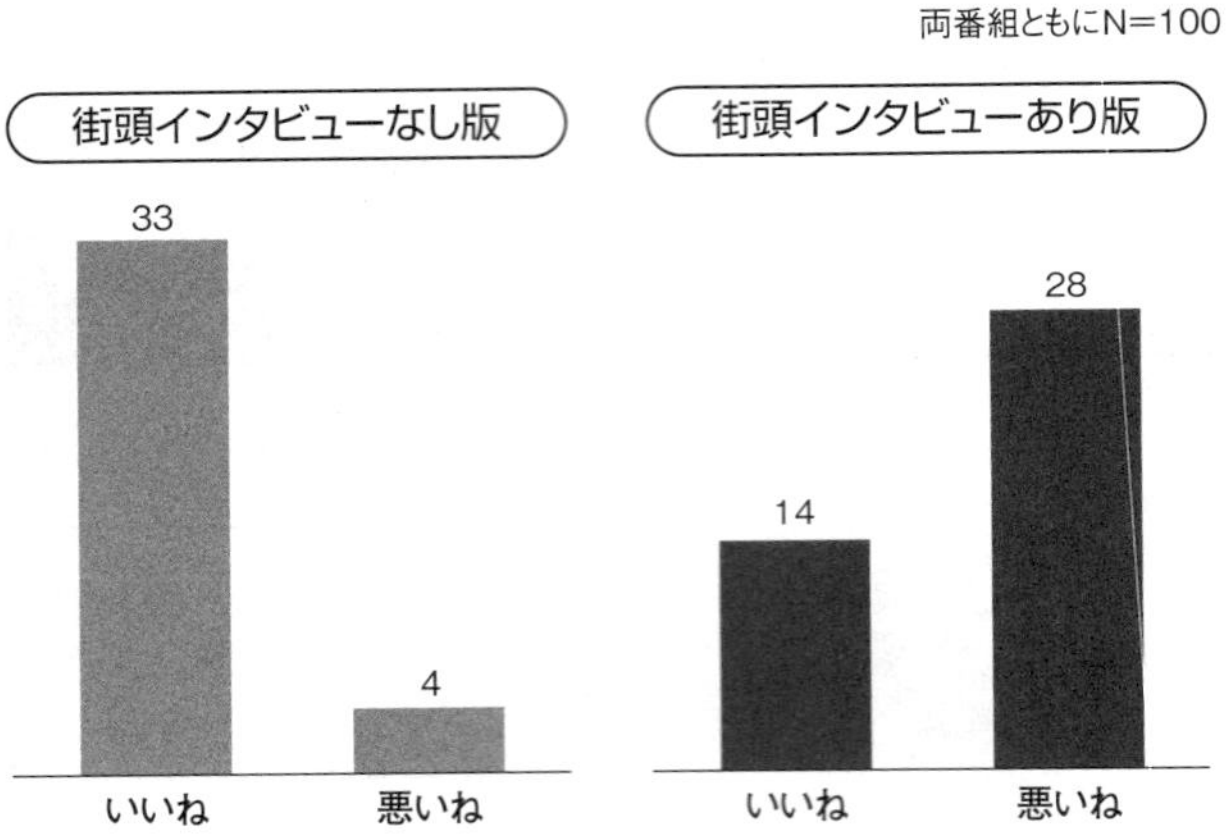

※数値の合計が100にならないのは、いずれのボタンも押さなかった人が存在するため。

では、真逆の反応となったのです。「日本人の野菜不足」という全く同じ情報に対して、『街頭インタビューなし版』を見た人たちの多くは「いいね」というポジティブな共感を示したのに対し、『街頭インタビューあり版』を見た人たちの多くは「悪いね」というネガティブな共感を示したのです。これはいったい、何を意味するのでしょうか。

ただ単に野菜不足という情報だけを見せられた時、大半の人は「いいね」と評価した、つまり、視聴者はその情報を生活に役立つポジティブな情報としてしかとらえず、自分の課題としては認識してくれなかったと考えられます。

ですが、街頭インタビューを見た場合だと

どうでしょう。野菜不足に意識を向けさせられ、街頭インタビューでその気持ちを強固にさせられたことで、「日本人は野菜が足りない」という情報が、身につまされるネガティブな情報、すなわち自分の課題に変わったのです。鉄板法則①で触れた『自分ごと化』です。

この結果から、改めて『答え合わせ』の役割を果たす街頭インタビューを差し挟むことは、広告の情報をより強く意識させ、商品への関心を高めるうえで非常に有効な手段だと結論付けることができるでしょう。

『自問自答』を促す効果

そして、この背景にあるのは、次のような心の動きだと、私たちは考えます。

人って、自分の悩みやその原因に関して、それぞれ自分なりの考えを持っています。でもそれが正しいのか、一般的なことなのかには、あまり自信が持てていない。つまり、何も働きかけていない段階の頭の中は、不確かでおぼろげな思いが、なんとなくまばらに点在しているような状態だと考えられます。先ほどのサプリメントの番組の例で言えば、サプリメントは栄養価が高いものを選ばなきゃ、と思いながらも、その見分け方がよく分からない、みたいなケースがこの状態に当たると言えます。

そんな状態の人が街頭インタビューで自分の考えを『答え合わせ』するとどうなるか。自分は間違っていなかったと安心し、考えがより確かなものに変わるのではないでしょうか。明らかに栄養価の高そうなサプリメントの原料を選ぶ人々の姿を目《ま》の当たりにした視聴者が、この場面でポジティブな反応を示したのも、まさにサプリメントは栄養価で選ぶべきという考え方が間違っていなかったと安心し、自分の考えに自信を深めたことの証しだと言えるのです。

さらに街頭インタビューは、1回で終わりではなく番組内の要所要所で繰り返されます。何度もインタビューに触れることで、何度も自分自身の中での『答え合わせ』を繰り返せば、やがて自分の悩みが何なのかとか、何がベストの解決法なのかといった考えも、はっきりとしたものに固まってくるでしょう。すなわち、自身の悩みへの解決策としてその商品を選ぶことがベストだという考えが明確になるのです。これこそが『答え合わせ型街頭インタビュー』が生み出すことのできる「欲しい気持ち」の正体ではないでしょうか。

つまり、『答え合わせ』が有効な理由、それは、**答えを確認する『自問自答』を繰り返すことで視聴者の考えが整理され、欲しい気持ちを明確に浮かび上がらせることができる、と**

いう部分にあると考えられます。『答え合わせ型街頭インタビュー』が、通販広告における鉄板法則として採用され続けてきたのは、まさにこの『自問自答』を促すという効果が隠されていたからなのです。

5-④ 買いたい気持ちを強化する、答え合わせのバリエーション

答え合わせの２つのパターン

ところで、通販広告には、この街頭インタビューと同じような『答え合わせ』の役割を担うものが他にもいくつかあります。その代表例が「愛用者」。愛用者とは読んで字のごとくで、紹介する商品を実際にご愛用いただいているお客様。通販広告には不可欠とされており、テレビショッピング番組はもとより、折り込みチラシや新聞広告、そしてインターネット上の商品紹介ページでも、必ず複数人の愛用者が取り上げられているのを皆様も目にしたことがあるかと思います。

愛用者が広告内のどの部分で取り上げられたかを整理したのが、図６です。
これを見ると、テレビショッピング番組なら商品説明が終わった直後、折り込みチラシな

図6　広告内で「愛用者の声」が取り上げられる部分

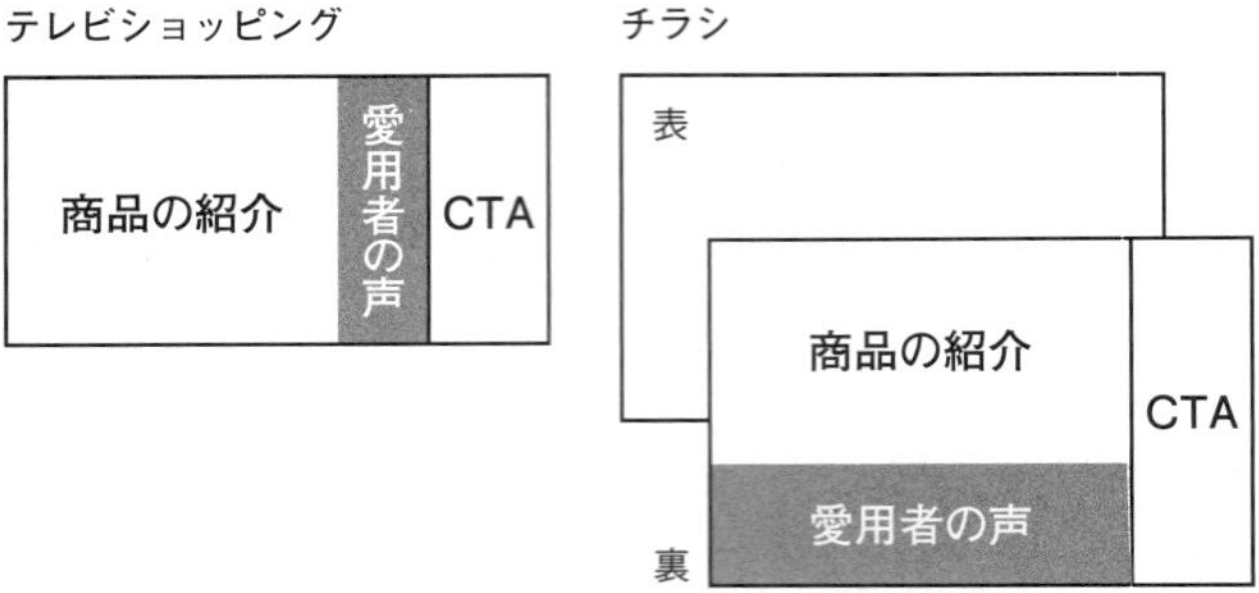

ら裏面の商品説明の真下など、基本的に愛用者の声は商品説明と関連付けて取り上げられていることが分かります。すなわち愛用者の声は、『答え合わせ』の中でも、商品特徴についての好印象が間違っていないことを『答え合わせ』してもらう、という目的で使われているのです。

通販に携わっていない方からは、愛用者が予定調和的に商品の良さを語るのは嘘くさいとか、商品説明と同じことを語るのは情報の無駄なのでは、といったご意見をいただくこともあります。ですが、愛用者の役割がこのような印象の再確認にあることを考えると、予定調和的な内容を、あえて語ることこそが大切なのです。

それからもう1つ、愛用者とは違った形で答え合わせの役割を担うのが、学者や大学の先生などの「有識者」。有識者は、専門的見地から解説をするという役割と同時に、視聴者が感じたことを専門家として肯定することで、視聴者の答え合わせを促進するという役割も果たしています。商品の効果に関する説明の後に、お墨付きを与えるように登場することが多いのは、まさにそのような狙いによるもの。専門家という強みを持つからこそ答え合わせの効果は大きく、有識者が登場するのとしないのとで反応に倍近くの差がつくケースもあるほどです。

「説得」よりも「納得」が大事

いかがでしたか。街頭インタビューをはじめとする、通販広告に用いられる各種の『答え合わせ』の手法。私たちは一言で言うと、これらの手法の本質的な効果は、**自問自答を繰り返して考えがまとまっていくことで、広告の情報に対する『納得』が作り出されていく**という点にあると思っています。

『納得』とは、『説得』と異なり、相手が自分の中で考えを組み立てながら、自発的に求める結論に到達してくれることを意味します。『答え合わせ型街頭インタビュー』は、そんな『納得』を作るうえで有効なテクニックだというわけです。これらをうまく活用することで、相手の心の中に結論へと至るストーリーを組み上げることが可能になるのです。

プレゼンテーションに関するビジネス書などで、「モノを売るには相手を説得することが大事」というような主張をよく見かけます。ですが、通販広告を作っていて感じるのは、本当に人を行動させたいのなら、買ってもらうよう「説得」するのではなく、自ら買いたいという結論に自分でたどり着いてもらう「納得」を生み出すことの方が何倍も大事だということ。だからこそ、お客様に、自分の中で考えを組み立ててもらいながら、最終的にこちらの望む結論に到達していただくために、『答え合わせ型街頭インタビュー』に代表される手法をうまく活用することがとても重要なのです。

ちなみに、「説得」と「納得」にまつわる非常に腹落ちするエピソードがあったので、ここでちょっとご紹介しましょう。

約10年前、私が営業の仕事をしていた時のことです。とある仕事で、社内のチームのメンバー、それもかなりのキーパーソンが、どうしてもこちらの意向を理解してくれませんでした。何度説得しても無理だった私に、当時の上司が授けたアドバイスが、「説得するんじゃなくて、納得できる情報を与えろ」でした。そこでさっそく納得できそうな情報を複数用意し、上司の立ち合いのもと、今度こそ納得してもらうためにとつとつと情報を説明する私。

ですが、それでもなかなか納得はしてもらえません。

その様子を見ていた上司が、打ち合せ後に再度くれたアドバイスがこうでした。「お前は確かに納得できる情報を用意はした。でも、やっているのはその情報を一方的に話しているだけ。それは結局『説得』に過ぎない。納得してもらうには情報を伝えて、相手に考えてもらう時間を与えることが重要。つまり、『納得』には『待っとく』も大事なんだ」。思わず、「うまい、座布団1枚!」と言いたくなるアドバイスです。実際、アドバイス通りに進めた次の打ち合わせでは、無事キーパーソンの納得を得ることができました。

このエピソードからも分かる通り、納得とは、こちら側が働きかける行為を指すのではなく、相手の中に起きる心理変化。だからこそ、考えてもらうきっかけとなる情報を提供する、あるいは考えてもらうための時間を取るなどの工夫をすることで、自問自答を促すことが非常に大事なわけです。そこを意識しないと、独りよがりな説得に陥ってしまう。私も、改めてこのことを肝に銘じて、これからの広告作りに励んでいこうと思います。

鉄板法則⑤『答え合わせ型街頭インタビュー』から導かれる、モノを売る際のポイント

◆買いたいという気持ちは、実は明確な形になっていないことが多い。
したがって、モノを売るには、お客様の気持ちを明確にする必要がある。
◆そのために有効なのは、『答え合わせ』を繰り返すことで、
お客様の気持ちの整理、強化を手伝ってあげること。
◆そうすることで、やがて自身の中で納得が生まれれば、
おのずと買いたい気持ちも生まれてくる。

広告を心理学する！　コラム5
「街頭インタビューの多岐にわたる心理効果」
「お見合いサービス」を利用した実験

なぜ街頭インタビューは、効果的な宣伝となるのだろうか？　商品そのものを客観的に説明する時間を削ってでも、街頭インタビューを限られた時間の中に入れ込むことが、広告として効果的であると考えられるのは何故なのか？　ここに心理学的な根拠はあるのだろうか？　実は「ある！」。

世界最高峰の心理学研究室があるハーバード大学で、ギルバートらが2009年に科学界最高峰の科学誌「サイエンス」に掲載した論文を紹介したい。

「お見合いサービス」の会社を利用した実験で、まず8名の男性を集める。次に、33名の女性のハーバード大学の学生（ただし未婚であり、異性愛者に限った）に、5分間、その8名のうちの1名と会話させた。その後、その男性の魅力を評価した。評価は、誰でもできるもので、10㎝の線分に印をつけて答えるというものだった。線分の左端が「全く魅力なし」、右端が「魅力満載」という具合で、どのあたりに、印をつけるかがポイントだった。例えば左から5㎝の真ん中に印をつけたなら、それは、可もなく不可もなく、中間的な魅力であるということになる。

次に、先ほど評定を行った男性とは別の男性と5分間のデートを行ってもらった。その際、これからデートをする男性について、次のいずれかの情報を与えた。1つ目の条件は、男性のプロフィールを客観的に記載してある情報（例えば、身長何cmとか、体重何kgとか、年齢などの情報）を与える条件で、もう1つの条件は、先ほどの魅力評価の際に別の女性がその男性を何点と評価したかという情報を与える条件であった。

ここで、注目してほしいのは、**別の女性の評価とは、広告でいうところの「口コミ」「街頭インタビュー」とまさに同じ**であるということだ。一方で、プロフィール情報は、客観的な製品情報と同じであることになる。つまり、男性という商品に対して、街頭インタビュー的な口コミを与えるのか、それとも、商品そのものの情報を与えるのかということである。

さて、情報をもらった後で被験者の女性は、これから待ち構える、その情報の男性とのデートが、どの程度楽しいものになるか？　という予想を先の線分を使って評価した。とても楽しいデートになると予測すれば、線分の右端に印をつけることになるし、あまり期待できないと予測すれば、左端に寄った評価となる。

この予想をした後で、先ほどの2条件の情報のうち、先にもらえなかったほうの情報が女性被験者に与えられた。つまり2つの情報は、予想の前にもらうか後にもらうかというタイミングこそ違うが、結局はどちらもきちんと与えられたのである。

このように2つの情報を得た後で、女性はその情報の男性と実際に5分間の会話デートを行った。そしてその後で、その会話デートがどの程度楽しめたかを、先の線分に印をつける方法で回答した。

流れを整理すると、女性らはこれからデートをする男性に関する情報として、口コミ（その男性に対する他の女性の評価）、もしくは商品情報（男性のプロフィール）の一方をもとに、これから行われるデートの楽しさを予測した。その後、もう片方の情報を手にした後で実際にデートを行い、最後に、当該男性とのデートがどれほど楽しかったかを評定したということである。つまり、デートについては、事前の予測と、実際の評価という2つの値が得られたことになった（いち男性として、実に怖い数値であると思うが……）。

ここで思い出してほしいのは、被験者は口コミか商品情報のどちらか一方を使って、デートの楽しさを予想していたという点だ。そのため、事前に予測した評価とその後の実際のデートへの評価のズレを比べれば、どちらの情報を使っていたほうがズレは小さかったか、つまり、どちらの情報が将来の楽しさを予測するうえでより役に立っていたかを知ることができる。

結果を見てみよう。10㎝の線分を使った評価で、口コミをもらった時は、デートの楽しさの予測値と実際のデート後の男性の評価値に平均で1・1㎝分のズレがあった。一方で、男性のプロフィールという客観的なデータをもらった時は、予測と実際のデートの評価のズレは平均で2・2㎝であった。つまり、口コミをもらったほうが、男性（という商品）そのものの情報をもらう時よりも、ずっと高い精度で、未来の自分の楽しさと未来の自分の感情を、予測することができたと言えるのである。

自分の将来の感情を推し量る時には、客観的な情報以上に、他者からの口コミが役立つのである。製品情報がずっと続く広告よりも、途中に街頭インタビューによる口コミが与えられる広告のほうが、その製品を買った時の自分自身の幸福度をより予想しやすくなるのだ。だから街頭インタビューは、消費者に、自分がその商品を手にした時の幸福になった姿を具体的にイメージさせやすく、「必要な情報が得られた！」感を消費者に与えることができるのである。これが、街頭インタビューを入れた広告のほうが、人気がある、売上が上がる原因であると思われる。

無意識の心の働き

だが、街頭インタビューや愛用者の声を広告に入れ込むことには否定的な人も多いかもしれない。この考えに対する1つのアンチテーゼとなる実験が、先のギルバートの研究では行われている。

この実験では、デートの楽しさに関する質問の他に、もう1つ質問があった。それは、デートに先立って与えられた2つの情報のうち、どちらがデート後の自分の感情を予測するうえで、より役立ったと思うかという質問であった。つまり、男性に関する口コミ情報と商品情報のどちらが、その男性とのデートの楽しさを予測するために役立ったかを尋ねたわけである。

結果は、何と84%もの被験者が、男性のプロフィール情報（商品情報）のほうが役に立ったと答えたのである。自分の未来の感情を予測する実際の精度は、口コミのほうが断然高かったのに、である。

つまり意識レベルでは、男性の客観的な情報＝製品情報の多いほうが、自分の選択には役立つと女性被験者（つまり購買者）は信じていたのだ。このために、街頭インタビューや愛用者の声を入れ込むことに否定的な人は多い。読者の皆さんも、「私は、口コミの影響など受けず、自分で判断している！」と思っているかもしれない。しかし、**実際にはそれは誤信であり、口コミこそが役立っているのだ。にもかかわらず、本人には、その自覚がないのだ。**

システム1とシステム2を思い出してほしい。男性に関する口コミ情報は、システム1に訴求し、直感的な自分の気持ちに影響する。一方で、男性に関するプロフィールはそれを精査して、男性を評価することを可能にする。つまり、熟考のシステム2に訴求している。意識的には、システム2の働きによる評価が、正しく思われたとしても、その実システム1が出した結論に我々の行動は動かされてしまうことがあるのだ。

この無意識の心の働きこそが、効果的な広告の源泉であると我々は考えている。意識レベルで「効果的な広告だな」と思わせるのが製品情報の伝達であるのに対して、口コミはもっと肌レベル、無意識のうちに、本能を扱うような古い脳を刺激する広告手法である可能性があるのだ。

無意識ながらも「他人の口コミは役に立つ」ということを我々は知っている。それは理性で制御するレベルより、もっと本能的に「役立つ」という思いを消費者に抱かせてしまうような、恐ろしいものなのだ。街頭インタビューが効果的な理由はまさに、ここにあるだろう。口コミは効果があるのだという本能的な信念、システム１の強い働きが、実際の購買行動を引き起こすのである。

「アンカリング効果」

ただし、この研究の解釈には他にも余地があることは明記しておきたい。例えば、予測の精度が高かったのは、アンカリング効果によるものだという批判ができる。他者の評価得点が、基準になり、その値に近い値で回答をしよう、という無意識の心の働きが存在したために、予測精度が上がったという可能性があるのだ。

この特定の数値に、近づけようという心の働きは「**アンカリング効果**」という名前で知られており、心理学の歴史の中で、頑健に現れる効果であることがわかっている。

例えば「日本で生まれる双子の数は、全体の出生の６％よりも多いか少ないか？」という質問を受けると、我々は無意識のうちに6％という値が、概ねで正しい値だと判断してしまう。２０１４年の値では、双子の出生率は全体の１・９％であることが分かっている。

今「え？　意外に少ないな？」と思われたのではないだろうか？　なんの根拠もないはずの6％というアンカー（錨）が与えられると、その値から外れた実測値を言われると違和感を覚えてしまうのだ。これがアンカリング効果である。

デートする男性のプロフィール情報には、アンカリング効果を引き起こすような数値はなかった。一方で、口コミの評点は、アンカーとなり得た。この違いが、予測精度の高低に影響しただけであるという解釈が可能なのである。こういった批判を切り捨てるのは危険であり、１つの論文、１つの実験のみから、口コミのほうが効果的だと、言い切ってしまう態度は、科学的に問題があるかもしれない。

しかし、そのうえでも、この節で展開した考え方は、十分に魅力があるものであると我々は考えている。すなわち、口コミは我々の心を大きく動かすのである。

「同調効果」

もう１つ別の視点からも「街頭インタビュー」がなぜ効果的なのかについて示唆が与えられる。**「同調効果」**という視点である。

10㎝の線分を被験者に提示した後に、８㎝、10㎝、11㎝の３つの線分を見せて、先ほど見た線分と同じ長さのものを選ばせるという課題を行う。この時、被験者が回答する前段階で、サクラの被験者がわざと間違って、11㎝の長さの線分が等しい長さであると答える。サクラの誤答が１人、２人、３人と増えると、真の（つまりサクラではない）被験者は、正解は10㎝の線分が正解だと思いながらも、サクラに同調して11㎝の長さが正解であるという誤答をしてしまう。分かっているにもかかわらず、同調して、あえて間違うのである。

社会的な圧力を受けると、自分自身の考えよりも、社会全体の意見を尊重してしまうという人間の心の働きがあるのだ。この効果を心理学では「同調効果」と呼んでいる。この効果は、繰り返し追試にも成功しており、極めて頑健な心理効果であることがすでに分かっている。

街頭インタビューで何人もの人が「これは素晴らしい商品だ！」と報告すると、自分の意見とは別のところで、社会的な圧を受けてしまい、「本当にいい商品であると思うべきなのかな」という心理効果が購買者に生じてくる。さらに、この社会的な圧によって生じた、商品に対するポジティブな認識は、いつしか「自分自身でもそのように思っている」という状態に変わる。最終的には、自分発信で「その商品が素晴らしい」と思っているような状態（ある種の誤解）を生むのである。

ここに、街頭インタビューが効果的な理由の一端があると、我々は考えている。

ちなみに、同調効果は１９５１年に社会心理学の巨人である、ソロモン・アッシュ教授によって初めての報告がなされている（Asch & Guetzkow, 1951）。その後１００をゆうに超える実験論文で、追試の成功が報告されている。

余談だが、日本人はすぐに群れて同調するという俗説がある。直感的に考えると、日本人の同調効果は、欧米人よりも、ずっと大きくなりそうだ。しかし、東京大学の高野陽太郎教授が２００８年に「ジャーナル・オブ・クロスカルチャル・サイコロジー（直訳すれば、文化間比較心理学雑誌）」誌上で行った報告によれば、**アメリカ人と日本人の同調効果の大きさには、「差がない」**ことが明らかになっている（Takano & Sogon,

2008)。

口コミ、街頭インタビューは、洋の東西を問わず、頻繁に広告に用いられている。アメリカの通販番組を見れば、それは一目瞭然であろう。宣伝番組で、口コミを多用することは、特別に日本人が好んで使っている手法ではないのだ。**同調効果は、人類共通に効き、文化の影響をさほど受けない**ことの証明として、街頭インタビューが世界共通の広告手法になっていることを指摘できるのかもしれない。

以上のように、広告手法としての街頭インタビューの効果についても、心理学的に様々なエビデンスがありうる。もちろん、取り上げる論文次第で、反論も可能であるから、あくまでも我々の仮説であり、考え方の一例としての提示である。どこまで信じて、どこまで活用するか？　は皆さん次第であり、現場の人間の裁量によることは、申し添えておきたい。

Asch, S. E., & Guetzkow, H. (1951). Effects of group pressure upon the modification and distortion of judgments. Documents of gestalt psychology, 222-236.

Gilbert, D. T., Killingsworth, M. A., Eyre, R. N., & Wilson, T. D. (2009). The surprising power of neighborly advice. Science, 323(5921), 1617-1619.

Takano, Y., & Sogon, S. (2008). Are Japanese more collectivistic than Americans?: Examining conformity in in-groups and the reference-group effect. Journal of Cross-Cultural Psychology, 39(3), 237-250.

鉄板法則６『中２でも分かる特徴紹介』

６-①　通販広告は、中学２年生が分かる内容でなければダメ！

換算表現

通販広告はしっかりと伝わらないと意味がない。だからこそ、携わる人間は広告内の表現がちゃんと伝わるかどうかに細心の注意を払っています。１つ１つの文言が相手に分かる表現になっているか。分かりにくくて読むのが面倒と思われないか。そんなことを関わる人間すべてがチェックすることで、成果の出る広告が生み出されるわけです。

そのような広告表現のチェックポイントの１つとして、代々言い継がれた「表現のレベル」に関する格言があります。それが『中学２年生が分かる内容になっているか』という点。

人によっては、「ゴロ寝したおじいちゃんおばあちゃんがせんべいを食べながらでも分かる内容」とか、「カタカナ用語を使わない文章」とか、場合によっては「考えなくても理解できる内容」などの言い方をされることもあります。が、総じて言えるのは、とにかく**予備知識がなくてもスラスラと頭に入ってくることを意識せよ**、という話です。

とは言え一方で、通販広告で取り扱われる商材は、スキンケアや健康食品、美容機器など、特徴を伝えるためには専門的な情報や機能に触れざるを得ないものが多いのも事実。ゆえにどうしても、しっかり伝えようとすればするほど、おのずと中学2年生では分からないような専門的な話（例えば肌のメカニズムなど）になってしまいがちです。そんな課題を通販広告の制作者たちはどうやって乗り越えているのか。そこには、難しい情報を分かりやすく料理するために編み出された、いくつかの方法論がありました。

代表的なのが、皆さんもよく目にすることがある「レモン10個分のビタミンC」や、「ヨーグルト50杯分の乳酸菌」のような換算表現。これは通販以外でも、例えば「東京ドーム100個分の広大な敷地」のように世の中のありとあらゆる場面で使われています。そしてもう1つが「うるツヤ肌」「スーッと浸透」「朝からシャキーン」などの擬音・擬態表現。これらは、商品の効果や機能を伝える映像と相まって、全体的に効果を印象付けたい場面で使われることが多いものです。

さてさて、気になるのは、このような表現が果たして本当に広告の効果を高めているのかという点。そこで私たちは、換算表現を多用した調査用のオリジナルテレビショッピング番組を制作。その反応を『お買い物心電図』で具体的に検証してみることにしました。

6-② 中2レベルの表現がもたらした印象度の差とは

数値そのままと換算表現の比較

オリジナルの番組に用いたのは、約100mgのビタミンE、約5mgのビタミンB1とB6、約5000mgの食物繊維を一度に摂れるサプリメント。この栄養素の量は、サプリメントだけで摂れるのであれば十分に魅力的な量となります。

そこでこの番組では、その価値を分かりやすく伝えるために、「ホウレンソウ約150株分のビタミンE」「グリーンピース約1kg分のビタミンB1」「めざし約80匹分のビタミンB6」「レタス約1個分の食物繊維」という複数の換算表現を開発し、実際にその量の食材

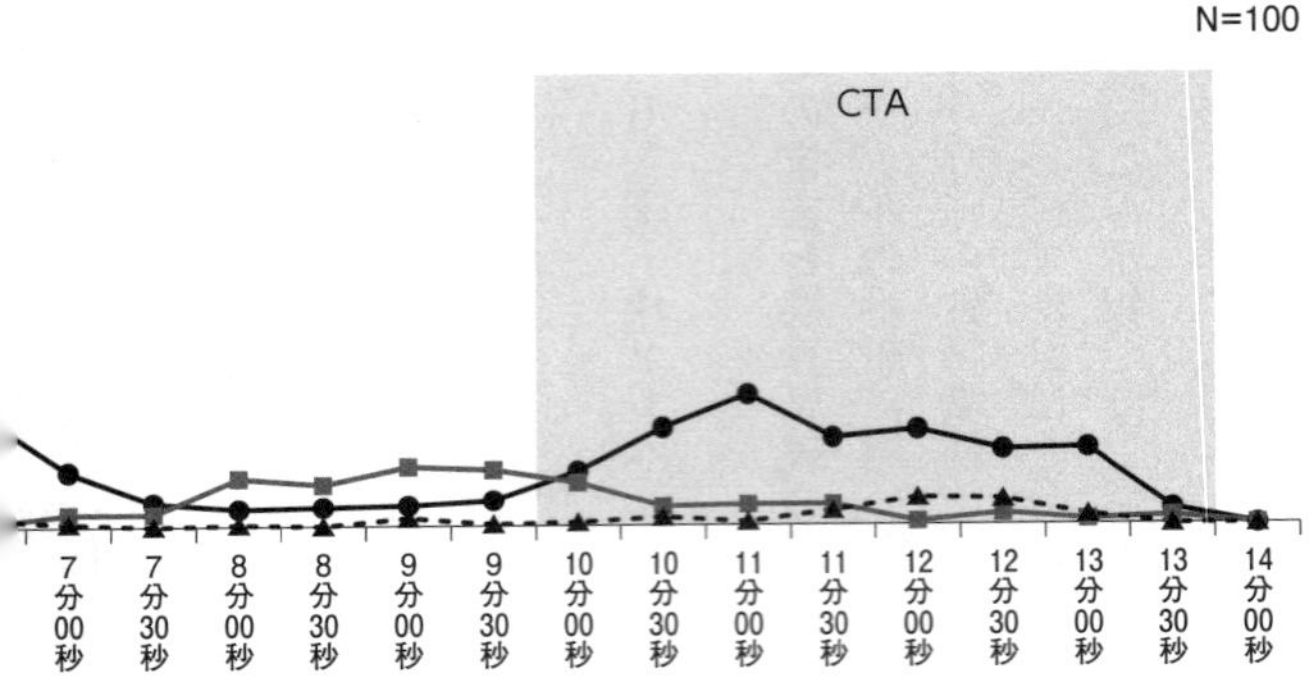

（ホウレンソウであれば１５０株）の映像を使いながら、この商品の魅力を伝えることにしました。

　この番組の１ロール分の反応を、30秒単位の波形で表したのが図１です。

　見ての通り、「ホウレンソウ約１５０株分のビタミンＥ」等の表現を採用した３分～３分30秒地点で、「いいね」が最高値を示しているのが分かります。

　ちなみにそのちょっと前の２分～２分30秒地点でも「いいね」のヤマがありますが、ここは商品が初めて紹介されたシーンで、ここでは栄養素の量は言わず、ビタミンＥ、Ｂ１、Ｂ６、食物繊維が１つで摂れることのみを紹介していました。すなわち、単に複数の栄養素が摂れることを伝えたシーンよりも、その量がたっぷりであると換算表現で伝えたシーンのほうが、視聴者からポジティブに受け止められたということです。

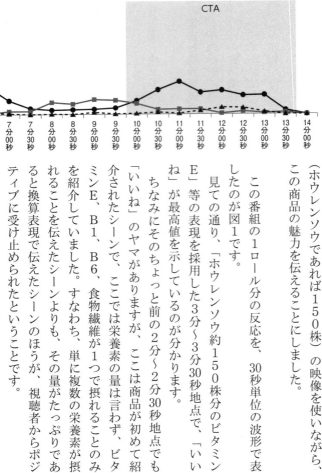

図1　オリジナルテレビショッピング番組の30秒単位の反応データ

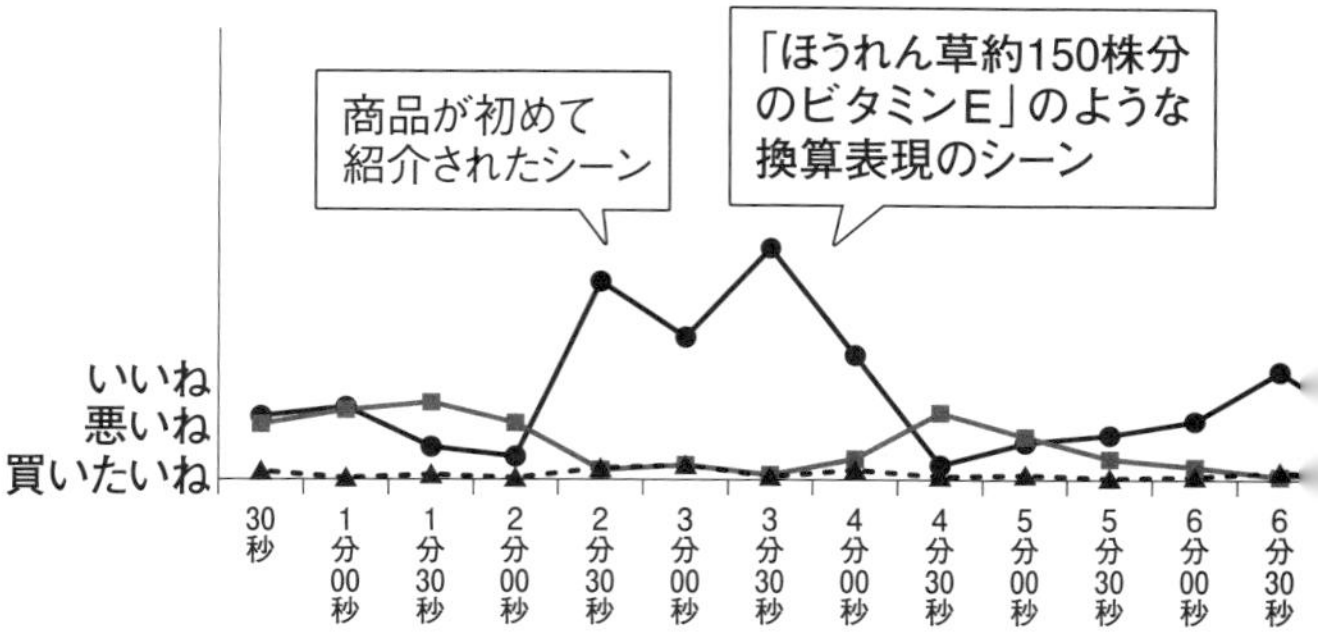

では、仮にこの部分が換算表現でなかったら、視聴者の受け止め方は変わるのでしょうか。

そこで私たちは、「ビタミンE約１００㎎」のように、紹介した４つの成分量を換算せず、そのままの数値で伝える映像（以下『換算表現なし版』と呼びます）も作ってみました。それに合わせ、例えばホウレンソウであれば１株のみの映像を使うなど、素材の量を映像で見せる演出もやめています。果たしてその反応はどのように変わったのでしょうか（なお、諸事情がありこの映像はＢＧＭやナレーターまで変わってしまったため、そっくりそのまま比較できるものではないかもしれません）。

図２が『換算表現なし版』の30秒ごとの反応データ。比較しやすいようにオリジナルの映像（以下『換算表現あり版』と呼びます）の反応データも、スケールをそろ

N=100

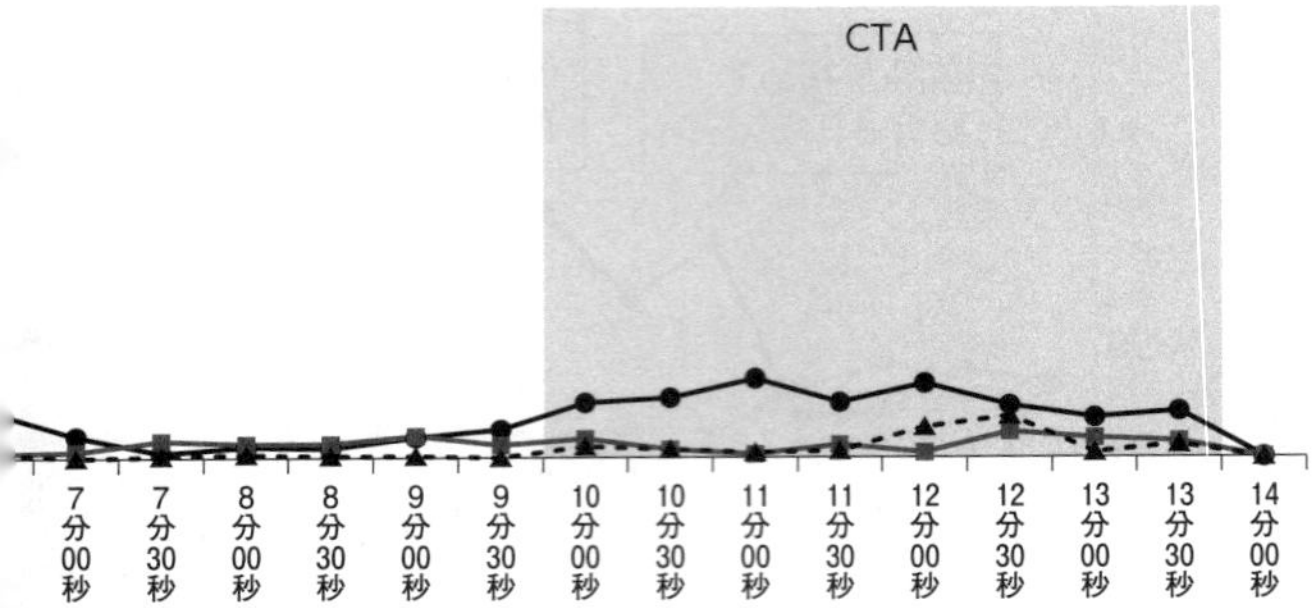
CTA
7分00秒
7分30秒
8分00秒
8分30秒
9分00秒
9分30秒
10分00秒
10分30秒
11分00秒
11分30秒
12分00秒
12分30秒
13分00秒
13分30秒
14分00秒

N=100

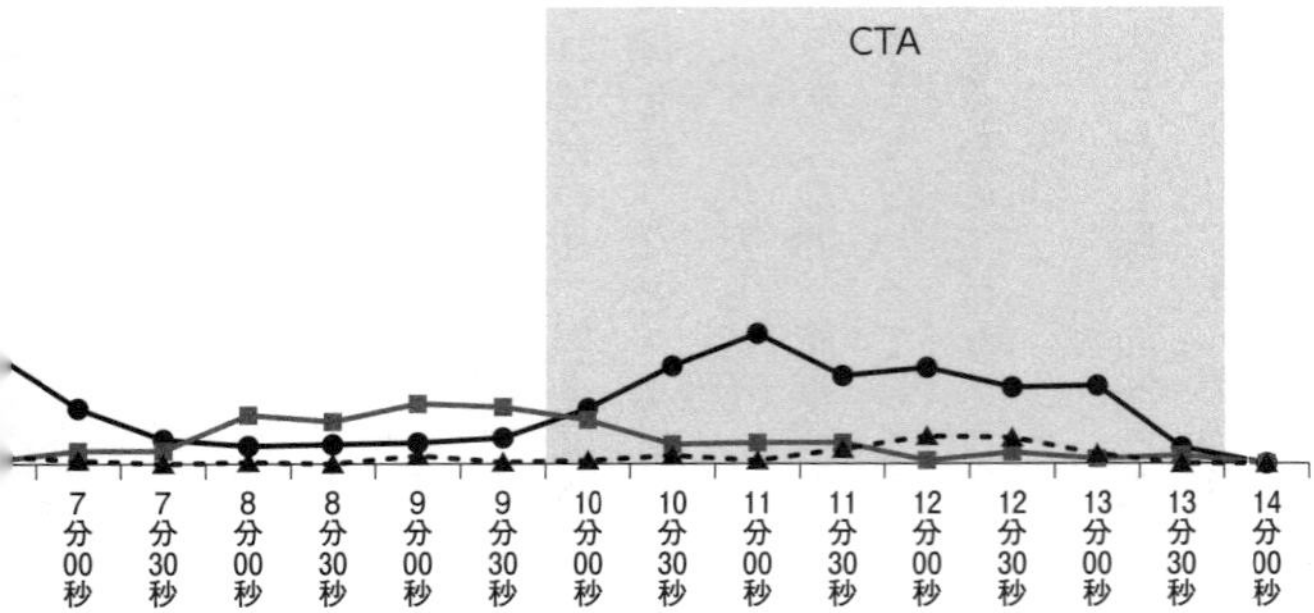
CTA
7分00秒
7分30秒
8分00秒
8分30秒
9分00秒
9分30秒
10分00秒
10分30秒
11分00秒
11分30秒
12分00秒
12分30秒
13分00秒
13分30秒
14分00秒

図2 『換算表現なし版』の30秒単位の反応データ

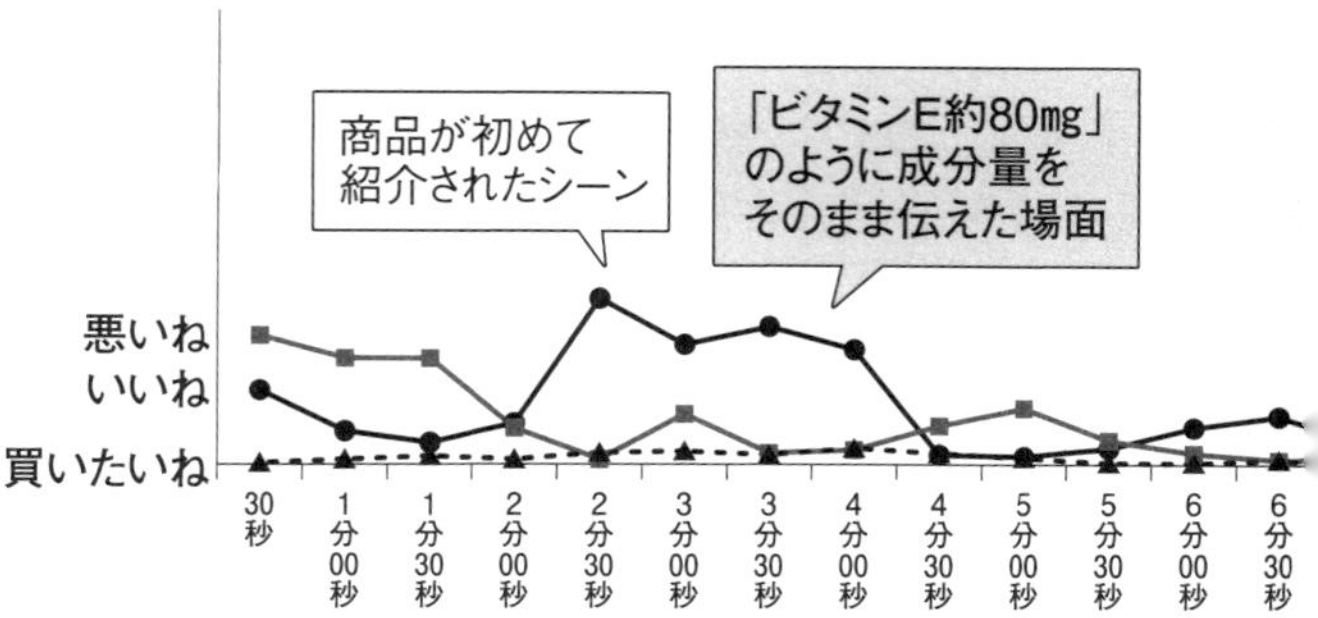

（参考：『換算表現あり版』の反応データ。図1と同じ）

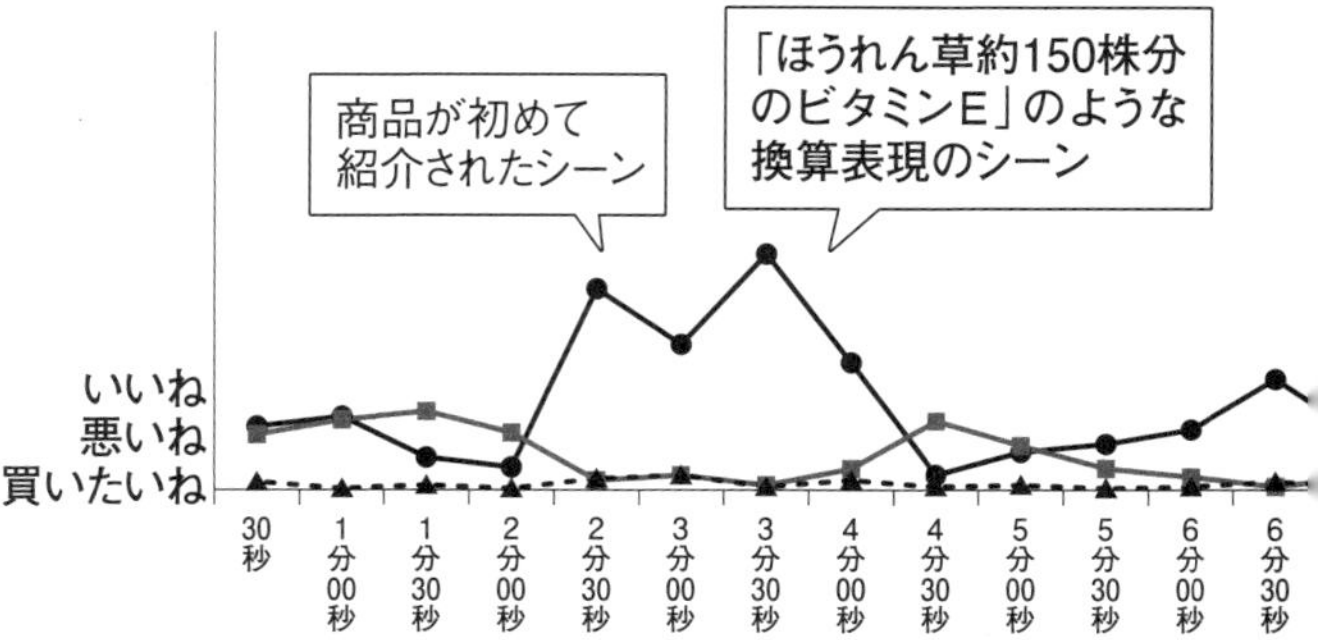

図3　それぞれのタイプを見た人が摂れそうだと思った栄養素

N=各100

	ビタミンE	ビタミンB1	ビタミンB6	食物繊維	鉄分	βカロテン	ビタミンC	合計
換算表現あり	**49**	33	**39**	**71**	22	19	25	**258**
換算表現なし	38	**41**	36	54	20	13	16	218

※点線で囲まれた選択肢はダミーとしてアンケートの選択肢に加えたもの

えたうえで並べて表示しておきました。

全体の反応は似通った形となっていますが、注目すべきは3分～3分30秒の換算表現をやめたブロック。換算表現を採用していた時よりも「いいね」の反応が低下し、2分～2分30秒の商品初紹介時の反応を下回る結果となっています。番組後半のCTA部分での「いいね」のヤマも低く、全体的に商品に対する盛り上がりを欠いていることも見受けられます。

さらに今回は、それぞれの映像を見た人にアンケート調査も行いました。まず質問したのがこの商品の栄養価に関するもの。具体的には「この商品で、どの栄養素がたくさん摂れると思うか」という質問（複数回答可）をしたのですが、その結果が図3です。

ビタミンB1を除くと、『換算表現あり版』の映像を見た人のほうが軒並み各栄養素を多く摂れると評価しているのが分かります。加えて、『換算表現あり版』を見た人は、ダミーの選択肢として入れた鉄分やβカロテン、ビタミンCという番組内で紹介されていない成分に対しても高評価をしているという、面白い結果も見られました。

続いて、それぞれの映像を見た人に「商品に興味を持ったか」を聞いた結果が、図4です。

図4　タイプ別の商品に興味を持った人の割合

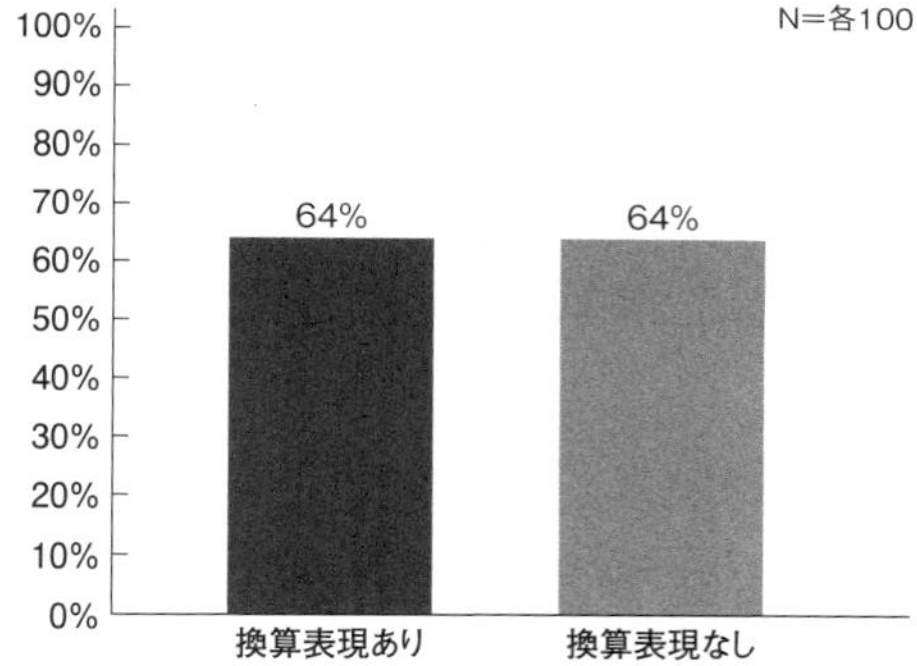

興味を持ったと回答した人の割合で言うと、どちらも64%。ですが、差が表れたのはその理由に関してでした。それぞれの映像で興味を持った人に、その理由を聞いた結果が、198ページの図5です。

換算表現がある場合もない場合も興味を持った理由の上位3つは同じで、順に「野菜不足が補えそう」「栄養バランスの偏りが解消できそう」「1つのサプリでいろいろな種類の栄養が摂れる」でした。

が、注目すべきはその理由の選択率。『換算表現あり版』を見た人は、『換算表現なし版』を見た人よりも、軒並み選択率が高くなっています。つまり、換算表現を使うことで、**こちらがしっかりと理解してもらいたい点**

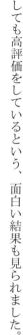

図5　タイプ別の商品に興味を持った理由の選択割合
（商品に興味を持った人数ベース）

換算表現あり：n=64
換算表現なし：n=64

理由1　野菜不足が補えそうだから

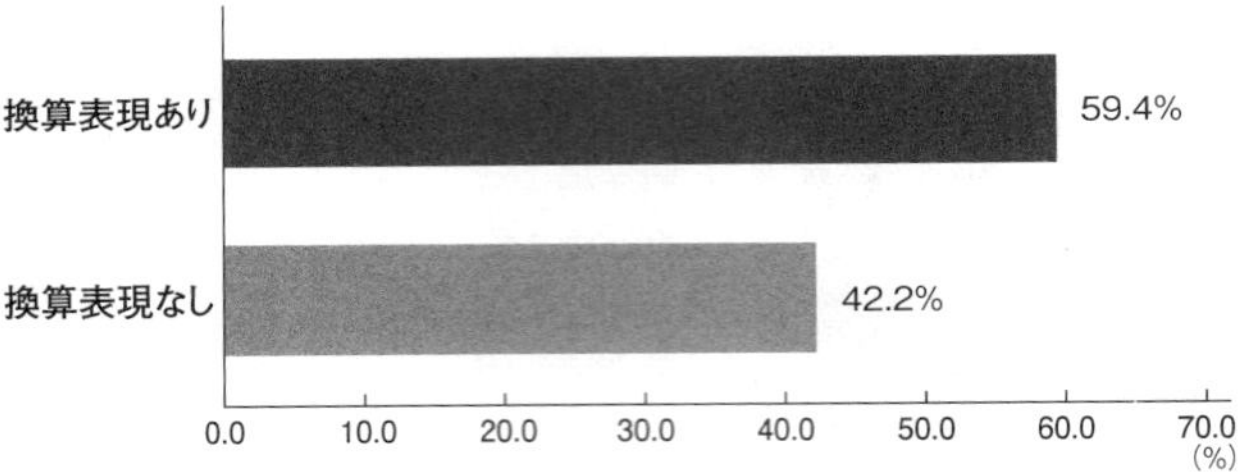

理由2　栄養バランスの偏りが解消できそうだから

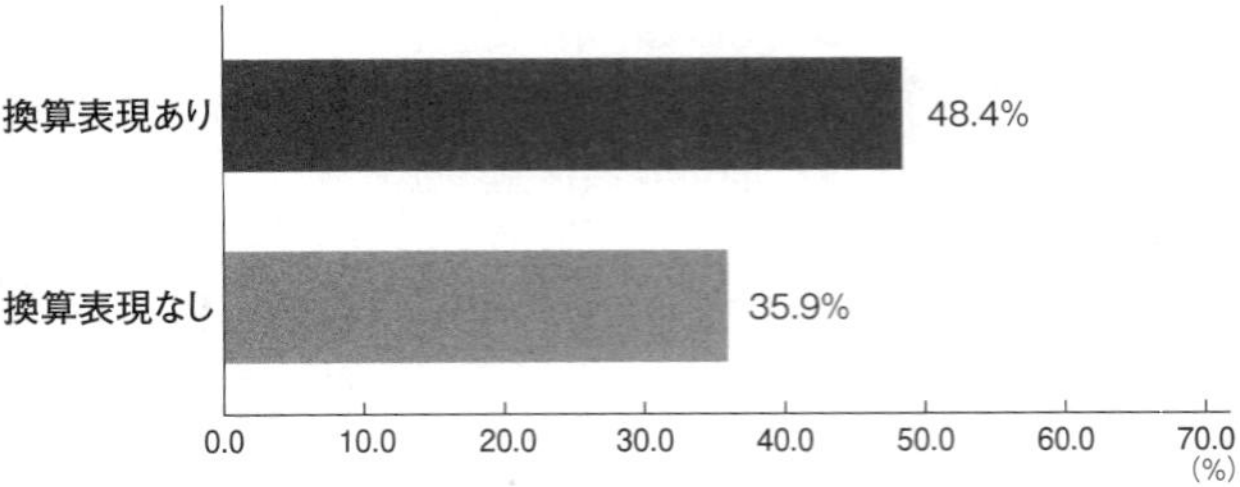

理由3　1つのサプリで、いろんな種類の栄養が摂れるから

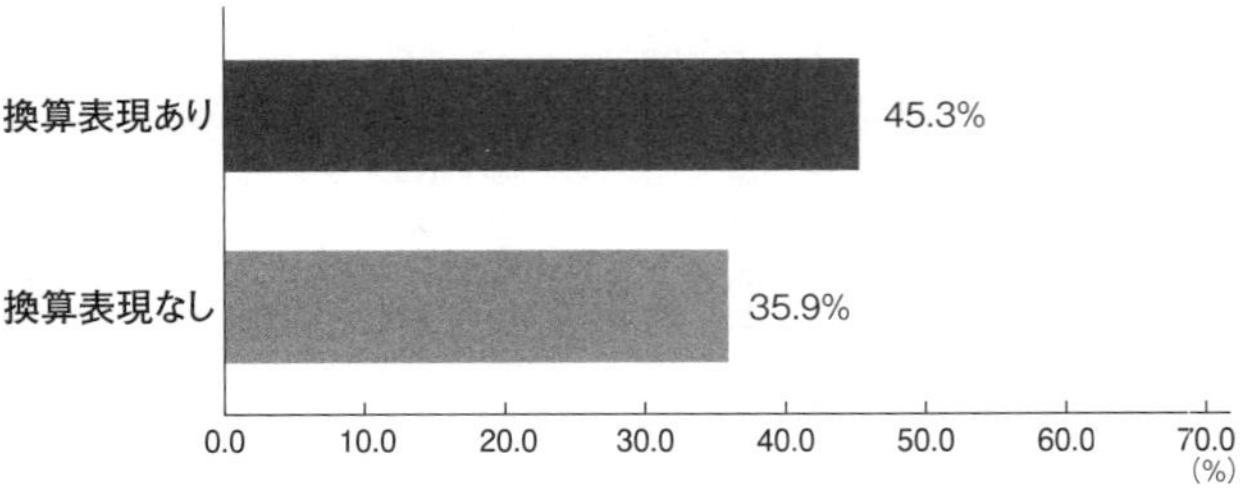

（商品特徴）についてより深く理解してもらえたということです。最初に聞いた「どの栄養素がたくさん摂れると思うか」の回答傾向も踏まえると、換算表現を見たことで、個別の成分はもちろん、全体としても栄養豊富なサプリメントという印象が形成された、ということを示す結果だと言えるでしょう。

6-③ なぜ中2レベルのほうが好印象が形成されるのか

「基準」が理解を助ける

商品の説明を分かりやすくしたほうが広告の反応は高まる、というのは、通販においてまぎれもない事実です。とは言えなぜ、同じ情報でも、換算表現などの表現方法の違いで、前述の調査のように理解度や受け取る印象に差異が生まれるのでしょうか。私たちはその理由を次のように推測します。

まずは、「レモン10個分のビタミンC」などの換算表現が理解度を高める理由から。皆様はレモン10個分のビタミンCが、果たして何mgかご存知でしょうか。

栄養量の換算の際に基準とされるのが、文部科学省が定める日本食品標準成分表。このデータを紐解くと、レモン10個分に含まれるビタミンCの量は、およそ1500㎎とのこと。だからと言って「1500㎎のビタミンC配合」と言われても、それが多いのかどうかはピンと来ないと思います。なぜなら、そもそも普段自分が何㎎のビタミンCを摂っているのかを知らないからです。

そこで、「レモン10個」。この表現だとどうでしょう。レモンにビタミンCが多いことは誰でも知っています。そのレモンが10個分となると、明らかに多いことが分かります。つまり大切なのは、基準を設けること。**基準があるかないかで、情報の理解度は大きく変わるのです。**

なお、厚生労働省が1日に摂るべきとしているビタミンCの推奨量は、約100㎎です。それを知ったうえで、先ほどの1500㎎のビタミンCという情報を聞くとどうでしょうか。1500㎎は十分な量に思えたのではないでしょうか。それこそ「15日分のビタミンCが摂れる」と言われると、十分過ぎる量に感じると思います。これもまた基準を設けることで理解度が高まるという好例の1つ。実際にこのパターンを応用した「1日分の○○がこれ1つで摂れる」を打ち出している商品がたくさんあることは、皆様もご存知かと思います。

余談ですが、換算の基準という意味では、目に見えないレモンのビタミンCよりも、感覚的に分かるもの、例えば東京ドームの広さや、スカイツリーの高さといったもののほうがよりイメージがしやすいのかもしれません。東京ドーム10個分と言われると、たとえ東京ドームのことをよく知らなくても、それだけで誰もが広い場所ということが想像できますよね。

ちなみに東京ドーム10個分の面積は、羽田空港の面積の約30分の1に当たります。だからと言って「羽田空港の30分の1の広さ」と言われても、全然ピンと来ないどころか、むしろ狭くすら感じてしまいます。このように、人の印象は比較対象によっても大きく変わってしまうもの。その意味では、感じさせたい印象によって比較対象を選び分ける、といった工夫をすることも、人を納得させていくうえでは有効な手法かもしれません。

擬音・擬態語の効果

話が多少それてしまいましたが、次に「うるツヤ肌」や「スーッと浸透」などの擬音・擬態語がもたらす効果について考えてみましょう。この手法が生み出す効果は、例えば保湿力に特化したスキンケア商品を例にして考えると、次のようなものではないでしょうか。

一般的に保湿用スキンケアの効果は肌の水分量の多さや肌表面の角質層の整い方、キメの細かさなどに表れます。ですがそれを、肌の水分量○ｇとか、キメの整い度合い○点などと表現しても、果たして求めるキレイな肌になっているか理解できるでしょうか。なんとなくは理解できると思いますが、合わせて商品がもたらす美しい肌を見せ、その効果を「うるツヤ肌」などの印象として植え付けたほうが、商品の価値はより伝わるはずです。

同じようなことは、擬音語だけでなく「赤ちゃん肌」といった比喩表現で行われることもあります。特に、写真や映像で商品がもたらす結果を見せられない広告、例えばラジオ広告やインターネットの検索連動型広告などの場合に、このような想像力を掻き立てる比喩表現が用いられることが多いようです。

また、事実とイメージの両方から伝えるという手法は、なにも通販に限ったものではありません。味や食感という言語化が難しい食品の広告の場合は特に顕著で、「特殊製法でもっちり食感」の食パンや、「ハバネロ使用で全身の毛穴から汗が噴き出す」激辛カレー、有名なところで言うと「キレが自慢のドライビール」なども、イメージによって価値を伝えた好例だと言えるでしょう。

つまり、**商品価値を情報のみで伝えるのではなく、それをイメージに変換し印象としても**

植え付ける。そうすることで商品の理解や欲しい気持ちが形作られていくのだと思います。

先ほどの事例で見られた「ホウレンソウ１５０株分のビタミンE」という情報に合わせて、実際に「ホウレンソウ１５０株分の映像を見せる」という演出も、まさに理屈を視覚化して印象付けた事例だと言えます。

通販広告を集中して見る人はいない

さらに、実はもう１つ、『中２レベルの表現』が効果を生む別の要因も存在します。それが、広告の見られ方。ある意味これが、『中２レベルの表現』が求められる真の理由と言っても過言ではないくらいです。

あなたは、広告を真剣に見たことはありますか。たいていの方が、見たいテレビ番組の間に流れる、積極的に見たくはない情報として広告に接しているのではないでしょうか。

私は帰省した際に、自分の母親がどのようにテレビショッピング番組に触れているのかを観察したことがあるのですが、その接し方は想像を超えるほど素っ気ないものでした。まず、目の前のテレビから映像が流れていても、母親は机のクリアマットの下に入れておいた金融機関からのDMを取り出してチェックしたり、椅子の上に置いていた新聞の文化面を読んだりしながら時折テレビに目をやるという程度で、ぜんぜん映像に集中していたわけではありませんでした。言ってみれば思考のスイッチをオフにして、漠然とテレビから発信される情報を受け流しているという印象です。

ただ、たまに気になる情報、例えば「この人いくつに見えますか?」などの『問いかけ』シーンでは映像に目を向けるなど、要所ではスイッチが入り、そのまま興味を持ち続ければ、ある程度は能動的に映像を見る、という様子も散見されました。

このような母親の反応は決して特殊なものではありません。通販広告の主要なターゲットである女性の方々にグループインタビューをした際も、「通販広告を最初から最後まで、食い入るように集中して見ています」という人はまずいません。ほとんどの方が思考のスイッチをオフにして、受け身で漠然と広告に接触しているのです。

そんな中で、頭を使わないと理解できない論理的な情報が流れてきたとして、誰が好き好んで見てくれるでしょうか。しかもすべての視聴者は、よく分からないと思ったらいつでもチャンネルを変えるという切り札を持っているのです。

そもそも視聴者が広告に能動的でないことは、「ながら視聴」という言葉があることからも疑いようのない事実だと言えます。能動的ではない視聴者に、見るのに集中力がいるような表現を見せるのはどう考えてもマイナスです。だからこそ、**分かりやすい基準を提示し、視覚や聴覚に訴えかけて感覚的に理解してもらう、そんな平易で見やすいストーリーが、成功のために欠かせない**のです。

そしてそれを具現化するのが「分かりやすく」「噛み砕かれた」まさに『中学2年生レベル』の表現。これであれば、思考のスイッチをオフにした状態でも頭に入ってくるため、ながら視聴をしている視聴者にも伝えたい情報を届けることができるのです。これこそが、『中2でも分かる商品紹介』の反応が高くなる、真の理由です。

いかがでしたか。通販に限らず、世の中の商品の多くは、ある程度の情報を得ないと買うかどうかの決断がしづらいものです。その中で売り手がしっかりと順を追って情報を届け、相手の頭の中に商品の良さを印象づけていくには、とにかく情報を受け入れてもらいやすい形に料理することがとても重要です。その意味で、この「中2レベルの表現」を作り出す技術は、とても価値があるものだと思います。

残念なことに、知識や経験が増えれば増えるほど、私たちは専門用語などを使って説明を済ませようとしてしまいます。なぜならそのほうが楽だから。だからこそ、たいていの大人は努力しないと中学2年生レベルには戻れません。実は、私の息子は、今年中学2年生。日々、中2レベルに戻れるよう四苦八苦している私からすると、苦もなく中2レベルの表現を考えられる息子が、うらやましくて仕方ありません。

一方で中学2年生は、行き過ぎた自意識から、『中二病』と呼ばれるおかしげな行動を連発する病（?）にかかってしまう不安定な世代としても知られます。これは、やはり中2というのが大人と子供の分岐点であり、論理的な大人の思考と感覚的な子供の感性の2つの目で世界を見ることができる特別な過渡期であることを裏付けていると思います。

ですから、中学2年が面白い、見たい、そしてよく分かる！　と思える広告は、論理的にも筋が通っていて、かつ感覚的にも興味を引く表現になっている、ということが言えるのではないでしょうか。

鉄板法則⑥『中2でも分かる特徴紹介』から導かれる、モノを売る際のポイント

◆商品の説明が分かりやすいほど、相手の反応は高まる。
◆分かりやすさの基準は、中学2年生が分かるレベル。
このくらいだと、集中していない人にでも内容が伝わる。
◆中学2年生が分かるレベルを実現するには、換算表現を用いたり、ビジュアル化して印象に訴えることを意識すると良い。

広告を心理学する！　コラム6「中2レベルの表現と処理の流暢性」

発音しやすい名前が大事

「中学2年生（予備知識のない者）でも理解できる表現を使う」、これが広告の秘訣であると説かれている。確かに、小難しい内容だと広告自体を見る気が起きない。その意味では、理解できる表現の重要性は至極当然であり、ことさら言うほどでもないように思える。

ところが実は、理解しやすくすることの重要性は、単に広告を見てもらうためだけではない。**広告が理解しやすいかどうか、もう少し厳密に言えば、情報が処理（知覚・認知）しやすいかどうかは、その情報と関係するものが肯定的に評価されるかどうかにまで影響を与えうる**のだ。

1つ、驚くべき研究を紹介しよう。発音しやすい名前の会社のほうが、発音しづらい会社よりも株価が好調になるという内容だ。アルターとオッペンハイマーが２００６年にＰＮＡＳ（米国科学アカデミー紀要）という学術誌上でこのことを報告している（Alter & Oppenheimer, 2006）。

彼らはまず架空の企業名を60社分作り、被験者10名にそれぞれについて発音のしやすさを評定してもらった。その評定値をもとに、発音しやすいと評定された会社（15社）と、発音しにくいと評定された会社（15社）を選ぶためである。次に、先ほどとは別の被験者（大学生）29名に企業名だけを見せ、それぞれの企業の1年後の株価を予想してもらった。

１年後の株価を予想するには、教科書的には、企業のビジネスモデルや競合他社、それらの自己資本利益率や株価収益率など、様々な情報を総合的に検討しなければならない。どの指標を重視すべきかについては判断が分かれうるものの、それでも、企業名の発音のしやすさが考慮すべき情報として挙げられることはまずない。したがって、企業のファンダメンタルズや株価のテクニカル的な情報が提示されていない以上、１年後の株価の予測値に企業ごとの違い、とりわけ企業名が発音しやすいかどうかによる違いは生じないはずである。

ところがである。実験の結果、**発音しにくい企業では、１年後の株価が平均で－３・８％になると予想されたのに対して、なんと発音しやすい企業では、１年後の株価が平均で＋３・９％になると予想された。**例えば、アニーという架空の企業のほうが、アマルンダンテという架空の企業よりも、今後株価が上がるだろうと予想されたということだ。これは、企業の収益構造などとは一切関係のない情報であるはずの「企業名の発音のしやすさ」という属性が、株価予想に影響を与えたことを意味している。

実際の株価にも影響

「この結果はあくまで架空の企業を用いた実験でのお話であり、被験者も大学生だ。実際の株式市場とは違うのではないか?」。当然出てくる反論である。そこでアルターとオッペンハイマーは同じ論文の中で、ニューヨーク証券取引所のデータについてある分析を行った。

株式取引を行うためには、上場している各企業を区別するための識別子が必要になる。例えば東京証券取引所であれば、トヨタ自動車には7203、本田技研工業には7267のように、企業ごとに異なる4桁のアラビア数字が割り当てられている。これらの数字をIDとして、取引対象(上場企業)が区別できるようになっている。

同じことは世界最大の証券取引所、ニューヨーク証券取引所にも当てはまる。が、少しだけ異なる点がある。それは、識別コードが、数字ではなくアルファベットになる点だ。例えばトヨタ自動車はTM、本田技研工業はHMCとなっている。通称、ティッカーと呼ばれる識別子だ。

このように、ニューヨーク証券取引所では識別子がアルファベットであるため、識別子によって、英語読みできるものと英語読みできないものとが出てくる。

例えば、TIMならティムと読めるが、TVNだとすんなりとは読めないであろう。アルターとオッペンハイマーは、この違いを利用した。彼らは、1990年から2004年の間にニューヨーク証券取引所に上場した665の企業、および同じ期間に旧・アメリカン証券取引所に上場した116の企業を対象に、それぞれのティッカーが英語読みできるかどうか（つまり、英語話者にとって発音しやすいかどうか）で、その企業の上場後の株価がどのように変わるかを調べたのである。

その結果、発音のしやすさと株価との関係が改めて浮き彫りになった。どちらの証券取引所においても、**発音しやすい識別子（ティッカー）を持つ企業のほうが、そうでない企業よりも株価は高かった**。上場後の株価を、ティッカーの発音のしやすさからある程度予測することが可能だったのだ。

これは、先の架空の企業名を使って行った研究と同様の結果が、実際の株式市場においても観察されたことになる。それを知ってか知らずか、実在の上場企業は概ねで発音しやすく、平易で簡単な社名であることが多いようだ。

ただし、発音のしやすさによる株価上昇効果は、上場から1日後の株価に限定された。上場から1週間後、1か月後、1年後の株価では、いずれも発音しやすいティッカーのほうが株価は高い傾向にあるものの、偶然誤差の可能性を否定できず、統計的に意味のある差ではなくなっていた。

このように効果が消えた理由については、次のように考えられている。つまり、上場直後はその企業の今後の株価を予想する手掛かり（特にテクニカル的な手掛かり）が乏しいため、ティッカーの発音のしやすさまで考慮される。この結果、発音しやすいティッカーを持つ企業のほうが、株価は高くなる。しかし、上場からしばらくすると、株価を予想するための手掛かりが増えてくる。この結果、ティッカーの発音のしやすさが重視されにくくなり、その効果が消失した、と。

人の地位も名前に左右される？

このような名前の発音のしやすさによる効果は、会社だけでなく、人に対してもどうやら見られうるようだ。弁護士を対象とした研究を紹介しよう（Laham et al., 2012）。

ラハムらは、アメリカの弁護士事務所に勤める膨大な数の弁護士から、ランダムに５００名を選んだ。その５００名の中には、弁護士事務所のトップを務めるパートナー弁護士（ボス弁）もいれば、平社員に相当するアソシエイツ弁護士（イソ弁）もいるし、発音しやすい名前の弁護士もいれば、そうでない弁護士もいる。両者の関係がどうなっているのか？　この問題についてラハムらは検討を行ったのである。

彼らは、分析対象となった弁護士について、それぞれの名前の発音のしやすさ、所属事務所内での職位、最終学歴、卒業年などを調べた。当然ながら、一流大学院で学位を修めた者（つまり最終学歴の高い者）や、弁護士としての経歴が古い者（つまり卒業年が古い者）のほうが、職位は高くなりやすい。そこで、重回帰分析と呼ばれる解析手法を用いて、最終学歴や卒業年などの効果を統計的に取り除いたうえで、名前の発音のしやすさの効果を浮き彫りにした。

その結果、再び同じ傾向が観察された。「**発音しやすい名前の弁護士ほど、所属事務所での地位が高い**」**という傾向があった**のだ。しかもその傾向は、弁護士事務所の規模とは関係なく観察されたばかりか、アングロサクソン系やアジア系といった様々な人種に共通して観察された。「発音しやすい企業名のほうが高く評価されやすい」という現象と似たものが、弁護士の職位（つまりは昇進）においても幅広く観察されたのである。

ここで、一点注意してほしいことがある。それは、これらの結果はあくまで膨大な数の企業や弁護士について平均値を計算した結果に過ぎないという点だ。当然ではあるが、読みにくい名前でありながら、株価の高い企業や職位の高い弁護士もあれば、発音しやすい名前でありながら、株価の低い企業や職位の低い弁護士もいる。「発音しやすい名前であれば必ず高い評価になる」というわけでは、全くない。あくまで、様々な企業なり弁護士なりを平均化すると、「発音しやすい名前だと評価は高くなりやすい」ということに過ぎない。

「処理流暢性」

だとしても、発音しやすいティッカーの企業は、そうでない企業に比べて株価が高くなりやすい傾向にあることは間違いなさそうだ。なぜなのだろうか？　株価が高くなるということは、その企業の今後の業績や配当金、人気などが肯定的に評価されたことを意味するが、なぜ、発音しやすいティッカーの企業は肯定的に評価されやすくなるのであろうか？　同様に、なぜ発音しやすい名前の弁護士は職位が高くなりやすい、つまりは弁護士としての能力が肯定的に評価されやすくなるのであろうか？

この仕組みを理解するためには、単純接触効果を思い出す必要がある。単純接触効果とは、見聞きした回数が多いブランド名ほど、良いものだと感じられるといった現象であった。また、そのメカニズムとしては、ブランド名を繰り返し見聞きすると、その情報が記憶として脳内に蓄積される。その結果、素早くブランド名を知覚できるようになり、知覚するときのストレス（処理の負荷）が弱まる。このような負荷の少なさを、ヒトの脳はブランド自体の良さだと錯覚してしまうというものであった。

実は以上の働きを、専門用語で、**「処理流暢性（あるいは、認知容易性や知覚的流暢性）」**と言う。単純接触効果は、ブランド名などを何度も見聞きすることで、その処理（認知・知覚）が流暢ないし容易になる結果、ブランド自体の評価が高まるという現象であった。これと同じことが、発音のしやすさにも当てはまるのである。

つまり、発音しやすい企業名や人物名は、それを処理する際の負荷が少なく、労せず、流暢に処理することができる。そのような負荷の少なさを、脳は企業自体の良さや弁護士自体の良さだと錯覚してしまう。この結果、株価や弁護士としての能力までもが肯定的に評価されるというわけだ。

「中2でも理解できる表現にする」という工夫は、まさに、このような処理流暢性の働きに根差したものと言える。

カーネマンの〝システム1/システム2〟の話を思い出してほしい。我々の脳には、直感的・感情的な認知判断を担うシステム1と、熟慮的・論理的な認知判断を担うシステム2があり、その2つが適宜分担して情報を処理している。難しい表現を処理するためには、どうしてもシステム2の働きが必要になるが、システム2を働かせるには負荷がかかってしまう。

反対に、簡単な表現を処理するためにはシステム1で十分で、負荷もかからない。簡単なもの、システム1でまかなえるものは、負荷が少なくて済む。そのため、人間は暗黙のうちに良いものと思ってしまいやすい。このような心理特性のために、発音しやすい名前にしたり、中2でも理解できる表現にしたりすることによって、視聴者に商品自体を良く思ってもらいやすくなると考えられる。

つまり**中2レベルの表現は、メッセージを論理的に解釈、判断するシステム2の仕事**

を少しでも減らして、システム1により訴求するための工夫と言い換えることができる。中2レベルの表現の法則の心理学的な根拠は、このあたりにあると考えることができるだろう。

可読性の高さも重要

処理の流暢性は、何も発音のしやすさだけからもたらされるわけではない。1つ問題を出したい。ノーベル賞受賞者である心理学者カーネマンが、その著書『ファスト&スロー』で用いた例をもとにしたものである。以下の2つの文はいずれかが真実であり、もう一方はウソである。さて、どちらの文が真実だと思われるか？

株式会社電通九州の創立は1994年である

株式会社電通九州の創立は1996年である

電通九州は1994年創立だろうか？　それとも1996年創立だろうか？

おそらく、多くの人は、太字で書かれた1994年が正解であると、直感的に思ったのではないだろうか。もちろん、この直感を否定する感情もありうる。つまり、「これは引っ掛けだな！　ということは、正解は逆に1996年だ」と思った人もいるだろう。しかしその場合も、最初の直感では1994年が正解だと思ったということであり、システム1が1994年を支持したことを傍証している（ちなみに正解は1995年であり、2つとも不正解だった）。

では、なぜ太字の文を真実だと思いやすいのだろうか？　カーネマンも述べているが、その答えの一端は、処理の流暢性にある。つまり、太字になっている文は、わずかではあるが可読性が高く、文を容易に、負荷をかけずに処理することができる。この流暢性のために、太字のほうが、真実であり信頼できるものと思い込みやすくなるのである。処理の流暢性が高い、つまり簡単なものを好ましいと思うし、より信頼できる、真実であると思い込んでしまう、そういった人間の傾向がここからも見て取れる。

この説明に対して、「私はそうは思わなかった！」と納得されない方もいらっしゃるだろう。だが、先にも指摘した通り、そう言った方であっても、「最初は（つまり、逆に考えないと）太字のほうが正しいと考えてしまう」という直感、システム1の働きからは逃れられていないのである。

事実、心理学の研究からは、文の可読性が高いとその文の内容が正しいと判断されやすくなることが示されている。

レーバーとシュワルツは、２２９名の被験者を対象に、「オソルノはチリにある」「リマはペルーにある」などの文を１つずつ提示した（Reber & Schwarz, 1999）。文は全部で32あり、正しい文（例えば「福岡は日本にある」など）と誤りの文（例えば「千葉はアメリカにある」など）が半分ずつ、つまり16文ずつ、設けられていた。

これら32文がランダムな順番で１つずつ提示され、被験者はそれぞれが正しいか誤っているかを判断させられたわけであるが、文にはある仕掛けが施されていた。それは、正しい文と誤った文の、それぞれの半分は白地に赤などの見やすい色合いで、残りの半分は白地に明るい青などの少々見にくい色合いで、書かれていたのである。

つまり、32の文は、①正しい内容で見やすい８文、②正しい内容で見にくい８文、③誤った内容で見やすい８文、④誤った内容で見にくい８文、の４種類から構成されていたことになる。

実験の結果、処理流暢性の侮れない効果が明らかになった。つまり、実際に正しい文か誤りである文かとは関係なく、見やすい色合いで書かれていれば「この文は正しい内容だ」と判断されやすくなった。「白地に赤字」のように色合いを明瞭にして文を読みやすくすることで、本当に正しい内容が「正しい」とさらに判断されやすくすることも、本当は正しくない内容が「正しい」と判断されやすくすることも、ある程度できてしまったのである。

「真実性の錯覚」

さらに、ニューマンらが２０１４年に「プロスワン」という学術誌で報告した事例が面白い（Newman et al., 2014）。発音しやすい名前の人物から聞くトリビアは、発音しづらい名前の人物から聞くトリビアよりも、信頼しがちになるというのである。田中さんから「亀には耳がない」と聞く時のほうが、同じ内容でも伊集院さんや二階堂さんから聞く時に比べて、無意識のうちにその信頼性を高く見積もってしまうのである。

実験では、事前に準備した真実と嘘のトリビア（例えば、メリケンサックは英国発祥である等）の文章と、それを述べている人物の名前を提示した。例えば、「マニーさんは、メリケンサックは英国発祥であると言っている」のように。この時、人物の名前が、発音しやすいものと発音しづらいものを用意していた。

実際に事前の実験で、それらの名前の発音のしやすさがしっかりと異なっていることは確認されていた。実際に用いた名前は、発音しやすい例として、ボド・ワルマイヤーさん、発音しづらい例として、セヴェア・ゲロヴィスズのようなものだった。

被験者には、トリビアの信頼性（真実っぽさ）を5点満点で評価させた。その結果、簡単な名前とセットになったトリビアのほうが、有意に信頼される傾向が高くなることが分かった。評点は、簡単な名前の時に1・55点、難しい名前の時に1・40点となり、わずかな違いではあるが、偶然誤差の範囲を超え、統計的に有意味な差があった。

ちなみに、処理流暢性を説明するために、先ほど単純接触効果を再掲した。聡明な読者の中には「文の処理が流暢になることで、その文が『正しい』と判断されやすくなるのであれば、文を繰り返し提示した場合も単純接触効果のように処理が流暢になり、『正しい』と判断されやすくなるのではないか？」と考える方もいらっしゃるかもしれない。

実はその通りなのだ。現・トロント大学教授のハッシャーを中心に行われた研究からは、実際に正しい内容か間違った内容かにかかわらず、繰り返し提示された回数が多い文ほど、そこで書かれている内容は「正しい」と判断されやすくなることが観察されている（Hasher et al., 1977）。

このように、処理が流暢になることでそこに記されている内容まで「正しい」と判断しやすくなる現象は「**真実性の錯覚**」と呼ばれている。

いずれにしても、名前の発音のしやすさや文の見やすさといった、情報の信頼度とは本質的に無関係な属性であったとしても、処理流暢性が高まることで、それに関連した情報まで信頼性が上がってしまうのである。システム１の無意識で自動的な処理の面白い、そして恐ろしい部分である。

好ましいものは利き手側に

最後に、もう１つ興味深い研究を紹介しよう。流暢に処理できるかできないか、実は我々は日々この問題に接している。「こういう場合は流暢に処理できるが、こういう場合は流暢には処理しにくい」。そんな体験を我々は毎日のように経験している。どういう場面か、お分かりだろうか？

答えは、利き手と非利き手である。ご存知のように、人間には利き手というものが存在している。なぜ利き手が生まれるのかについては今もなお分かっていないが、1つ確かなことがある。それは、利き手だと作業がしやすく、非利き手だと作業しにくいということだ。この誰もが知る事実を処理流暢性と合わせると、人間の驚くべき心理特性が生まれる。

今、左右に空欄（□）が1つずつあり、それら2つの空欄を一本の直線が結んでいる絵を想像してほしい。ちょうどバーベルのような形（□——□）になる。

次に、あなたはシマウマが好きで「いいね！」と感じているが、パンダは嫌いで良くないと感じていると想像してほしい。

では、先ほどの左右の空欄の、どちらにシマウマを描き、どちらにパンダを描けば、それぞれの肯定感、否定感をうまく表現できるだろうか？　左側にシマウマで、右側にパンダだろうか？　それとも左側にパンダで、右側にシマウマだろうか？

スタンフォード大およびマックスプランク研究所の研究者であるカササントは、このような実験を１０４名の被験者を対象に行った（Casasanto, 2009）。すると、被験者が右利きか左利きかによって、全く異なる結果となった。被験者が右利きの場合は、67％が右側にシマウマ、左側にパンダを描いたが、被験者が左利きの場合は、その74％が右側にパンダ、左側にシマウマを描いたのである。

思い出してほしい。シマウマは良きもの、パンダは悪しきものとされていた。つまりこの結果は、それぞれの約70％の人たちが自分の利き手側に良いものを配置したことを意味する。

なお、この例ではシマウマを良きものとしたが、実験ではパンダを良きもの（シマウマを悪しきもの）としたバージョンが設けてあった。そのため、「シマウマだから利き手側に描かれた」といった解釈は成り立たないようになっていた。

このように、人間は、利き手側の空間を非利き手側のそれよりもポジティブにとらえる心理特性を持っている。もちろんその背後には、処理流暢性があると考えられている。右利きの人にとっては、右空間で起こる事象のほうが処理・対応しやすい。その結果、右利きの人は、右側を好むようになり、「右＝良い」というリンクを脳内に作り上げていると考えられる（Casasanto & Chrysikou, 2011）。

　このように、対象を利き手側に配置するか非利き手側に配置するかは、（人口の約90%が右利きであること〈大久保ら, 2014〉を考えると、対象を右側に配置するか左側に配置するかは）その対象の評価にも関わりうるものであり、大きな意味を持つのだ。

　以上のように我々人間は、つい、**処理の負荷が低いもの（つまり処理流暢性の高いもの）を肯定的に評価してしまう**のだ。初めて会う人や、初めてデートなどで行くおしゃれなご飯屋さんにはとても緊張してしまう。それはその人がどんな人なのか分からない、そのお店の様子が分からない、これから先に起こるコミュニケーションが予測できないこと。つまり、これから起こるコミュニケーションで頭をたくさん使う必要があること、処理の負荷が高いことを意味している。

　一方で、馴染みの人との談笑や、馴染みの店でのいつもの〝どて煮〟に対しては、ことさらに脳を使う必要がない。あまり考えなくても無難にこなせるはずだ。結局好きになるとは、処理流暢性を高めていく作業だと言えるのかもしれない。

Alter, A. L., & Oppenheimer, D. M. (2006). Predicting short-term stock fluctuations by using processing fluency. Proceedings of the National Academy of Sciences, 103(24), 9369-9372.

Casasanto, D., & Chrysikou, E. G. (2011). When left is "right". motor fluency shapes abstract concepts. Psychological Science, 22(4), 419-422.

Casasanto, D. (2009). Embodiment of abstract concepts: good and bad in right-and left-handers. Journal of Experimental Psychology: General, 138(3), 351-367.

Hasher, L., Goldstein, D., & Toppino, T. (1977). Frequency and the conference of referential validity. Journal of Verbal Learning and Verbal Behavior, 16(1), 107-112.

Laham, S. M., Koval, P., & Alter, A. L. (2012). The name-pronunciation effect: Why people like Mr. Smith more than Mr. Colquhoun. Journal of Experimental Social Psychology, 48(3), 752-756.

Newman, E. J., Sanson, M., Miller, E. K., Quigley-McBride, A., Foster, J. L., Bernstein, D. M., & Garry, M. (2014). People with easier to pronounce names promote truthiness of claims. PloS one, 9(2), e88671.

大久保街亜・鈴木玄・Nicholls Michael E. R. (2014). 日本語版 FLANDERS 利き手テスト―信頼性と妥当性の検討―. 心理学研究, 85(5), 474-481.

Reber, R., & Schwarz, N. (1999). Effects of perceptual fluency on judgments of truth. Consciousness and Cognition, 8(3), 338-342.

鉄板法則７『感覚刺激型ＢＧＭ＆テロップ』

７-①　人は理性で購買を決めるのか、感覚で購買を決めるのか？

『感覚』と『感情』の影響力

さて、鉄板法則もいよいよ最後の１つ。今回その大トリとして選んだのが、『感覚刺激型ＢＧＭ＆テロップ』です。これは文字通り、感覚を刺激するようなＢＧＭ（Back Ground Music＝背景音楽）と、感覚に訴えかけるようなテロップ（字幕）のデザインのことを指します。そして実は、この法則は、これまでに紹介したものとは一線を画す特別な役割を果たすものなのです。

ここまで見てきた6つの法則。そこにはある共通性があったことにお気づきでしょうか。

『呼びかけ&問いかけ型導入』『小公女型商品説明』『煽り型CTA』『トリプルリフレイン』『答え合わせ型街頭インタビュー』、そして『中2でも分かる特徴紹介』。実はこれらはすべて、情報をどう伝えるかに関する方法論でした。どんな順番で情報を整理し、どんな形で情報をぶつければ、お客様は商品を良いものと判断してくれるのか、そんなお客様の『理性』を攻略するための経験則だったのです。

一方で、理性の対極にあるのが『感覚』です。「これまで取り上げた法則は理性に関するものばかりだった」ということは、『感覚』って「モノを買う」こととはさほど関係がないのでしょうか。もちろん、そんなことはありません。**『感覚』、あるいはそこから引き起こされる『感情』も、購買意思の決定に大きな影響を与えるとても重要な要素**です。

例えば、「自分へのご褒美」。もともと欲しい気持ちは持っていたけど、何らかの理由で買うのを我慢していた商品を、別件による心の高まりの影響（例えば「つらい仕事を頑張ったから……」などの正当化）で買う、というのが「自分へのご褒美」型の消費行動です。「私は頑張った」「だから自分を褒めてあげたい」という、商品とは全く関係のない感情が財布の紐を緩ませ、理性による判断とは異なる判断が下される、というのがこの消費行動の実態。

理性で考えると「高い」と判断されていた対価のハードルが感情によって下げられたという意味で、まさに感情が購買判断に大きな影響を与えた事例だと言えます。

さらに言えば、「衝動買い」というのも感情型の消費の最たるもの。なぜなら、もはや理性的な要因、すなわち買った理由すら、本人も全く分からない状態になっているのですから。それでも買ってしまうというのは、やはり感情が購買判断に大きく影響している、もっと言えば感情は理性以上に購買判断に影響を与える可能性を持つ、という事実をまぎれもなく証明しています。

BGMとテロップのデザインの重要性

これほどまでに重要な、『感覚』や『感情』。であれば、それらにしっかりと働きかけることが、モノを売るためには欠かせないことになります。とは言え、感覚がくすぐられるポイントは人によってかなり違うものですし、感情だってすぐにコロコロ変わってしまうもの。一体どうすれば効率よく多くの人の感覚や感情に働きかけることができるのでしょうか。

そこで重要となるのが、7つ目の鉄板法則である、感覚や感情を直接刺激するＢＧＭとテロップ（字幕）のデザインです。事実、この2つの要素は、そのあるなしで広告の反応に大

図1　典型的なBGM／テロップのデザインパターン

BGM

ネガティブなシーン	ポジティブなシーン	CTAなどの行動を促したいシーン
♪どんよりした音楽	♪活気のある音楽	♪追い立てられるようなテンポのいい曲

テロップ

肌悩み等のマイナス要素	商品によって満足を得た人の紹介	商品の特徴の説明
濁った色の弱々しい書体 悩み	明るい色の上品な書体 満足	肉太なゴシック体で力強さを強調する 特徴

きな差が生じるものなのです。

その典型的なパターンは次のようなもの(図1)。

BGMの場合、ネガティブなシーンではネガティブな気持ちを掻き立てるどんよりとした音楽、ポジティブなシーンでは前向きな気分を盛り上げる活気ある音楽、CTAなど行動を促したい部分では追い立てられるようなテンポの良い楽曲が採用されます。

また、音楽だけでなく、衝撃の事実が発覚する際の「ドーン」という音や、商品の素晴らしいメカニズムが紹介される時の「キラリーン」という効果音(サウンドエフェクト、略してSEと呼ばれます)などが多用されるのも通販広告の特徴です。

そして、ＢＧＭほど目立たないかもしれませんが、実はテロップのデザインも、シーンごとに様々なパターンで出し分けられています。お肌の悩みなどのマイナス要素を伝える際には濁った色の弱々しい書体、商品によって満足を得た人を紹介する時には明るい色の上品な書体、そして商品の特徴を説明する際には肉太なゴシック体で力強さを強調するなど、場面ごとの感じてほしい心理に合わせてデザインの工夫が行われているのです。

たいていのテレビショッピング番組は、それぞれがこのような志向を追求するため、結果的にＢＧＭとテロップに関しては非常に似通った仕上がりになります。通販広告に不慣れの方から見るとどれも同じに見える、というのは、構成や内容もさることながら、こうしたＢＧＭやテロップの印象という感覚面から受ける印象も大きいと思われます。

7-② ＢＧＭとテロップの違いだけで、結果に大きな差が！

『感覚刺激型』と『あっさり型』

さてここで、私たちが実際に行った、ＢＧＭとテロップに関する面白い研究をご紹介しましょう。具体的に言うと、同じ商品のテレビショッピング番組で、シーンごとのＢＧＭとテロップデザインに徹底的にこだわった『感覚刺激型』と、逆にＢＧＭは一切つけずテロップのデザインもシンプルな状態に留めた『あっさり型』の２つの番組を制作。しかもこれをインターネット調査ではなく、実際に地上波テレビで放送して、そのリアルな反応をテストしたのです。

このような一風変わったテストをした理由は、端的に言うと「差別化」の効果を計るためでした。

『感覚刺激型』のＢＧＭとテロップが鉄板化しているせいで、世の中のテレビショッピング番組の大半は、先ほど説明したようなワンパターンのＢＧＭとテロップになってしまっています。だとしたら逆に、お決まりのパターンをあえて採用しない、いわば逆張りをしたほうが、高い反応が得られるような気もします。あるいは逆に、他の番組と似通ってしまうにせよ、やはり経験的に良い結果が出てきたＢＧＭとテロップデザインを踏襲したほうが、結果につながりやすいようにも思えます。

どちらの仮説も一理ありそうだったことから、２つの仮説に合った２つの番組を用意して検証してみることにしました。そこで作られたのが、前述の『感覚刺激型』と『あっさり型』の2タイプだったわけです。

なお、そのような狙いで作られたため、2つの番組は、登場人物や商品紹介といった根幹部分は同一ながら、ＢＧＭとテロップ以外に構成や演出にもいくつかの違いがありました。したがって、この2つの番組の結果の違いが、すべてＢＧＭとテロップのせいではないという点は、ご考慮いただければと思います。

図2　２タイプの番組の注文電話件数

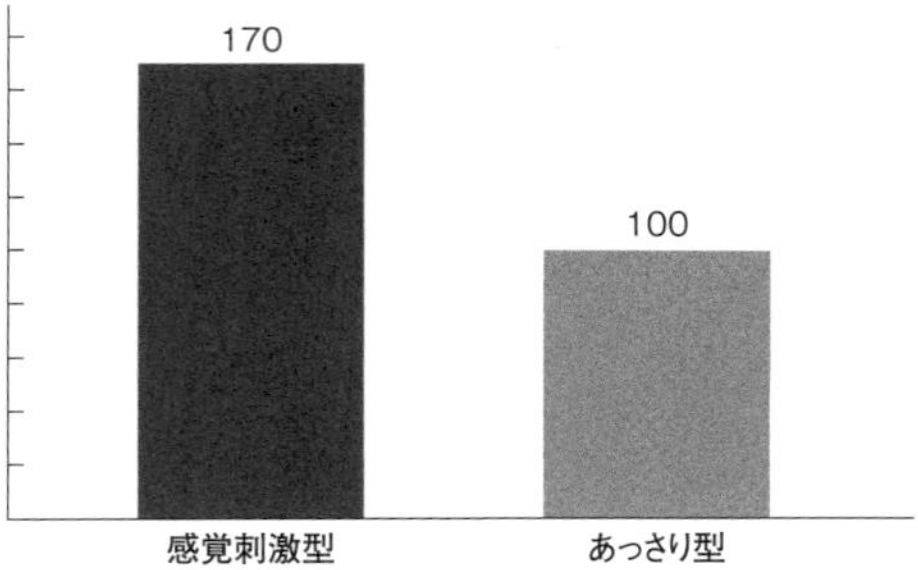

※両番組の全放送回の平均注文電話件数。『あっさり型』の注文件数を100として比較。

さて、双方を実際に放送した結果得られた反応、すなわち注文の電話の件数が図2です。

結論から言うと、鉄板法則に基づいたＢＧＭとテロップを採用した『感覚刺激型』のほうが、『あっさり型』の1・7倍ほどの注文の電話を得られる結果となりました。つまり、世の中にあふれている表現であるとは言え、やはり鉄板法則にのっとってシーンに合わせたＢＧＭを使い、言いたいメッセージを強調するテロップデザイン

図3　「あっさり型」の番組に対する反応

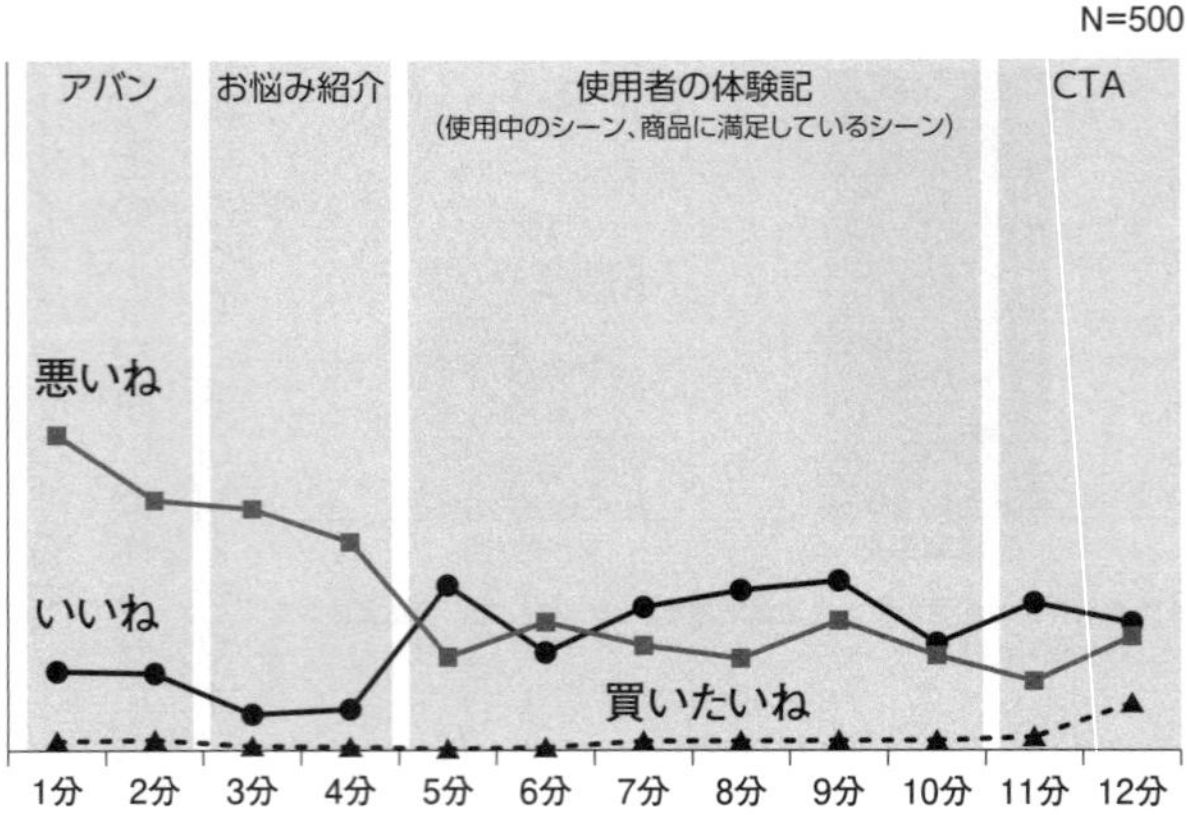

を施した番組のほうに、消費者は購買意欲を刺激されたのです。

『感覚刺激型』はしっかりヤマができる

なぜこのような結果となったのか。正確に検証するために、私たちは計500人の十分なモニターを確保し、2つの番組を『お買い物心電図』にかけてみることにしました。その結果得られたのは、次のようなデータです。

まずは、順序が逆転しますが、『あっさり型』すなわちBGMは一切なしでテロップのデザインも極力シンプルにしたタイプのデータから見ていきましょう（図3）。

『あっさり型』の構成は、冒頭でこの番組が過剰な演出をあえて避けていることを告知し、その後、

BGM等の演出を一切加えない形でのお悩み紹介や使用者の体験記があり、最後にCTAが来る、という形でした。

この構成に沿って波形を見ていくと、アバン（導入部分）からお悩みを語っているシーンまでは「悪いね」が高く、その後使用中のシーンや商品に満足しているシーンではやや「いいね」が多くなっています。構成としては『小公女型』になっているため、反応もそれに準じたものになっているわけですが、これまで見てきた成功事例の波形と比べるとそのメリハリは非常に小さく、視聴者はこちらの番組を見てもあまり心を揺さぶられなかったことが分かります。


では続いて、メリハリのあるBGMやテロップデザインを駆使した『感覚刺激型』の番組。こちらの構成は、アバンで「あなたはこんな悩みないですか」と問いかけ、その後はあっさり型と同じく使用者の体験記があり、最後がCTAという形でした。

そしてBGMは、アバンのお悩みや体験前半のお悩みシーンではマイナー調の悲しげなもの、商品を使い続けて満足しているシーンでは明るくきらびやかな曲調のもの、商品紹介とCTAでは気分が盛り上がるアップテンポなものが使われていました。テロップのデザインも、シーンごとの雰囲気に合わせて書体や色や大きさを適宜変えるなど、とにかくそれぞれのシーンで感じてほしい印象を強調するようなＢＧＭやテロップデザインが選ばれていたわけです。果たしてその波形はどのようなものだったのでしょうか。

図４が両タイプの反応データを並べて表示したグラフです。グラフの縦軸のスケールはもちろん同一となっておりますので、波形の高さの違いがそのまま反応数の差を表しています。

見た瞬間に、『感覚刺激型』の波形は『あっさり型』とは全く違う形になっているのが分かります。アバンで「悪いね」と「いいね」のヤマができ、その後の本編でもお悩みシーンではしっかりとした「悪いね」のヤマが、そして使用中のシーンや満足シーンでは多少低めではあるものの、「いいね」のヤマができています。つまり『感覚刺激型』は、他の成功した番組と同じような心の動きを生み出すことができていた、ということです。

先ほども触れた通り、２つの映像には、ＢＧＭとテロップデザイン以外に、アバンの構成などのいくつかの違いがありました。したがって、両者の差が果たしてどこまでＢＧＭとテロップの影響か、というのは断定が難しいところです。とは言え私たちの経験からも、**感じてほしい印象を強調するＢＧＭやテロップにしたほう**

図4　２タイプの番組の反応の比較

■感覚刺激型

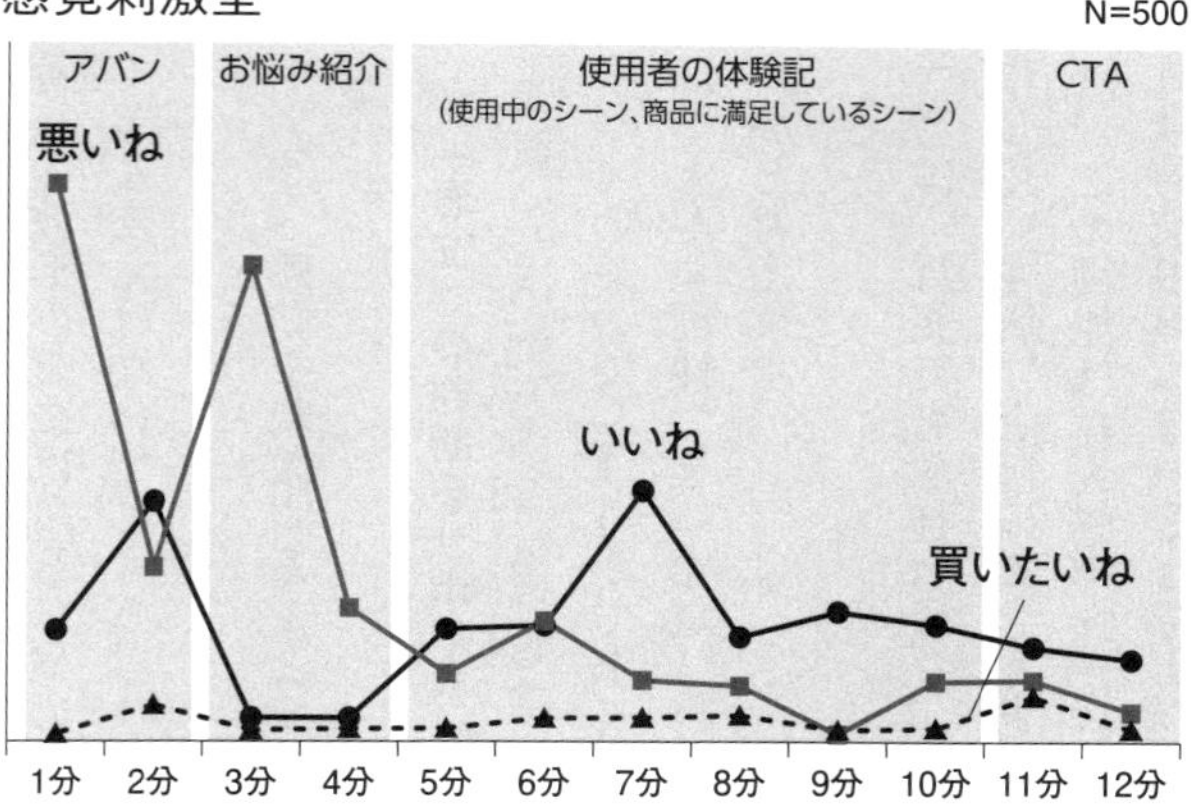

■あっさり型

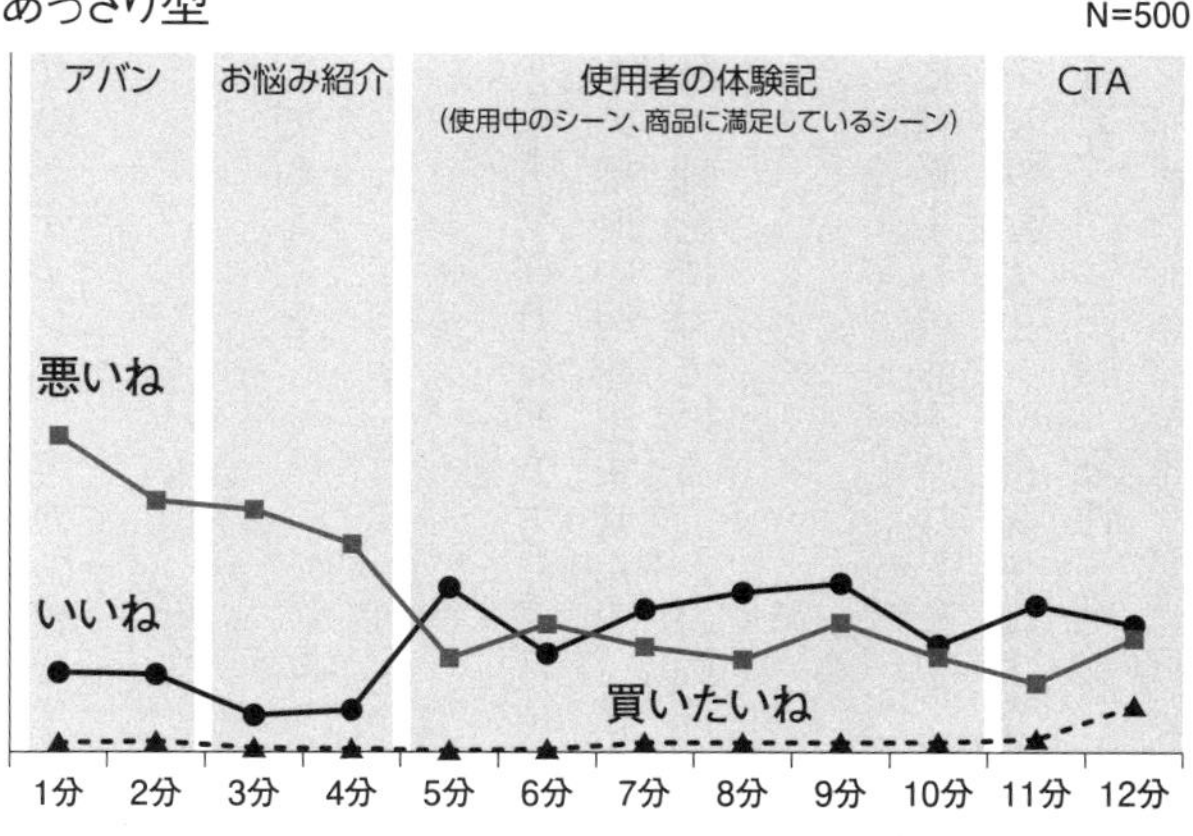

が、**反応ははるかに高まる、**というのは間違いのない事実。そうしたことを踏まえると、今回の2番組の波形の差には、BGMの選定やテロップのデザインが一定の影響を与えていると考えて差し支えはないでしょう。

7-③ 感覚を刺激することで、頭の中で起きていること

「感覚」が「理性」の判断をサポート

なぜ、「買いたい」という気持ちは、感覚を刺激するようなBGMやテロップに触れることで高まっていくのでしょうか。あくまでマーケターの推測の域を出ませんが、私たちはその理由は、人が「理性」と「感覚」という2つの判断の軸を持っていることと関係があるのではないかと考えます。

「理性」とは、冒頭でも触れた通り、情報を論理的に判断する機能を意味します。よくこのことを指して「左脳」と呼ぶこともあります（ちなみに妹尾先生、分部先生によると、脳科学的には、この機能は左大脳半球だけにあるわけではなく、「左脳＝理性・理論」という考え方に科学的な根拠はないそうです）。

例えば、私たちがモノを買う際に、商品の特徴や機能、価格を比較してどれを選ぶか決めるというのが、まさに「理性」による判断。この場合、思考の材料となるのは、自身のニーズ、商品の機能、競合商品との違い、価格といった情報。それらをもとに論理的、合理的に考えを組み立てて判断していくのが、「理性」を軸にした判断だと言えます。

一方で「感覚」とは、印象や五感など、非言語的な要素を意味します。世間的には「右脳」と呼ばれることの多い機能です（妹尾先生、分部先生によると、こちらも脳科学的には右大脳半球だけにある機能ではないそうです）。

感覚も、「好きだから欲しい」とか「肌触りが気に入ったから使いたい」など、論理的な志向とは別の軸で購買の判断に大きな影響を与えます。しかも、この例では「好きだから」や「肌触りがいいから」と言語化して記載していますが、実際にはこれらの感覚は言語では表現できないまさに「感覚的」なもの。したがって、感覚が先行して購買行動を起こした場合、その理由は本人すら分からないことも多く、それがしばしば衝動買いなどの説明のつかない購買行動の要因となっていることは、先ほどもご説明した通りです。

買いたい気持ちを形成するうえで、いずれも大きな影響を与える「理性」と「感覚」。それぞれが、「言語」と「非言語」、あるいは「論理」と「直感」といった相反する要素を持つため、これらは逆方向に作用することも多いと考えられます。「気に入ったけど価格が高い」とか「効果は分かったけどイメージ的に嫌い」など、皆さんもこのような「理性」と「感覚」の狭間で買うかどうかの決断に迷った経験があるのではないでしょうか。

そして逆に、このような「理性」と「感覚」が同じ方向を向いたとしたらどうでしょう。商品の価値に納得したし、直感的にもその商品を欲している、となれば購買を妨げる要素はほぼなくなります。

つまり**『感覚刺激型』のBGMやテロップは、「感覚」や「感情」の判断軸を動かすことで、「理性」面から生まれる買いたい気持ちを強力にサポートしているのだととらえられます。**ケースによっては、これらの「感覚」や「感情」が、「理性」による判断を押し切ることで衝動買いすら生むことがあるわけで、これこそが、『感覚刺激型』のBGMやテロップがもたらす効果の正体だと、私たちは思うのです。

他の法則との関係性でとらえると、次のようにも言えます。

『呼びかけ&問いかけ型導入』や『小公女型商品説明』。これらは、悩みや問題点というニーズを引き出したうえで解決方法を提示する、という「理性」面での情報の組み立て方の話でした。そして、この情報を「感覚」の面で後押しするために、ネガティブなシーンではネガティブな、ポジティブなシーンではポジティブなＢＧＭやテロップデザインを用いたのが、本法則の『感覚刺激型ＢＧＭ&テロップ』にあたります。

ＣＴＡにおいても同様で、価格や特典といった情報を積み上げ型にして煽るのと同時に、アップテンポなＢＧＭと押しの強いテロップデザイン（特に赤色）を用いることで感覚面でも買いたい気持ちを盛り上げていたわけです。

このように、「理性」だけでなく「感覚」の判断軸も同じ方向に向かせることで、情報をより強く受け止めてもらえば購買意欲もより高まる。その仮説が正しいことは、先ほどの2タイプの調査結果からも裏付けられるのではないでしょうか。

「感覚」は「環境」の影響を受ける

ところで、ここまでＢＧＭとテロップに絞って感覚の話をしてきましたが、人間の「感覚」に影響を与えるのは、何もＢＧＭとテロップ、つまり音楽や書体に限ったことではありません。

身だしなみの整ったコンサルタントが提案してきた金融商品のほうが安心に見えるとか、

バイトっぽい若者だけのラーメン店より頑固おやじがいるラーメン店のほうがおいしそうに思えるとか、百貨店の外商サロンに招待されるとついつい財布の紐が緩むとか、人の判断はかなりの部分で印象や五感に左右されます。

その意味では、単にＢＧＭやテロップデザインというより、感覚を生み出す「環境」作りこそが、購買意欲の形成のための最も重要な要素だと言えます。

またその方法も、ネガティブな時にはネガティブなもの、ポジティブな時にはポジティブなものという直接的なやり方だけでなく、ケースによってはあえて淡々と、話に集中してもらえる環境で情報を伝えたほうが感覚を刺激できることもあるでしょう。

ちなみに、視覚や聴覚を利用して感情に訴えかけるという手法は、テレビや興行などのエンターテインメント業界では古くから定番の手法としてフルに活用されてきました。

分かりやすい例で言うと、80年代後半に一世を風靡した、例の「超魔術」師。登場のシーンで必ず流れていた独特のテーマ曲を記憶している方も多いと思います。あの曲を聞くと、何とも不思議な異次元のパワーへの期待感がわいてきますよね。そして、「ボンバイエ」で知られるあの人気レスラーの入場曲。これを聞くと自分まで強くなった気がしてきて、戦いへのワクワク感もさらに高まります。同じような効果は、ヒーローもののアクション映画でも言えるでしょう。

逆に言うと、心を落ち着けて集中すべき時には、ＢＧＭも落ち着いた雰囲気にすべきだとも言えます。私たちの職場でも、例えば企画書を書くといった集中力を要する仕事をする場合、しばしばヘッドフォンで自分だけのＢＧＭを聞きながら作業をするというケースがあります。

こんな時こそ、落ち着いた曲を聞くべきなのでしょうが、実際に皆が聞いていたのはどんな曲だったのでしょうか。調べてみると、最も多かったのは「自分が好きな曲」という答え。結局、好きなものが一番自分の世界に入れる、ということなのでしょうね。

かく言う私も、昔から70年代後半のパンクロックが好きで、作業中にも結構そういう曲を聞いてしまいます。ですが、考えるという理性的行為と著しくミスマッチなこのジャンルが、本当にＢＧＭとしてベストの選択なのか、未だに自分でもよく分かっておりません。

鉄板法則⑦『感覚刺激型BGM&テロップ』から導かれる、モノを売る際のポイント

◆人間は「理性」と「感覚」という、互いに違う方向を向きがちな2つの判断軸を持っている。
◆「理性」の判断と「感覚」の判断が同じ方向を向くと、情報の受け入れ度合いも高まり結果的に購買意欲も高まりやすい。
◆そのためには、理性的な情報伝達に合わせて、印象や五感に訴えかける音やデザインも駆使するなど、情報を受け入れやすくする環境を作ることが大切。

広告を心理学する！ コラム7「音は印象形成に欠かせない大事な要素」

音楽とセットだと記憶に残る

広告には、当然だが、音がついている。音も極めて重要な要素であり、売れる／売れ

ないを大きく左右する。「チョコレートは〜♪」などとついつい口ずさんでしまったりするが、まさにそれは成功した広告音と言えるだろう。

著者が少年だったころ、「ダッタ〜ン！　ボヨヨン！　ボヨヨン！」というセリフのCMが流行った。何の商品のCMだったかは覚えていなくとも、セリフだけは物凄く耳に残ったままだ。財津一郎さんの「ピアノ売ってちょうだい！」のCMも圧倒的に記憶に残るサウンドで有名だ。このように音がCMの視聴者に影響を及ぼすことは、心理学の論文を紐解かずとも、十分に推測できる事実である。

では、音には具体的にどんな心理効果があるのか、ご存知だろうか？　ここでは、いくつか心理学の論文を紐解くことで、音の不思議さを見ていきたい。

まずは何といっても記憶への影響だ。アメリカの名門・デューク大学のウォレスが１９９４年に「ジャーナル・オブ・エクスペリメンタル・サイコロジー（直訳すると実験心理学研究）」に報告した研究によると、文に音楽がつくとその文を覚えやすくなるというのである（Wallace, 1994）。

実験では、バラード調のあまり知られていない音楽を使って、その歌詞（文）をどれほど正確に覚えられるかを調べた。コーラスの腕がセミプロ級の学生にお願いし、歌詞を元の音楽に合わせて歌ってもらう場合、もしくは単に読み上げてもらう場合の2つの条件を作り、その声を（当時主流であった）カセットテープで録音した。

続いて64人の被験者を半分に分け、片方には歌っているテープを、もう片方には読み上げているテープを5回聴かせた後、最後に歌詞を思い出してもらった。思い出す際には、ヒントにならないように、音楽は一切提示されなかった。

実験の結果、歌詞が読み上げられただけの場合はその15％程度しか思い出せなかったが、歌詞が歌われていた場合にはそれが25％程度にまで上昇した。さらにこの思い出す作業を行った後に、「覚えて思い出す」という先ほどの作業をもう一度行うと、正答率はそれぞれ35％程度と55％程度となり、一層顕著な差が表れた。同じ文（歌詞）を同じように耳で聴いて覚えたにもかかわらず、**音楽がセットになったほうが記憶により残ったのである。**

同様の現象は、なんとアルツハイマー病の患者でも観察されている。周知の通り、アルツハイマー病では重篤な記憶障害が生じてしまう。シモンズ・スターンらは、このようなアルツハイマー病の患者12名に協力を依頼し、ウォレスと同様の実験を行った。

あまり知られていない音楽の歌詞を使い、元の音楽がついた歌詞を聴きながら覚えてもらう場合、または読み上げられた歌詞を聴きながら覚えてもらう場合を設けて実験を行った。いずれも2回聴かせた後、最後に歌詞（文）を見せてそれが覚えたものかどうかを判断してもらった（ウォレスの実験では、被験者は覚えた歌詞を思い出すように求められたが、アルツハイマー病の患者にはこの作業はかなり厳しい。このために、提示された歌詞が覚えたものかどうかの判断を求めたと思われる）。

その結果、歌詞に音楽がついていたほうが「覚えたもの」と正しく判断できたのである。

このように、文（歌詞）と音楽がセットになると、セットになった文は頭に残りやすくなる。商品名や企業名を記憶に定着させることは広告での至上命題となるが、商品名などにあわせて音楽をつけることでその至上命題を達成しやすくなるのである。ＣＭを忘れないのは、そのメロディーにあるのだ。

繰り返しの重要性、ながら勉強

ただし、注意すべき点が2つある。1つは、繰り返すことの重要性である。ウォレスの実験では、被験者は元の音楽のついた歌詞を5回聴いて思い出していた。5回と数が多いが、これは広告が何度も放送される状態に似ている。

一方、ウォレスが歌詞を聴かせる回数を1回としたところ、音楽による定着効果は観察されないばかりか、音楽のついたほうが成績は悪くなった。どうやら音楽は、音楽と歌詞がセットになったものを繰り返し聴かせて初めて効果が出るらしい。その点では、繰り返し放送されるテレビCMは、この条件に合致すると言える。

もう1つの注意点は、「ながら勉強」である。

ウォレスの研究を読み、「勉強する時にBGMを流したほうが記憶に残る（勉強の成果が上がる）のではないか」と考えた方もいらっしゃるかもしれない。いわゆる、ながら勉強である。これはやめたほうが良いだろう。なぜか？

ウォレスは、被験者に全く同じ刺激を繰り返し聴かせている。これは、CMの特定のセリフと特定のメロディーが、毎回同じタイミングで出される状態だ。ところが、「この英単語を勉強している時には必ずこの音楽のこの一節を流している」といった人はまずいないだろう。つまり、勉強している内容とその時に流しているＢＧＭとの間には、タイミングの一致がないのだ。このため、音楽（ＢＧＭ）と文（英単語）をセットにして聴いていないこととなり、負の影響が出かねない。

「学習する内容とＢＧＭがセットになっていないと、ＢＧＭには学習促進の効果を期待できない」という話をしたが、これはＢＧＭには何の効果もないという意味ではない。記憶以外の面では、ＢＧＭは人間の心理に影響し、行動を変える大きな力があるのだ。この力を示すＢＧＭに関する心理実験を３つ紹介してみたい。

クラシック音楽で売り上げ増

高級レストランのＢＧＭと言えば、クラシック音楽が定番だ。なぜだろうか？　それは、高級感を出すためだろうか。もちろんそれもあるだろう。しかし１９９７年のノースらの研究から、クラシック音楽の効果は高級感の演出だけに止まらないことが明らかになっている（North et al., 1997）。

実験はイギリスの高級レストランで密かに行われた。被験者は何も知らずに来店した富裕層であった。条件は3つあり、それぞれ別の日に行われた。

その3つとは具体的には、BGMとして、①「水上の音楽」などのクラシックを流す日、②郷ひろみの「アチチ♫アチ♫」のカバーでもお馴染みの「Livin' La Vida Loca」などのポップスを流す日、③BGMなしの日であった。

この3条件について「そのBGMを流した日は客がどれほどの金額を使ったか」を比べるわけだが、なんと、研究者自身がウェイトレスとして潜入して、自ら金額を調べたのである。


結果は驚くべきものであった。**クラシックを流した日は、ポップスを流した日やBGMなしの日よりも、客は10~11%も高い金額を食べ物に費やすようになった**のである。レストラン側としては、BGMを変えるだけで10%もの売り上げ増が期待できるわけである。「濡れ手で粟」としか言いようがない。

実験では、そのBGMを流す曜日から、BGMのテンポ、出されるメニュー、果ては室温、照明、装飾などまで条件間でできるだけ差が出ないように設定されていた。そのため、「クラシックが流された曜日は、実は上客の多い曜日や高いメニューが出された日だった」といった解釈は無理であった。

では、なぜクラシック音楽を流すと財布の紐が緩むのだろうか？　おそらくは、クラシックを流すことで高級感が演出されることになるが、そこに止まらず、客は無意識のうちにそれに見合うように行動してしまうためと思われる。知らないうちに音楽の醸し出す高級な雰囲気に、自分を沿わせてしまうということだ。

なおこの研究以外にも、クラシック音楽を流すことで、ポップスの時よりワインの客単価が3倍以上も上がるという報告もある（Areni & Kim, 1993）。ＢＧＭ恐るべしである。

早いテンポの曲で回転率アップ

もう１つ面白いＢＧＭの研究がある。ウェスタンケンタッキー大学のマーケティング部のミリマン准教授が１９８６年に「ジャーナル・オブ・コンシューマー・リサーチ（直訳すれば、消費者研究専門誌）」で報告した論文を紹介したい（Milliman, 1986）。

彼は、レストランでテンポの速い曲と、テンポの遅い曲を別々の日にＢＧＭとして流して、食事客の行動を記録した。その結果、テンポが速い曲の時、客の食事に要した時間は45分になり、テンポが遅い時には56分になった。つまり、**テンポが速い曲をＢＧＭにすれば、客の回転が早まる**ということだ。

ただし、お酒にいくら使ったかを調べると、テンポが速い曲の時は21・６ドルなのに、テンポが遅い曲の時は30・４ドルに上がるのである。ちなみに、食事に使った額はどちらの条件でも55ドルとなり、差はなかった。

この結果から、お酒を出すレストランでは、お客の回転数を取るならば、テンポの速い曲をかけ、客単価を上げたい時は、テンポの遅い曲を選択するのが良いようだ。つまり、欲しい効果ごとに、ＢＧＭをチョイスすれば、効果は出るということだ。

馴染みのない曲だと長居する

最後にもう１つ、ＢＧＭの面白い論文を紹介したい。「ジャーナル・オブ・ビジネス・リサーチ」誌上で２０００年にアメリカのヤルチらが報告した論文である（Yalch & Spangenberg, 2000)。

彼らは実在するスーパーマーケットを実験場所として用いた。スーパーのＢＧＭに、誰でも知っている馴染みのある曲か、それとも、あまり有名ではない馴染みの薄い曲かの２条件を設定して流した。そして、客の行動を記録した。

その結果、馴染みの薄い曲をかけている時のお客のスーパー滞在時間は平均で８０１秒になったが、馴染みのある曲をかけている時は、それが７３８秒にまで減った。馴染みの薄い曲のほうが、１分ほど客がスーパーに長居したのである。

一方で、客にそのスーパーをどれくらい楽しめたか？　とアンケート評価を実施すると、２つの条件ではほとんど差が出なかった。

そこで、２つの条件で滞在時間を６６０秒に決めうちにして再実験を行った。すると、スーパーを楽しめたかどうかの評点が、馴染みの薄い曲をＢＧＭにした条件で、馴染みの高い曲をＢＧＭにした時よりも、なんと２割も上がったのである。

ここからは推察であるが、馴染みのない曲をかけると、スーパーの客は無意識のうちに、そのスーパーに長居したいと考える。この時、スーパーの滞在時間を（実験では６６０秒と）決めうちにされると、長居したいのにそれができなくなってしまう。そのため、「もっといたかったのに」という心残りな思いから、そのスーパーは「より楽しめたものだった」と認識してしまうのではないだろうか？

ＢＧＭ研究について３つの論文を見てきた。ここから分かるのは、顧客の特性に応じて、適切にＢＧＭを選択して使えば、ＢＧＭにはかなり効果があるということだ。顧客の行動を無意識に操作してしまう、そんな恐ろしい力がＢＧＭにはあるのである。

効果音のパワー

音の効果はＢＧＭだけではない、ちょっとした効果音のようなものからも人間は大きな影響を受ける。ちょっとした効果音が売り上げの成否を分けることさえあるのだ。

爆発的な売り上げを記録した、ファミコンのスーパーマリオブラザーズ。ここにも、実に巧みな効果音の存在があった。マリオがジャンプすると「プゥ～ン♪」という効果音が鳴るが、あれは心理学的にも非常にうまい効果音だと言える。実際の人物がジャンプしても、あんな音は鳴らないし、無音である。せいぜい、服が擦れる音が「シュッ」とするくらいで、絶対に「プゥ～ン♪」とは鳴らない。それにもかかわらず、あの「プゥ～ン♪」は実に直感的で、全く違和感がないのだ。

実は、音程の高低は、物理的な高低、空間的な高低と脳の中で同じ場所で処理されていると心理学では考えられている。楽譜を思い出してほしい。高い音は物理的にも高い位置に、低い音は物理的にも低い位置に配置されている。そもそも、「高い音」という表現自体がすでに、脳の中での空間的な高低と音としての高低が一致している証拠でもある。

マリオがジャンプして、空間的に高い位置に移動すると、音程的にも上昇するピッチである「プゥ〜ン♪」が提示される。この２つは、物理世界には存在しない因果関係であるが、我々の脳の中には、それを自然だと感じる基盤があったのだ。この基盤を巧みに利用したからこそ、この効果音は素晴らしい表現であると言えるし、マリオの爆発的なセールスの一端を支えた表現だったと私は思う。

このように脳の中には、音と視覚の自然な対応関係というものがあり、それを巧みに使うことで効果的な広告としての効果音が作れるのだと思う。

ではここで少し問題を出してみたい。皆さんがアプリを起動させたりパソコンを立ち上げたりする際の効果音を作るとすれば、どんな音を作るだろうか？

「（アプリを）起動する」「（パソコンを）立ち上げる」……どちらの動詞も「より低い

位置からより高い位置に移動する」というニュアンスを持っている。したがって、効果音もこの高低感に合うように作れば良いのだ。もうお分かりだろう。起動時の効果音は低音から高音に変化するように作れば、ヒトの心理とうまく合致し、「起動した！」感をより強く出せるはずだ。もちろんシャットダウン時は、高音から低音となる。

おそらくここでも、人の身体的な動きが想定されていると思われる。我々が日々の活動を開始する時、頭や眼は低い位置（つまり寝ている状態）から高い位置（つまり立った状態）に変化することになる。ここから、「何かを始める」という機能的・心理的な動きが身体の物理的な動きに対応することになり、この結果、「起動する」といった言語表現や音の高低とも結びついたのかもしれない。

この解釈の真偽は別としても、起動時には低音から高音に変わる効果音を割り当てるという工夫は、実はすでに様々なアプリに取り入れられている。我々が普段何気なく聞いているパソコンやアプリの効果音にも先の現象がしっかり活かされているのだ。

「オノマトペ」

また、先ほど「起動する」といった言語表現に触れたが、言語表現には「**オノマト**

ペ」というものがある。「カラカラ」「ジメジメ」「ダラダラ」「キビキビ」のように、物や環境の状態などを音に変換した表現のことであり、日本語には特に多いと言われている。このオノマトペは、まさに効果的な視覚の音声化である。直感的に無意識的に、人間の感覚器官にアピールする、そんな効果音は非常に広告にとって有益だろう。

太陽が眩しい様を日本語では「ギラギラ」と言うが、英語では「Glare」ドイツ語では「Glanz」と言うそうだ。つまり、太陽の眩しい様は、通文化的にGとLの音に変換するのが自然なようだ。おそらく脳の中に、視覚的な眩しさとGとLの音の不思議なリンクが存在するのだろう。人間の使う言語は、それ自体が素晴らしい「効果音集」と言えるのかもしれない。

最強のポケモンは？

これに関連して、1つ面白い論文を紹介したい。鳥取大学の三浦智らが2012年に報告した論文「音象徴の機械学習による再現：最強のポケモンの生成」を見てみよう(三浦ら, 2012)。

三浦らは、大人気ゲームのポケモンでは、実際にゲーム上強いポケモンには、確かに強そうな名前がついていることが多く、ゲーム上弱いポケモンには弱そうな名前がついていることが多いことを指摘している。

そこで、彼らは実際にゲーム上に存在する１００のポケモンを、１対１で戦わせたと言っても、被験者に名前だけから受ける印象で、どちらが強いと思うかを答えさせたのである。そうすることで、名前だけから判断した、ポケモンの強さランキングが完成した。

今度は、１００のポケモンの名前の母音と子音の音素の解析（どの音が強く聞こえるのか？　強く聞こえる音素の並び方や交互作用を網羅的に解析した）を行い、どのような音素の組み合わせがあると、より強くなり、逆により弱くなるのか？　を割り出した。

最後に彼らは、その解析結果を用いて、ゲームには存在しない仮想の最強ポケモンと最弱ポケモンの名前を生成した。その結果、最強のポケモンは「**ゾラセクト**」、最弱のポケモンは「**フゾポボフ**」となった！

実に面白い研究だ！　そして非常に直感的でもある。音が持つ効果は本当に侮れないことがよく分かると思う。

画像にどんな音を合わせるか？　これまでの直感頼りの試行錯誤の時代から、これからは「脳の構造」という裏打ちを巧みに取り入れた戦略がどんどん増えていくのではないだろうか。今後現れてくるであろうそういったアプローチ、新しい時代の広告に、筆者らは今からとてもワクワクしている。

Areni, C. S., & Kim, D. (1993). The influence of background music on shopping behavior: classical versus top-forty music in a wine store. ACR North American Advances, 20, 336-340.

North, A. C., Hargreaves, D. J., & McKendrick, J. (1997). In-store music affects product choice. Nature, 390, 132.

Milliman, R. E. (1986). The influence of background music on the behavior of restaurant patrons. Journal of consumer research, 13(2), 286-289.

三浦智・村田真樹・保田祥・宮部真衣・荒牧英治 (2012). 音象徴の機械学習による再現：最強のポケモンの生成. 言語処理学会第 18 回年次大会発表論文集, 65-68.

Simmons-Stern, N. R., Budson, A. E., & Ally, B. A. (2010). Music as a memory enhancer in patients with Alzheimer's disease. Neuropsychologia, 48(10), 3164-3167.

Wallace, W. T. (1994). Memory for music: Effect of melody on recall of text. Journal of Experimental Psychology: Learning, Memory, and Cognition, 20(6), 1471-1485.

Yalch, R. F., & Spangenberg, E. R. (2000). The effects of music in a retail setting on real and perceived shopping times. Journal of business Research, 49(2), 139-147.

第2章　7つの法則から導かれる心理モデルで、ビジネスはもっと拡大する！

人間の購買心理の体系化

さて、ここまで見てきた通販の7つの鉄板法則。皆様はどのようにお感じになりましたでしょうか。「確かに」、「あるある」と思ったこともあれば、意外に感じた事実もあったのではないかと思います。

ところで、すべての経済活動は、例えばそれが缶ジュースのような店頭に並んだ安価なものであれ、家や車のような高額なものであれ、あるいは企業と企業の契約であれ、突き詰めるとすべてが「価値と対価の取り引き行為」だと言えます。

そして、そこに必ず存在するのは、売り手と買い手。すなわち、売り手側が、買い手が持つ対価以上に自分たちのモノやサービスの価値を伝えることが、経済活動を成功に導く唯一の方法だ、ということです。その意味で言えば、通販における各種の法則は、通販という枠組みにおいて、対価以上の価値を伝えるための経験則であったわけです。

通販での経験則は、そのまま他のビジネスに転用できるものではないと思います。ですが、その背景にある人間の購買における思考パターンはどうでしょうか。課題点を呼びかけることで意識してもらい、そのうえで商品の価値を分かりやすく伝えること、あるいは、対価をしっかりと提示して、何度も反芻する機会を設けてしっかりと検討してもらうこと、こういったことは、きっとすべてのモノを売るという行為において効果を発揮する手法だと私たちは考えます。

そこで第2章では、まず、ここまで**法則ごとに断片的に考察してきた各種の心理を総合的にとらえ、人間の購買心理を体系化**していきます。加えて、通販以外の様々な「モノを売る」行為の構造を分析し、通販の法則から導かれた思考パターンが、どのように活用できるかについて考えていきたいと思います。

1　7つの法則から導かれる購買心理モデル

1－①　7つの法則を、一連の心の流れでとらえると

心の流れの5つのステップ

これまでに見てきた7つの法則。これをモノを買う時に考える順序に沿って整理していくことで導かれるのが、「**人間がモノを買う際の体系化された心の流れ**」、すなわち「普遍的な購買心理モデル」です。果たしてそれはどんな構造のものなのか。

結論から言うと、そのモデルは大きく5つのステップで構成されるものでした。さっそく、実際の思考の順序に沿って、説明していきましょう（図1）。

■第1ステップ：『ニーズに気づく』

図1　人間がモノを買う際の心の流れ

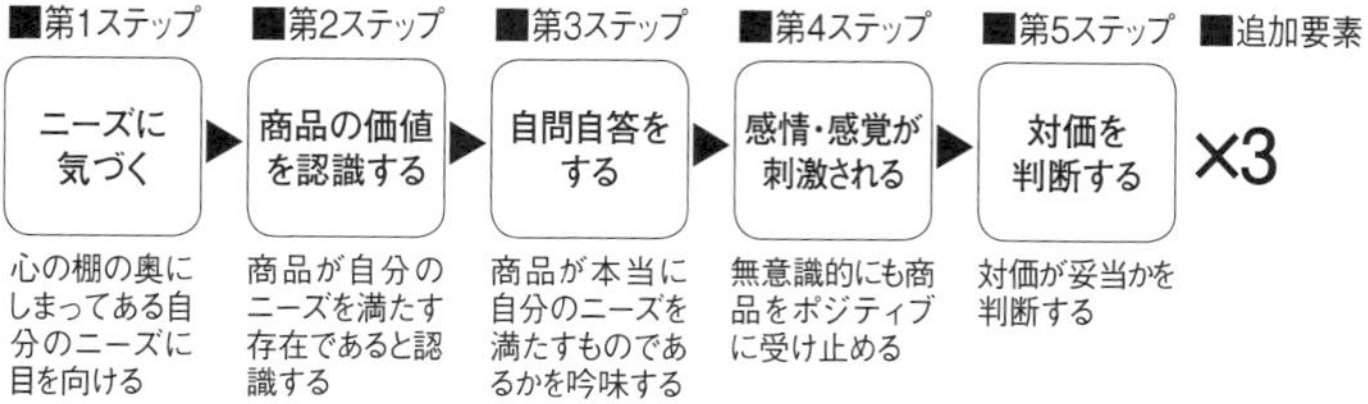
■第1ステップ
ニーズに気づく
心の棚の奥にしまってある自分のニーズに目を向ける
■第2ステップ
商品の価値を認識する
商品が自分のニーズを満たす存在であると認識する
■第3ステップ
自問自答をする
商品が本当に自分のニーズを満たすものであるかを吟味する
■第4ステップ
感情・感覚が刺激される
無意識的にも商品をポジティブに受け止める
■第5ステップ
対価を判断する
対価が妥当かを判断する
■追加要素
×3

鉄板法則①で見てきた通り、購買のきっかけは、普段は心の棚の奥にしまってある自分のニーズに目を向けることから始まります。自分のニーズを認識することが、そのニーズを満たすために商品を検討するという、その後の行為につながるのです。したがって、この「ニーズに目を向ける」という段階は、買おうという気持ちを生み出すスタート地点として位置づけることができます。

■第2ステップ：『商品の価値を認識する』

自身のニーズに目を向けた後は、ニーズを満たす「価値ある存在」として、商品を認識してもらうことが欠かせません。そのために有効な手法が、鉄板法則②で紹介した小公女型の説明。ニーズを満たすモノが見つからずに困っている人がニーズを満たす商品を手に入れ、満足する、そんな様をつぶさに描くことで、商品の価値がしっかりと認識されます。そうすることで、商品への明確な興味が生まれるのです。

■第3ステップ：『自問自答をする』

続いてのステップは、鉄板法則の順番的には③と④ということになりますが、心の流れの順序で言うと、3番目は鉄板法則⑤の「答え合わせ」となります。つまり、街頭インタビューなどに触れて、商品に対する考えを「自問自答」しながら、本当に自分のニーズを満たせるモノであるか、欲しいものであるかどうかを吟味するステップです。

第2のステップでニーズを満たすと認識した商品に対して、頭の中で対話しながら納得を固めていく。そうやって「欲しい」気持ちが固まっていくのが、このステップだと言えるでしょう。

ここで注意したいのは、この段階でも決して顧客は能動的ではないという点。よほど欲しいモノでない限り、人は積極的に自問自答の場を作り、商品を検討してくれるわけではありません。

だからこそ必要なのが、無理なく自然に、負荷をかけずに自問自答を行う状態にいざなうこと。ちょっとでも情報が頭に入ってきにくいと自問自答はストップしてしまうため、情報を中学2年生レベルに加工し、集中していなくてもすんなり頭に入ってくるようにすることが大切です。そう考えると、鉄板法則⑥もこのステップの一環として捉えることができるでしょう。

■第4ステップ：『感情や感覚が刺激される』

鉄板法則⑦で触れた通り、人が商品の価値を判断する基準には、「理性」だけでなく「感情」や「感覚」といった非言語的な要素も存在します。このような無意識の部分で商品をポジティブに受け止めるステップも、「欲しい」という意識を固めるうえでは欠かせないものだと言えます。モデル上ではこの要素を第4のステップとして位置づけていますが、実際には、衝動買いのようにこのステップが先に発生する、といったケースも多々あります。

いずれにせよ、この段階まで来ると、おそらく「欲しい」という気持ちはかなり強いものになっているでしょう。

■第5ステップ：『対価を判断する』

商品を「欲しい」と思った人が最後に行うのが、対価が妥当かを判断すること。欲しいと思った気持ちに対して相対的に対価が安ければ、「欲しい」は「買いたい」に変わりますし、逆に高いと思えば「欲しい」は「やっぱりいらない」に変わってしまうのです。そこで大切になるのが、鉄板法則③で考察した、対価の提示の仕方。そもそも競争力のある対価を設定することが大前提ではありますが、仮にそうでない場合でも、定価を見せたうえで魅力的な特典を提示するなどの工夫で価格への失望を防ぐことができるのは、前章で見てきた通りです。

■追加要素：『繰り返し』

加えてもう1つ、忘れてはならないのが、鉄板法則④で触れた「繰り返し」の役割です。「買う」という決断に至るステップはこれまで見てきた通りなのですが、実際にはこの5つのステップは1回行われただけでは決断に至らないことが多く、それゆえに同じサイクルが3回繰り返されることが重要となります。したがって、「買いたい」という気持ちを完全なものにするためには、ここまで見てきた5つのステップに「×3」を加える視点も不可欠だと言えるでしょう。

1-② 通販の経験則から導かれた、新・購買心理モデル「A・I・D・E・A（×3）（アイデアスリー）」

図2　「A・I・D・E・A（×3）（アイデアスリー）」モデル

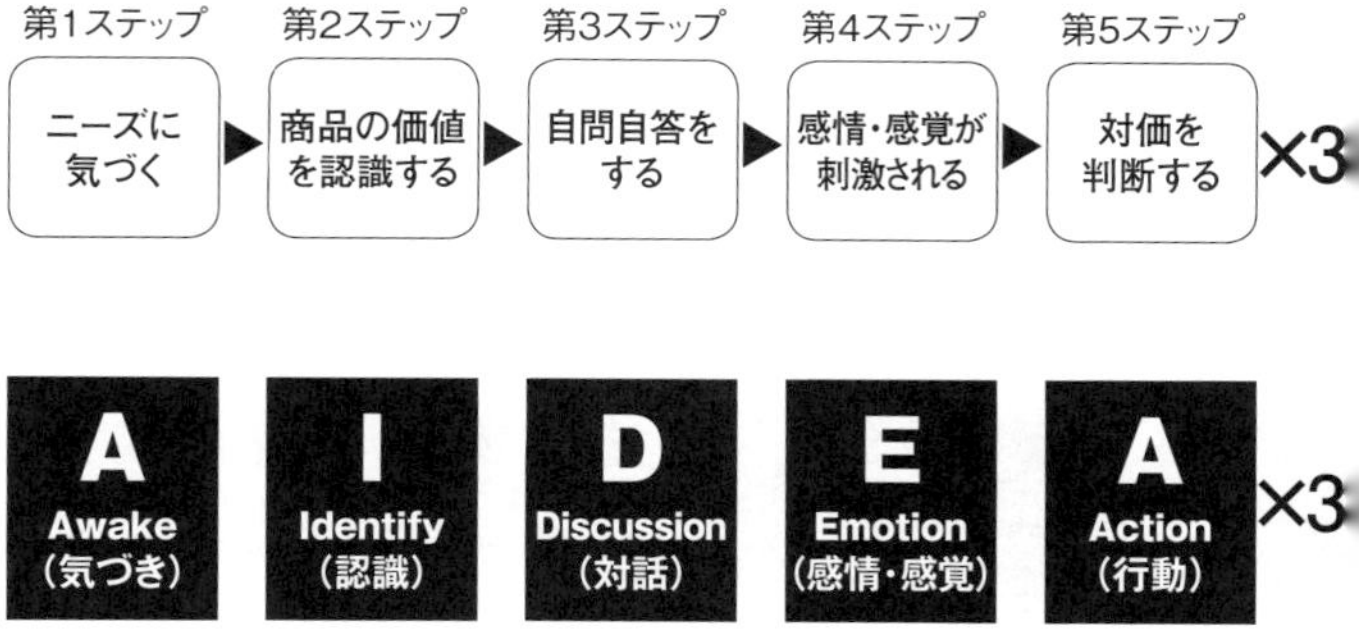

7つの法則を整理してできあがった、5ステップの心の流れ。これらのポイントを整理すると、図2のようなモデルとして捉えることができます。

最初が、ニーズに目を向けさせる「**Awake（気づき）**」。続いて、商品がニーズを満たす存在であると認識する「**Identify（認識）**」。それから、納得のために商品価値を自問自答する「**Discussion（対話）**」。さらに、感覚的にも満たされた気分になる「**Emotion（感情・感覚）**」。そして最後が、対価が妥当かを判断し行動する「**Action（行動）**」。加えて、それらを3回繰り返すことが必要という意味で、「×3」もここに加えることができます。

私たちは、それぞれの頭文字を取って、このモデルを「**A・I・D・E・A（×3）（アイデアスリー）」モデル**と名付けることにしました。

この5つのステップを、消費者にしっかりと走り抜けてもらうこと、それがモノを売るために欠かせないやり方だということになります。

図3　「A・I・D・M・A」モデル

「A・I・D・M・A（アイドマ）」との違い

ところで皆様、このモデルを見て真っ先に頭に浮かんだのが、あの有名な購買心理モデルではないでしょうか。そう、マーケティングの基礎中の基礎と言われる「A・I・D・M・A（アイドマ）」モデルです（図3）。

念のために解説すると、「A・I・D・M・A」モデルとは、1920年代にアメリカの著述家であるローランド・ホールが著作の中で示した消費者の買いたい気持ちが作られる過程を示したモデルで、「**Attention**（**注意**）」「**Interest**（**関心**）」「**Desire**（**欲求**）」「**Memory**（**記憶**）」、そして「**Action**（**行動**）」という5つのステップで構成されます。

ちなみに1920年代のアメリカを表す言葉として用いられるのが、「狂騒の20年代」。第一次世界大戦による戦時経済が一段落し、自動車やラジオが一般に普及するなど、大量生産、大量消費の現代型の社会の幕が開けたのが、まさにこの20年代に当たります。

もちろんモノだけでなく、ジャズや映画といった娯楽も大衆に広がり、人々はこの時代から、新たに訪れた消費社会を謳歌し始めました。そんな時代だからこそモノを売るための手法にも注目が集まり、その結果編み出されたのが「A・I・D・M・A」モデルだったわけです。

なお、経済活動としての広告と学問としての心理学が結びつきを見せ始めたのも、この1920年代だと言われます。

「行動主義（心理学は外部から観察可能な行動のみを議論・検証すべきだという考え方）」を宣言し、現代の心理学の基礎を築いたと言われるジョン・ワトソン。彼は、30代半ばに世界最大の心理学会・アメリカ心理学会の会長に就任するなど、非常に大きな影響力を持っていました。そのジョン・ワトソンが、心理学から広告業という異世界に身を転じ、わずか数年で当時の世界最大の広告会社のナンバー2に抜擢されたのが、1920年代初頭だったのです。モノを売る手法の進化のためには、心理学からのアプローチが有効だということを、こ

図4 「A・I・D・M・A」モデルと「A・I・D・E・A(×3)」モデル

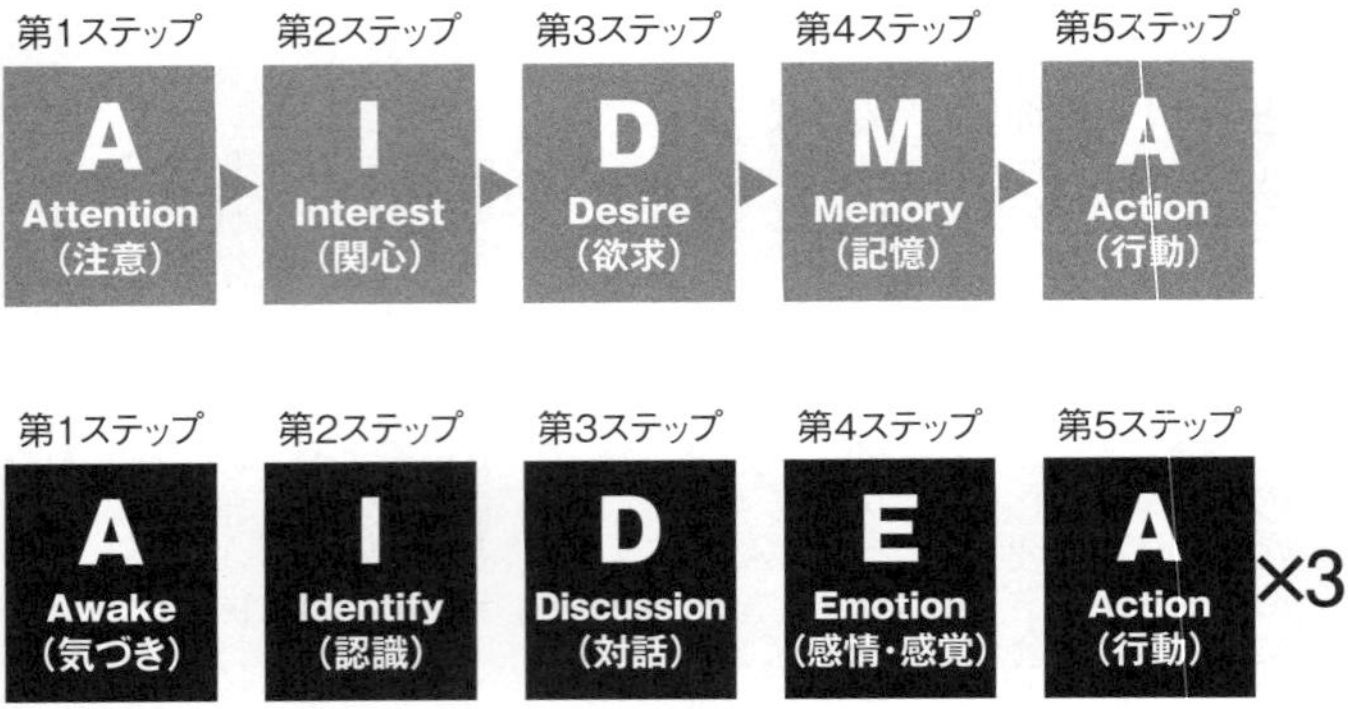

のエピソードは時を超えて実証してくれています。

さて、そんな「A・I・D・M・A」と、現代の消費行動から導かれた「A・I・D・E・A(×3)」、この2つを比べてみるとどうでしょうか(図4)。

流れとしては似ていますが、1920年代に提唱された前者と、私たちが現代の消費行動から導き出した後者では、細部において様々な違いがあります。

例えば最初の「A」。情報の少なかった1920年代は、「Attention(注意)」、つまり単純に注意を引くことでこのステップが成立したと思われますが、広告やニュースがあふれる現代では、「Awake(気づき)」として、ニーズに目を向けてもらう形で広告に興味を引かなければ購買に結び付けることはおぼつきません。

そして「Interest（関心）」と「Identify（認識）」。この違いは、様々な競合商品との戦いである現代においては、漠然とした商品への関心ではなく、ニーズを満たす存在として商品の価値をしっかり認識してもらうことが重要なことを意味します。

さらに「D」以降のステップは、1920年代と現代では全く異なります。ニーズを満たすモノが少なかった時代は、商品を紹介するだけで「Desire（欲求）」を喚起でき、そのまま「Memory（記憶）」に残してもらうことができたのでしょう。ですがニーズを満たす選択肢が無数にある現代では、インターネットで商品使用者のレビューを見たり、モノによってはサンプルを試したりするなどの行動を通して、商品の必要性について自分の中でしっかりと「Discussion（対話）」してもらうことが欠かせません。

また「Emotion（感情・感覚）」の面でも商品を手に入れた際の満たされる気持ちを感じてもらわなければ、欲しいという気持ちは生まれないのです。

唯一同じなのは、その商品の対価に納得して購買行動を起こす「Action（行動）」。ただしこちらも、記憶さえすれば店頭で見つけて買ってもらえた時代と比べると、難易度は全く違います。店頭にたくさんの商品が並び、さらに実店舗以外でもインターネットのショッピングモールや通信販売などの様々な売り場が存在する現代では、その難易度は飛躍的に高まっていると言えるでしょう。

加えて、このようなステップを3回も繰り返さない限り、21世紀のお客様は「Action（行動）」してくれないのです。

大きくは同じに見えても細部では異なっている「A・I・D・M・A」モデルと「A・I・D・E・A（×3）」モデル。

この違いが意味するのは、人間がモノを買おうと決断するまでの大まかな流れは本質的には同じ反面、各ステップにおいて考えることや判断することは時代とともに大きく変化している、ということではないでしょうか。

したがって、商品があふれ、情報も際限なく飛び込んでくる現代の市場の中でモノを売るためには、**人間がモノを買う大まかな流れを理解しつつ、同時に個々のステップでどのような思考が行われるのかを正しく理解しておく**ことが重要となります。その大きなヒントが、「A・I・D・E・A（×3）」モデルであり、各ステップを成功に導く、「7つの鉄板法則」だ、ということなのです。

2 通販以外の買い物行動と、「A・I・D・E・A（×3）」モデル

　ではここで、「A・I・D・E・A（×3）」モデルの発想を通販以外の買い物行動に当てはめ、様々な買い物行動に対して、このモデルがどのような形で影響を与えているのかを考えてみたいと思います。それが分かれば、「A・I・D・E・A（×3）」モデルを応用した、さらに効果的な販売促進の方法を導き出すことにつながるからです。

　ここでは、そんな代表的な買い物行動の例として、「小売店の店頭で比較的高額な商品を買う場合」「インターネット上での買い物の場合」、そして「低価格の日用品の買い物の場合」、という3つの買い物行動を取り上げることにします。このいずれにも当てはまるようであれば、「A・I・D・E・A（×3）」モデルは、現代の普遍的な購買心理モデルだと捉えて差し支えない、と言えると思います。

2-① 小売店における「A・I・D・E・A（×3）」モデル

はじめに、小売店において購買を決意するまでの買い物行動を、「A・I・D・E・A（×3）」モデルに当てはめて整理してみましょう。

一口に小売店と言っても、世の中にはあらゆるジャンルの小売店があります。ビジネスモデルの面で言っても、店頭での接客がメインの業態もあれば、広告による大量の集客を軸に薄利多売で成り立っているものなど、多種多様な形態があります。

ここでは、あくまで買い物行動と心の動きの関係を整理することが目的。ですので、誰もが経験したことのある分かりやすい例として、『洋服を買う場合』を取り上げて、小売店店頭での購買決定において「A・I・D・E・A（×3）」の心の動きがどのように生じているかについて見ていきたいと思います。

Awake（気づき）

まずは、洋服を購入する場合の買い物行動のスタート地点から考えていきましょう。そもそも、洋服を買う行動のきっかけって、いったいどんなことでしょうか。たいていの場合、

「そういえばそろそろ手持ちのシャツに飽きてきたな」とか「冬物のコートを新調しないと」といった自身の思いに気づくことだと思います。そのようなきっかけから買い物に出かけることもあれば、たまたま街を歩いている際に思い出してふらりとショップに入る、といった形で買い物行動が起きるのが、一般的なケースではないでしょうか。

ここで注目すべき点、それが、洋服を買うという行動もやはり『ニーズ』への気づきがスタート地点となっている、という点です。洋服の場合、「ファッションそのものが好きだから新しい服が欲しい」とか、「日々のコーディネートの幅を広げるために絶対に必要なわけではないが持っておきたい」といった、直接的な必要性とは異なる理由から買い物行動が起きることも多いもの。ですがそれらも、気持ちの面でその商品を欲しているという意味で、大きくは『ニーズ』だととらえられます。

そう考えると、洋服を買うという行動も、通販の事例で見てきたケースと同じく、「ニーズに気づく」こと、すなわち「Awake（気づき）」が最初のステップになっている、ということが言えると思います（図1）。

図1　小売店における「A・I・D・E・A（×3）」モデル

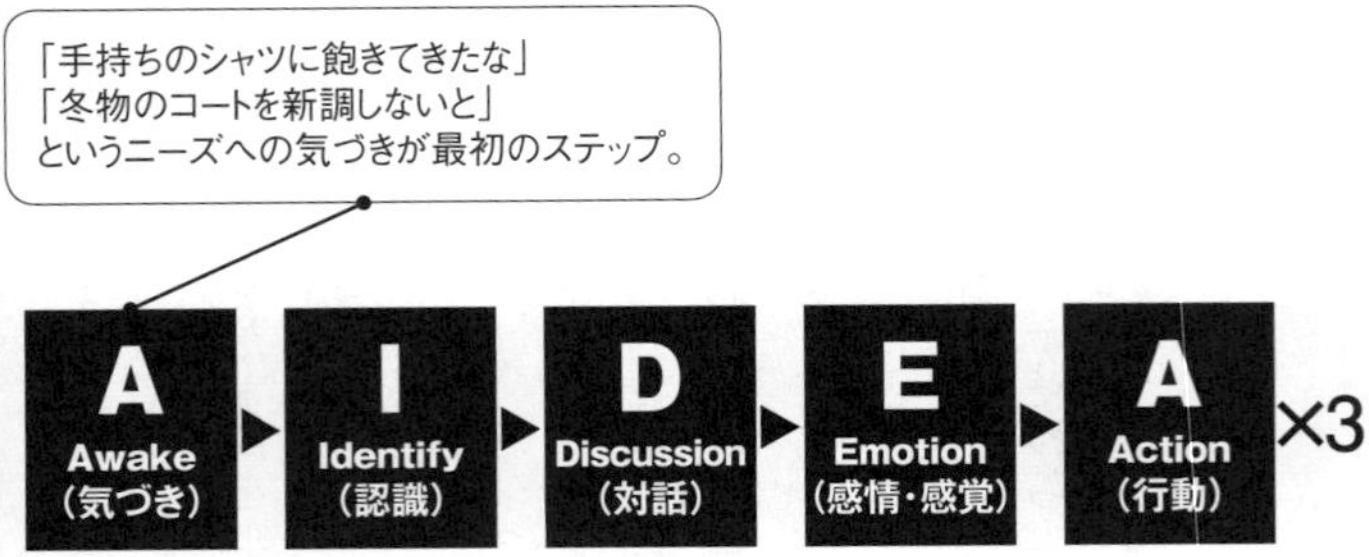

Identify（認識）

さて続いては、ニーズに気づいた後の行動について。

例えばコートを買いたいというニーズを持って買い物をしている際に入るお店は、「いつも買っているブランドのショップ」、もしくは「コートの品ぞろえが豊富だとされているお店」、あるいは「全く知らないお店だったけど店頭にディスプレイされたコートがとても魅力的だったから入ってみた」、というようなケースに大別されるのではないかと思います。

この3つは、一見すると違う行動パターンに見えますが、「A・I・D・E・A（×3）」モデルの観点では共通の行動だと言えます。いずれも、「このお店にはニーズを満たすモノがありそう」という「Identify（認識）」を経て、お店に入るという行動が生まれているからです。

つまり、洋服を買うという行動においても、「Awake（気づき）」の次に来るのは、「Identify（認識）」のステ

図2　小売店における「A・I・D・E・A（×3）」モデル

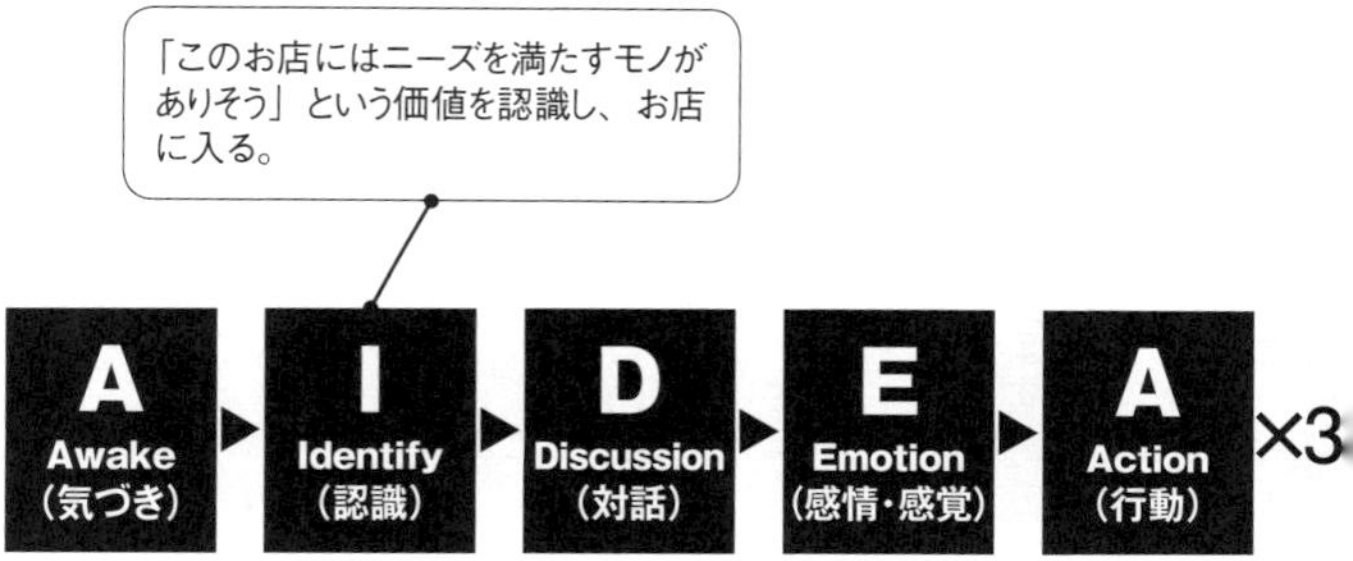

ップだということです（図2）。

ちなみに、この第2のステップの位置づけは、明確なニーズを持って買い物をする場合と、なんとなく持っていたニーズを思い出してふらりとショップに入る場合では多少異なります。

明確にニーズがある場合は、そのお店にニーズを満たすモノがあるという認識（「Identify」）がありさえすれば、来店という行動が生まれます。

具体的に言うと、コートを買うという明確なニーズがある場合には、人は、あらかじめ見当をつけていたお店に、自然と足を向けるということです。

ですが、ニーズが明確ではない場合、人は「自分はコートを必要としていた」というニーズに気づかない限り、来店という行動を起こしません。ですから、なんとなく新しいコートを買おうかなと思っているくらいの人に対しては、店頭にコートをディスプレイするなどして、「そういえばコート欲しかったんだったな。これ、良さそうだね」と思ってもらうことが、来店という行動を生むために必要なのです。

前者が「Identify（認識）」のみで成立していたのと比べると、後者は、「Awake（気づき）」と「Identify（認識）」の2つのステップが同時に行われるような心の動きになっていると言えるでしょう。

Discussion（対話）とEmotion（感情・感覚）とAction（行動）

さて、ここからは、お店に入ってから先の行動について、「A・I・D・E・A（×3）」モデルの観点で見ていきます。

あなたが洋服を買いに行った際に店頭で真っ先にする行動、それは、自分の目当ての商品を探すことだと思います。

例えばコートの場合、それが並んだ売り場に行って、複数ある候補の中から良さそうなものを手に取ってその風合いや仕立てを見てみる、ついでに価格もチェックし妥当な範囲かどうかをまずは判断する、というような行動です。そして、価格も含めて検討の範囲内であれ

図3　小売店における「A・I・D・E・A（×3）」モデル

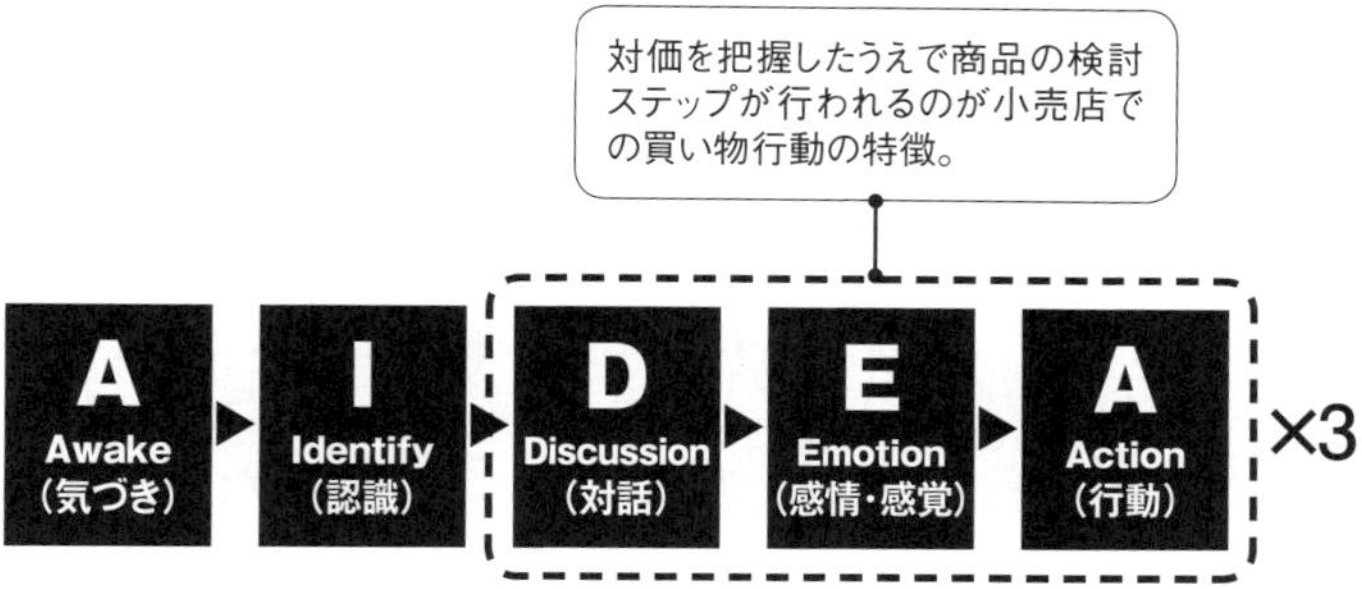

ば、商品の試着をして、実際の着心地がどうなのか、ちゃんと自分に似合っているのかをチェックし、そのうえで買うかどうかの結論を下す、そんな流れが、だいたいの方の行動パターンになるかと思います。

実は、このような店頭での行動や心の流れには、通販の時に見てきた「A・I・D・E・A（×3）」の流れとは異なる部分が存在しています。それが、ステップ3以降の順序です。

洋服に限らずほとんどの小売店では、店内で真っ先に目にするのが商品と値札になります。すなわち、対価が最後に提示される通販とは異なり、対価を把握したうえで商品の検討が行われるのが、小売店での買い物行動の特徴なのです（図3）。

対価が先に認識されたうえで価値の検討が行われると

いう特徴上、小売業においては、店頭で商品の価値を高めていくような方法を取ることが欠かせません。平たく言うと、最初はちょっと高いかな、と思ったけど、説明を聞いたり手に取って確かめるうちに妥当な価格な気がしてきた、というような心の動きをたどってもらうことが、特に高額な商品の購入を決断してもらううえでは欠かせないということです。だからこそ、小売店での買い物行動においては、「接客」によって商品の価値を高めていくことが重要視されています。

試しに、あなたがついつい洋服を買ってしまった時の店員さんのセールストークがどんなものだったかを思い出してみてください。分かりやすくその洋服の特徴や良さを紹介し、試着をした際にはそれを着ることで自分の魅力が高まったと確信するような感想も交え、理性と感情を満たすセールストークをされたのではないでしょうか（もしくは微妙なセールストークではあったものの、バーゲン等で対価が下がっていたために買ってしまった、ということもあるかもしれませんが）。

このように小売業においても、理性と感情の両面から商品の価値が検討され、それが対価を上回った時に購入の決断が下されます。つまり、ここでも「Discussion（対話）」「Emotion（感情・感覚）」というステップが非常に重要な役割を占めているわけです。

ぽっちゃりした店員さんがいると売り上げが上がる

なお、余談ではありますが、小売店での接客について、女性向けセレクトショップの店長から興味深い話を聞いたことがあります。店長曰《いわ》く「ぽっちゃりした店員さんが1人いると、売り上げが上がる」のだそうです。普通に考えると、顧客のニーズがオシャレに見えること、着ることで自分がより良く見えることにあるとするならば、自社の商品が似合うスラッとした店員さんのほうが、商品価値を高め売り上げ増に寄与しそうな気がします。

不思議に思って理由を聞いてみると、その答えは、「ぽっちゃりしてるけどオシャレな店員さんがいることで、ぽっちゃりしたお客様からも『私もかわいく着こなせそう』と思ってもらえる」というものでした。逆にスタイルのいい店員さんばかりだと、「そういったお客様が『自分には似合わないかも』と思って買う決断をしてくれない」と言うのです。

この逸話は、小売店の接客が、単に情報を伝える役割を果たしているのではなく、自分に似合うのかという価値の「Discussion（対話）」を促し、「Emotion（感情・感覚）」の納得を生み出す役割も果たしていることを示しています。

極端に言えば、セールストークの内容はどうであろうと、ぽっちゃりした店員さんの接客に触れるかどうかで商品の価値が変わるということです。小売業においても、「Discussion（対話）」と「Emotion（感情・感覚）」のステップが重要であることを示す好例だと言えるでしょう。

このように見ていくと、対価の提示の順番が前後するとは言え、**小売店での買い物行動においても、通販から導かれるものと共通する心の動きがある**ことがご理解いただけたのではないかと思います。

具体的に言えば、「Awake（気づき）」から始まり、ニーズを満たすモノを「Identify（認識）」し、「Discussion（対話）」しながら「Emotion（感情・感覚）」的にも満たされることで「Action（行動）」につながっていく、そんな流れが、店頭での買い物行動の中にも確実に存在しているということです。

「×3」の心の動き

となると気になってくるのが、「A・I・D・E・A（×3）」の「×3」、つまり3回繰り返して購入の決意を固める、という心の動きも存在しているのかどうかという点。

結論から言うと、この点も、特に洋服などの高額商品の場合、店頭で非常によく見られる行動だと思います。

例えばジャケットを買いに行った場合に、こんな行動をした経験ってないでしょうか。まずは1回目の来店時。ここで気に入ったジャケットを見つけ価格的にもアリだと判断したとします。とは言え他の店により良いものがあるかもしれないので、他のお店も見て回ろうと思うことも多いと思います。

そして実際に他の店を訪れ、そこにあった商品と最初の商品を比較。その結果、やはり最初のジャケットのほうが似合いそうだし価格的にも妥当だと判断して、もう一度最初のお店に戻り、そこでようやく購入した。このような行動は、特に入念な検討が必要な高額商品の場合、よく見られると思います。

春と秋のバーゲンシーズンになると、パートナーの女性の買い物に連れ回されて疲れ果てた男性から「なんで何回も同じ店に行くのか意味が分からん」などという愚痴がこぼれることがよくありますが、実はこの時の女性も「A・I・D・E・A（×3）」モデルで言えば、決断するために「×3」のステップをしっかりとこなしていたととらえることができます。

現代の消費者の購買心理パターンを知れば、パートナーに連れ回されるのも、それほど苦痛ではなくなるかもしれませんね。

実際に小売業には「来店3回安定の法則」というものがあるのだそうです。これは「3回来店したお客様は、その店にとっての安定的な顧客になることが多い」という経験則。3回来店してようやく購入する、というお話とは多少異なる面もありますが、これもまた、小売店での購入において「×3」が大切だということを示す一例ではないでしょうか。

2-② インターネット上の買い物行動における「A・I・D・E・A（×3）」モデル

さて今度は、インターネット上の買い物行動における心の動きを「A・I・D・E・A（×3）」モデルにて整理してみましょう。

ご存知の通り、一言でインターネット上の買い物と言ってもその領域は非常に広く、楽天市場やアマゾン、ZOZOタウンなどのインターネットショッピングモールでの商品購入もあれば、メーカーのショッピングサイトでの商品購入、あるいは近年だと、メルカリに代表されるフリーマーケットサイトでの購入なども非常に増えてきています。

それぞれで購買行動には違いがあるため、ここではその中でも最も身近なものと考えられるインターネットショッピングモール（以下モール）を採り上げることにします。

直接関与しないAwake（気づき）

モールでの買い物は、よく「ポチる」などと言われます。これは、本来クリック1つで買うには高額と思える商品をインターネットで気軽に買ったとか、ついつい自分の好みにハマるものと出会って予定外に買ってしまった、といった、モールの買い物行動の特性を端的に表す言葉です。

実際に私も、これまでの人生で相当量の「ポチり」をやらかし、本来いらなかったかもしれない商品と家族からの顰蹙《ひんしゅく》までも買ってしまっている1人です。そんな、皆様にとっても身近な「ポチり」を生むモールならではの心の動きを、これから見ていきます。

まずはモールでの買い物が、どのようにスタートするのかを想像してみましょう。たいていの場合、まずはインターネットでモールのサイトにアクセスし、サイト内の検索窓を使って欲しい商品のジャンル、例えば「釣り竿」とか「ヘッドフォン」などを検索します。そしてその検索結果として表示された商品の中から、気に入ったモノを選択する、という流れが一般的ではないでしょうか。

ここでのポイントは、この行動のスタート地点が「検索」であるということです。つまりモールでの購買行動は、モール以外の場所であらかじめニーズへの「気づき」がなされることを前提としており、それによって「ニーズに合う商品を探してみよう」という検索行動が発生することで成り立っているわけです。

これを象徴するのが、スマートフォンで使われるモールのアプリ。起動してみると分かるのですが、モールのアプリのトップにあるのは「何をお探しですか?」と書かれた検索窓。この検索窓が最初に目に入る場所に設置されているのは、まさにモールでの購買行動がニーズへの気づきからではなく、その次の検索から始まるのだということを端的に示していると思います。

図で表すとすれば、図4のように、「Awake（気づき）」は存在するものの、それはモールが関知しない別の場所で行われている、というのがモールでの購買行動の特徴の1つだと言えます。

図4　モールにおける「A・I・D・E・A（×3）」モデル

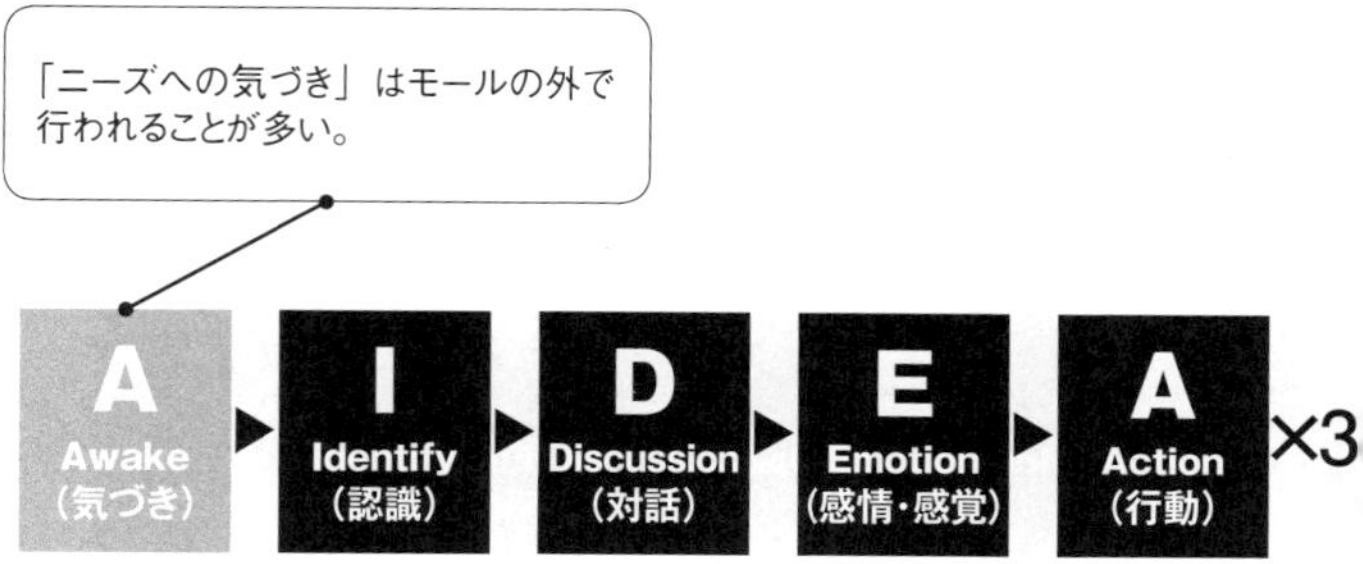

Identify（認識）

逆に、「Identify（認識）」のステップについては、そもそもモールにアクセスする時点でそこにニーズを満たす商品があることは認識されていると考えられますし、また検索結果に出てきた商品群を見ることでも、ニーズに合った商品の存在をきちんと認識することができます。モールの場合は取り扱う商品点数に際限がないことから、極論するとニーズに合った商品が必ず見つかる構造になっています。

その意味で、お客様はこのステップで、必ず自分に合った価値あるモノを「Identify（認識）」できる仕組みとなっており、ここで立ち止まることなく次のステップに進めるというのもまた、モールでの購買行動の特徴だと言えるでしょう（290ページの図5）。

図5　モールにおける「A・I・D・E・A（×3）」モデル

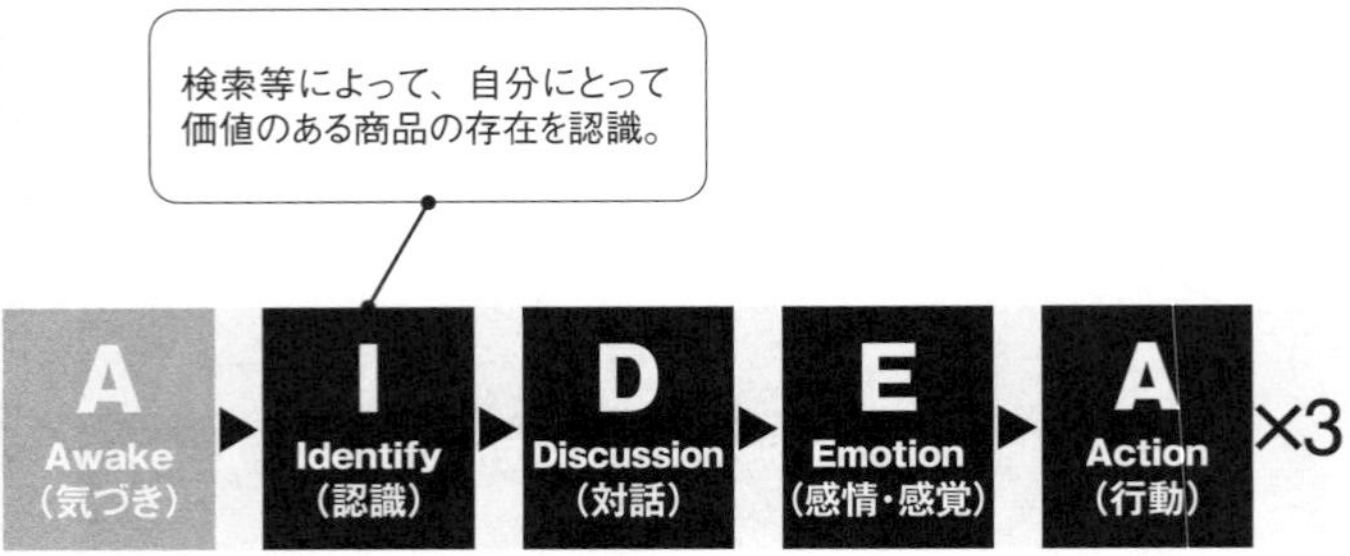

「提案機能」はAwake（気づき）とIdentify（認識）を強化する

ところで、モールでの購買行動には「Awake（気づき）」が直接的には関与しない、ということを先ほど書きましたが、実はモールでの購買行動においても、「Awake（気づき）」が大きな役割を果たすケースもあります。

代表的なのが、見込み客におすすめの商品を案内するモール独自の提案機能。皆様にも日々モールから、過去の購買履歴データに基づいた「あなたにおすすめの商品提案」のメールが届いていると思います。

私もこのメールに乗せられて、積読《ツンドク》のまま終わってしまう本を「ポチってしまう」ことをかなりの頻度でやってしまっていますが、これはまさに、モールからの発信によって、「こんなニーズはないですか」という気づきを促している行為に他なりません。

図6　モールにおける「A・I・D・E・A（×3）」モデル

この提案機能は似た購買履歴を持つお客様の行動を解析することで行われており、その意味ではニーズに気づかせるという「Awake（気づき）」だけでなく、そのニーズを満たす可能性が高い商品の「Identify（認識）」のステップまでも、機械によって自動的に行う仕組みであるととらえることもできます。

このように、本質的には「Awake（気づき）」の位置づけが低い商売でありながらも、テクノロジーを使って「Awake（気づき）」や「Identify（認識）」を強化することにも成功している、それがモール型ビジネスの大きな強みであると考えられます（図6）。

「レビュー」＝Discussion（対話）

話をモールでの一般的な購買行動に戻しましょう。

「釣り竿」「ヘッドフォン」などと検索して、結果表示された各種の候補商品。これを見て、あなたはそこからどんな行動に移るでしょうか。ずらりと並んだ各種商品の写真と価格を見て、その中でこれは良さそうと思ったものをクリック、そこから商品の詳細情報を見る、というのが一般的な行動パターンではないかと思います。

そして詳細情報を見る際には、まずは商品のいくつかの写真を見てみて、それから仕様等を確認し、その後レビューと呼ばれるユーザーの生の声を見る。そしてまた別の候補商品に移り、同じように詳細情報を開いて一通り目を通す。このような流れを繰り返すことで情報をチェックしているのではないかと思います。


お察しの通り、このように詳しい情報に段階的に触れる中で行われていること、それが商品価値の自問自答、すなわち「Discussion（対話）」に他なりません。商品紹介のページに写真や商品説明があまり載ってない場合に、情報が少なすぎて買うかどうかの判断に困った、という経験も皆様おありかと思いますが、この例などはまさに、人が様々な情報に触れながら「Discussion（対話）」をして買うかどうかを判断している、という事実の裏返しだと言えます。

商品の現物が手元にないという弱点を抱えながらも、モールというビジネスモデルがこれほどまでに成長できたのは、インターネットならではの方法で「Discussion（対話）」を強

図7　モールにおける「A・I・D・E・A（×3）」モデル

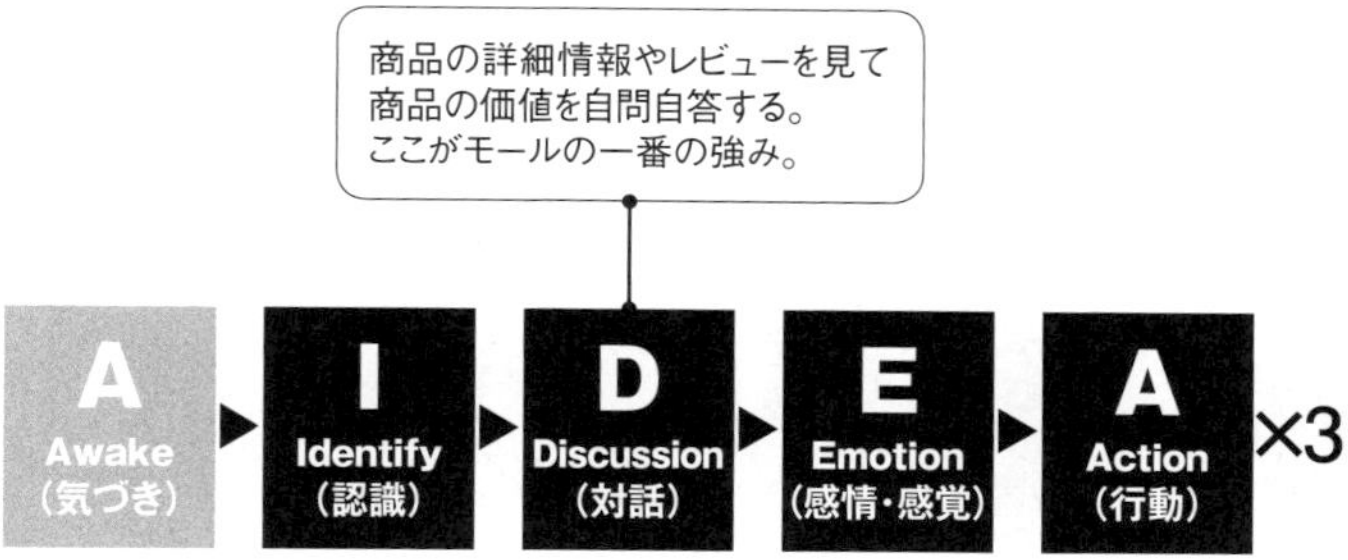
商品の詳細情報やレビューを見て
商品の価値を自問自答する。
ここがモールの一番の強み。
A
Awake
（気づき）
I
Identify
（認識）
D
Discussion
（対話）
E
Emotion
（感情・感覚）
A
Action
（行動）
×3

力に促すことに成功したのが、大きな理由だということです（図7）。

この「Discussion（対話）」を促す役割の最たるものが、「レビュー」でしょう。振り返ってみるとモールが普及するまでは、見込み客が、実際に対価を払って購入したユーザーの生の声を耳にできる機会は、実はあまりありませんでした。店頭でのプロの声か、雑誌などで専門家の評価を見るくらいしか、商品の評価を知る機会がなかったのです。

対価が伴わない専門家の評価と、実際に対価と価値を天秤にかけて購入したユーザーの評価では、受け取られ方がまったく違います。専門家や店員さんは、こちらの懐事情など関係なしに良いと思う商品を勧めてくるため、見込み客からするとあまり現実味のないアドバイスになってしまうこともあるもの。ですが、実際に購入したユーザーは違います。懐事情を踏まえた意見を言うので、見込み客としてもリアルに受け止めることができ、検討を進める際により大きな影響を与えます。その意味で、インターネットにおける「レビュー」は画期的でした。この対価を伴った生の声は、これまでにないほど強力な「Discussion（対話）」を生み出す力を持っていたのです。

比較・検討もDiscussion（対話）

また、インターネットだからこそできたもう1つのモールの強みが、「Identify（認識）」のところでも触れた、手軽に多数の候補商品を見られるという点。多数の候補商品を比較・検討することが、なぜ購入の決断につながりやすいのかを掘り下げていくと、「Discussion（対話）」の別の側面が見えてきます。

例えば仮にあなたがモールで買い物をするとして、複数の候補商品を検討した場合にどんなことを思うでしょうか。筆頭の候補商品がすべての面において勝っていれば問題なくその商品を選ぶでしょうが、実際にはほとんどの場合、例えばデザイン的には優位点もある反面、仕様の一部がちょっとだけ劣るなど、筆頭の候補商品にも何かしらの欠点があることが多いはずです。優位点を受け入れるのは簡単ですが、欠点を受け入れるという判断は難しいもの。ですから、そうした欠点も鑑《かんが》みたうえで一番良い選択だという折り合いをつけられない限り、購入の決断はなされません。

そこで力を発揮するのが、多数の候補商品を比較・検討するという行為です。考えられる限りの候補商品の検討を行うと、その人の中に、やがてすべてを満たす商品はないという認識が形成されます。言ってみれば、足るを知る状態です。こうなって初めて、人は欠点も鑑みた総合的な判断を下すことができるのです。つまり、多数の候補を比較し検討するという行為は、欠点と折り合いをつける行為でもあると言うことができます。

特に、多くの場合に欠点となるのは対価そのもの。比較し検討する機会がなければ、「いいと思うけど値段が高いからまた今度考えよう」と決断が先送りになりがち。ですが、すべての商品を検討の俎上に上げることができるモールであれば、満足のいく「Discussion（対話）」ができ、おのずと欠点も鑑みた総合的な判断が促されるのです。このような、必ず決断にまで至る「Discussion（対話）」ができるというのも、モールの大きな強みです。

図8　モールにおける「A・I・D・E・A（×3）」モデル

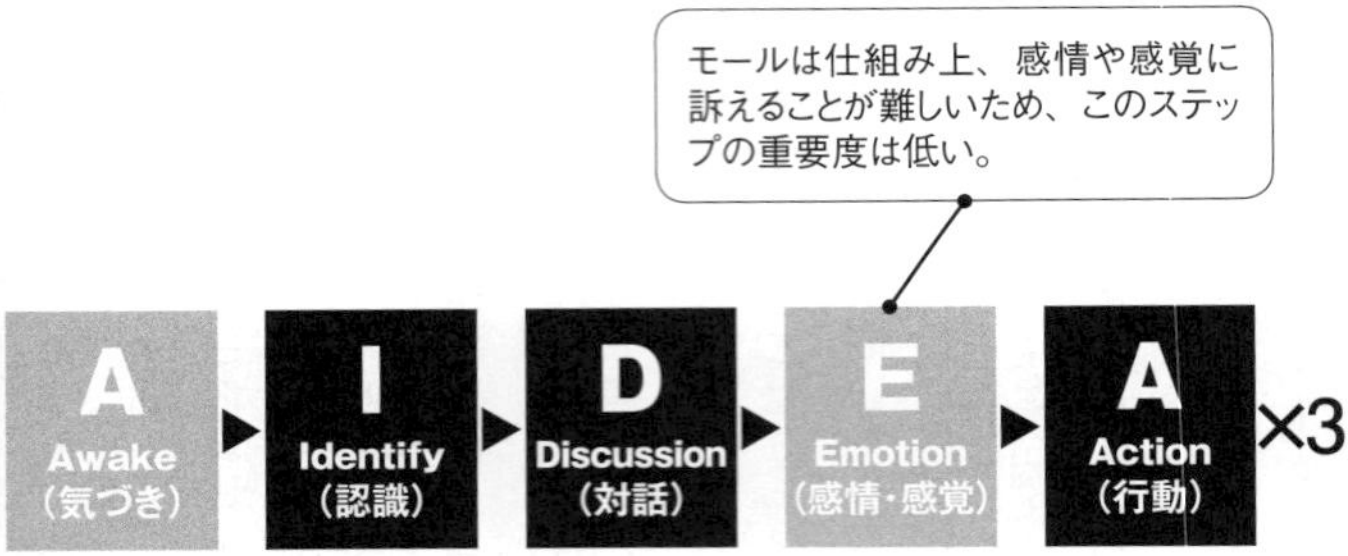

Emotion（感情・感覚）に訴えるのは難しい

反面、モールにも弱点が存在します。それが「Emotion（感情・感覚）」に訴えかけるという点。例えば商品の画像は白の背景でないといけないなど、モールには出品者が公正な競争を行うための出品上の規則が存在します。この規則にのっとると、どうしても表現できることは仕様などの説明的な情報や価格に関する情報に偏ります。そのせいで、感覚に訴えかけることが難しいのもまたモールの特徴なのです。

したがってモールの買い物行動においては、結果的に「Emotion（感情・感覚）」のステップの重要度が相対的に低くなります。全体的にとらえると、「Discussion（対話）」をしっかりと行うことで、感情的な満足度はあまり充足されないまま「Action（行動）」に進む、というのがモールでの現時点での買い物行動の特徴だと言えるでしょう（図8）。

ちなみに、前の文章であえて「現時点での特徴」という言葉を使ったのには理由がありま す。現在、家具などの一部のインターネットショッピングでは、自分の部屋にスマートフォンのカメラをかざすと、そこに商品、例えばソファなどが置かれた状態を見せてくれるサービスが始まっています。いわゆるAR（Augmented Reality＝拡張現実）という技術を用いたサービスです。これだけでなく、そもそもインターネット上に完全なお店を再現し、その中でバーチャルに買い物をしてもらうようなモールも、VR（Virtual Reality＝仮想現実）技術の進化でいずれ実現するかもしれません。

そうなった場合には、モールの「Emotion（感情・感覚）」面の課題も、なくなってしまう可能性があります。

それがいつのことになるのかは分かりませんが、実現したらどんな気持ちで買い物をすることになるのか、一消費者としてとても楽しみにしています。

「×3」どころか何度も検討可能

話がちょっと脱線しましたが、もう一つ、「A・I・D・E・A（×3）」モデルの「×3」の部分も、モールでの買い物の際に非常によく行われている行動となります。

先ほど、モールが複数の商品を検討しやすい仕組みであることに触れましたが、見方を変えるとこれは、候補の商品を複数回にわたって検討できることも意味しています。さらに、気になった商品にブックマークを付ける機能もあるため、3回どころか、何度も何度も納得のいくまで、お客様は商品の検討を行うことができます。

実際にあなたも、1回では迷ってしまって結論が出せなかったためブックマークに登録し、その後何度か検討したうえで購入した、そんな経験があるのではないかと思います。

さらにモールは、一度モールを離れた人に何度もインターネット上の広告を出す、リターゲティング広告という手法も行っています。あなたが過去にモールでチェックしたいくつかの商品が表示された広告が、それに当たります。ついついクリックしてしまい、改めて商品を買ってしまったことがある、という方も多いのではないでしょうか。

このようにモールには、様々な手法で「×3」のステップも無理なく行えるような工夫が張り巡らされています。それにより私たちは、知らず知らずのうちに、何度も何度も商品の価値についての検討を行っています。その結果、現物がないにもかかわらず、時には現物を

図9　モールにおける「A・I・D・E・A（×3）」モデル

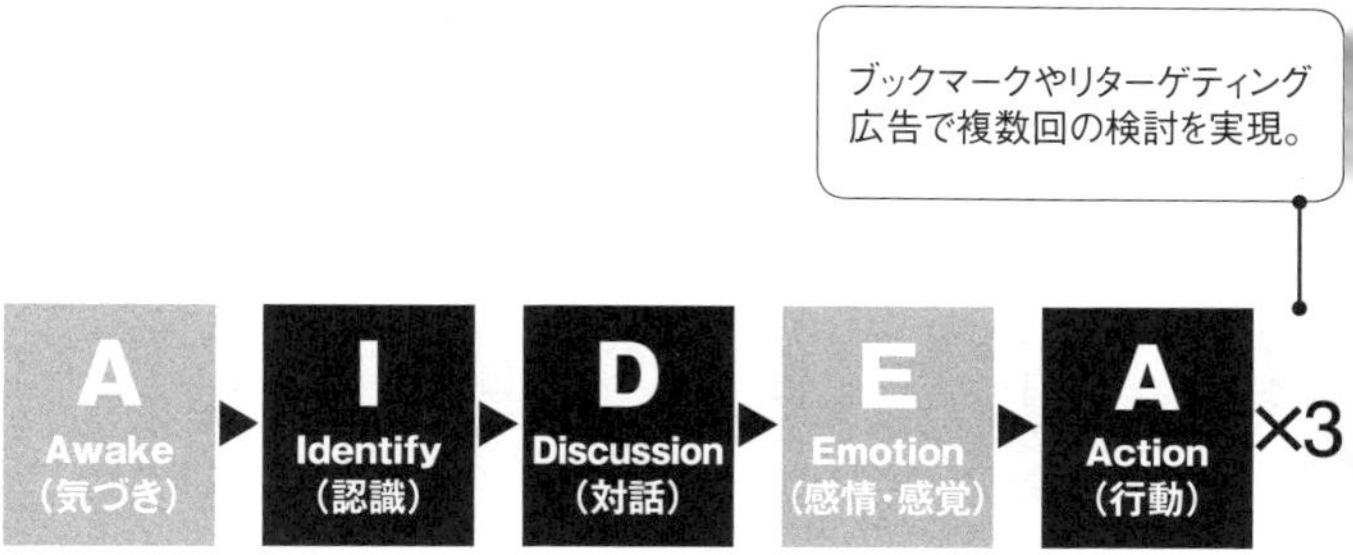

目にした時以上に、買いたい気持ちを刺激されているわけなのです（図9）。

以上、モールでの買い物と「A・I・D・E・A（×3）」モデルの関係性を見てきましたが、モールでの買い物行動は、特にIとDに力点が置かれた非常に特徴的な買い物行動だと言えます。そしてこれは、モノがあふれ、多数の商品から自分にとって最良のモノを選ばなければならないという、現代の消費者が置かれた買い物環境を象徴するものだとも言うことができるでしょう。

ここから導かれるのは、近年モールが急成長したのは、単にインターネットの普及が進んだことだけが要因ではないということです。**現代の買い物における心の動きを的確にとらえ、それを取り込んだ緻密な設計がされてい**たことこそが、インターネットモールが急成長した最大の要因だと言えます。

いや、それどころかむしろ、こうしたモールの台頭が現代の買い物においての心の動きそのものを変えてしまった、というほうが真実かもしれません。「ポチる」という言葉は、まさにそんな新しい心の動きの誕生を象徴する新語なのではないでしょうか。

2-③ 低価格の日用品を買う場合の「A・I・D・E・A（×3）」モデル

続いては、ジュースや洗剤などの、価格の安い日用品を買う場合の買い物行動について考察していきます。

こういった類の商品はあまり検討をされずに買われることが多く、それゆえに「A・I・D・E・A（×3）」という現代の消費者の買い物の思考パターンがそのまま当てはまるのかが興味深いところだと思います。結論から言うと、こうした低価格の買い物においても現代ならではの思考パターンの影響が見られました。ただしその形は、前の2つとはちょっと違う形のものだったのです。それでは、その姿を具体的に見ていきましょう。

Awake（気づき）は不要

図10　低価格の日用品における「A・I・D・E・A（×3）」モデル

まずは買い物行動のスタート地点から。低価格の日用品の購入の機会は、商品の特性によって2つに分かれます。1つが、ジュースやお菓子など不特定のタイミングで欲求が発生するもの。そしてもう1つが、洗剤やトイレットペーパーのように、ほぼ毎日使われ、定期的に購入の機会が発生するものです。

欲求や機会の発生の仕方は違うとは言え、これらに共通するのが、生理的欲求であったり、生活上必要であるといった比較的単純なニーズから買い物行動が生まれているという点です。裏を返すと、ニーズにわざわざ目を向けなくとも、のどが渇けば勝手にニーズは発生するし、毎日使う洗剤が残り少なくなってきたのを見れば勝手にニーズに気づくわけです。

つまり、購買行動の起点として明確なニーズが存在するため、あえて「Awake（気づき）」といった形を取らなくても勝手にこのステップが成立するというのが、低価格の日用品の買い物行動における第1ステップなのです（図10）。

Identify（認識）されたモノが購入の候補に

さて、ニーズが発生した後は、実際にニーズを満たすモノを購入するという段階に移ります。具体的にはスーパーやコンビニなどの小売店に行く、もしくは先ほど触れたインターネットのショッピングモールにアクセスするといった行為がこれに当たります。

この段階で起こること、それは複数ある候補商品の中からどれを選ぶのか、という「選択」です。実際にのどが渇いてお茶を買いに店頭に行く場合、あらかじめ決めているのはお茶を買うことであって、どのお茶を買うのかの選択は、店頭にある商品群を見てその場で決めることが多いと思います。

では、さらにその「選択」がどのようなステップで行われているのか、というと、大きく次の2段階に分かれるのではないかと思います。

1つ目が、候補を絞るという段階。例えばあなたがモノを買う場合、目の前に並んだ様々

図11　低価格の日用品における「A・I・D・E・A（×3）」モデル

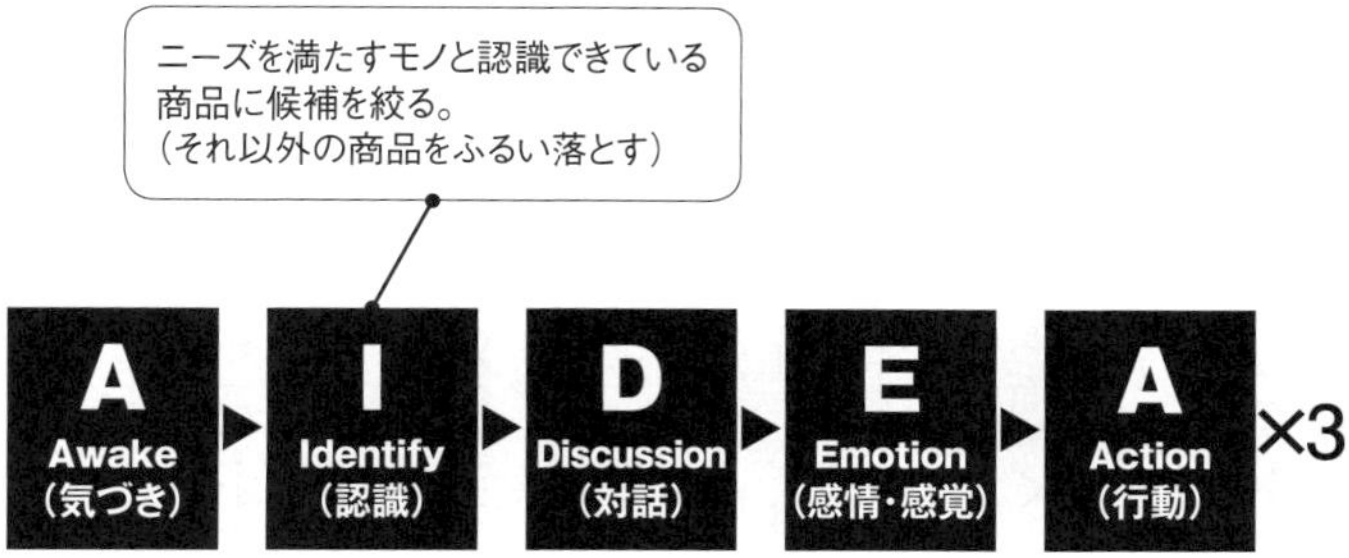

な商品から、どれを選ぼうと考えるでしょうか。前に使って良いなと思った商品が候補となるケースもあれば、使ったことはないけど広告などでその商品の存在が気になっているものに惹かれるケースもあるでしょうし、場合によっては、売り場で初めて知ったけど、その存在が魅力的だったので候補の１つにする、ということもあるかもしれません。

とは言え、いずれのケースでも候補となるのは、ニーズを満たすモノであるとの認識ができている商品のはずです。逆の言い方をすれば、目の前に並んでいたとしても、ニーズを満たすモノという認識が明確でないものは、必然的に候補のふるいから落とされてしまうのです。

つまり人は、たとえ低価格の商品を無意識的に購入する場合でも、まずは自身が「Identify（認識）」しているものに候補を絞ることが多いのです（図11）。

多数の競争相手がひしめく店頭での戦いを余儀なくされる日用品は、勝ち抜くためにまずは候補に入らなければなりません。候補に入るために不可欠なのが、ニーズを満たすモノとして「Identify（認識）」されること。だからこそジュースや洗剤などの日用品は、「Identify（認識）」されるために、テレビCMなどの広告に力を入れているのです。

直感的に行われるDiscussion（対話）とEmotion（感情・感覚）

そして次の段階が、絞った候補の中から1つを選ぶ、という段階です。「A・I・D・E・A（×3）」モデルで言えば、「Discussion（対話）」、「Emotion（感情・感覚）」というのがこの段階に該当するわけですが、ここで気になるのは、こういった低価格の日用品の購入の際に、果たして価値の自問自答や感情への問いかけといった、「A・I・D・E・A（×3）」モデルで見られたような検討をするのかという点。

実際、あなたがのどが渇いてお茶を買う場合、どの商品の特徴も仕様も値段もほぼ同じなわけですし、いちいち面倒くさい自問自答などしないのではないかと思います。

ですが、だからと言って低価格の日用品の買い物行動には「Discussion（対話）」や「Emotion（感情・感覚）」が存在しないのかと言うと、そんなことはありません。実は、低

図12　低価格の日用品における「A・I・D・E・A（×3）」モデル

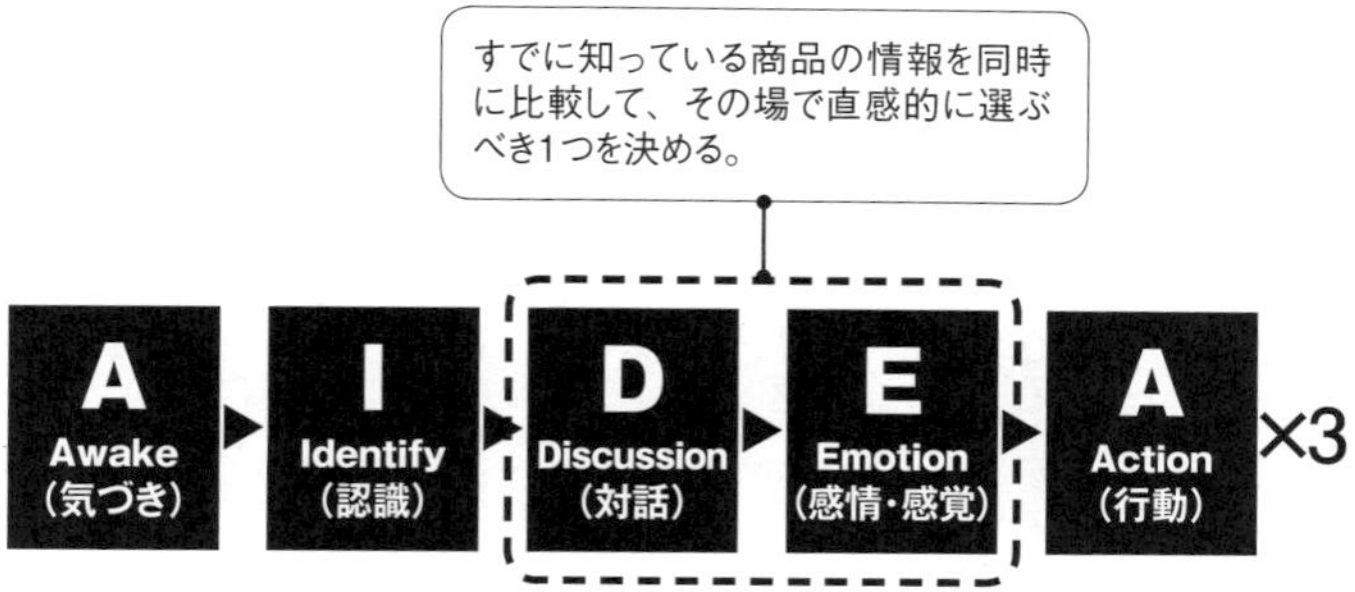

価格の日用品を買う際の「検討」は、1つの商品をじっくりと自問自答して検討するという形ではなく、すでに知っている各商品の情報や印象を同時に比較して、選ぶべき1つを決める、という形で行われているのです。

お茶を買う際で言えば、候補のお茶1つ1つの価値をわざわざ自問自答しない代わりに、候補のお茶全部を一気に検討の俎上に載せ、過去に見た広告の印象や周りの人の評判などを基準に、直感的に1つを選ぶ、そんな形で行われているということです。

頭の中で行われている「Discussion（対話）」を会議にたとえると、1つ1つの商品の価値を議論して深める会議ではなく、「せーの」で同時に候補を指さして結論を出すような会議を、頭の中で行っているようなイメージだと言えるでしょう（図12）。

つまり低価格の日用品の場合の「Discussion（対話）」

「Emotion（感情・感覚）」、そして「Action（行動）」のステップは、対価が高くないがゆえにそんなに労力をかけて行われるわけではありませんが、かと言って全く行われないわけではなく、高額の商品とはちょっと違う形で存在しているのだと言えます。

特にこの場合の判断には好き嫌いや印象などの直感の影響も大きく、「Emotion（感情・感覚）」の役割が比較的高くなるのが大きな特徴です。こうした「Emotion（感情・感覚）」に働きかける情報伝達の方法として、代表的なのがテレビCMです。先ほどこうした商品群がテレビCMに力を入れていることに触れましたが、その理由には「Identify（認識）」の面だけでなく、「Emotion（感情・感覚）」に働きかける面でも有効だという点があるのです。

満足の「×3」を繰り返す

さて、「A・I・D・E・A（×3）」モデルで最後に残った「×3」。これは店頭での一発勝負で買う商品が決まりがちな低価格の日用品においては、あまり関わりがないように思えますが、実際のところどうなのか。結論から言うと、確かに単発的な購入においての関わりは少ないのですが、継続的に購入してくれる顧客を作るという面においては、この「×3」の行動が大きな役割を果たします。

一般的に、低価格の商品はその場で多数決的な意思決定が行われるせいで、継続的に選ばれることが難しいという側面も持ちます。例えば、前回はこのお茶を買ったから今回は違うものを選んでみよう、といった判断が、価格が安いがゆえに下されやすいのです。

そんな中で継続的に選んでいただくためには、初めて商品を使った際の満足感を高めることがポイントとなります。満足感が高ければ、おのずと次もその商品を選ぼうという判断になりやすいからです。そうやって複数回の満足を繰り返す、すなわち満足の「×3」を繰り返せば、人はやがてその商品の強固なファンになります。大人の男性がバーで「いつものヤツ」という姿などはまさにその完成形であり、継続的な購入という視野で見ると、やはりこでも「×3」の影響は確実に見られるのです。

つまり、日用品の買い物行動においても、最後の「×3」に至るまで、「A・I・D・E・A（×3）」モデルはしっかりと当てはまっているということが、言えるのではないでしょうか。

以上、ここまで小売店、インターネットショッピング、低価格の日用品という3つのジャンルについて、「A・I・D・E・A（×3）」モデルが、実際の購買行動にどのように当てはめられるのかを見てきました。

通販と比べると、これらの3つのジャンルでは「対価の提示」が先に来るなど多少の違いも見られましたが、大枠の流れで言うと、いずれも基本的な構造は同じです。

まずは自身のニーズに気づき、それを満たす商品があることを認識、それから商品の価値について自問自答し、感情も交えて判断しながら、最終的に対価に納得することで「買う」という決断が下される、そんな心の動きが、現代人のあらゆる買い物の際にも繰り広げられているのです。

すなわち、**通販でも小売店でもインターネットショッピングでも、買う手段や商品がどのようなものであれ、人がモノを買う際の心の動きは、本質的に大きくは変わらない**、ということ。そしてその本質をモデル化したものが「A・I・D・E・A（×3）」モデルだ、ということなのです。

3　購買心理の本質を押さえ、ビジネスを成功させる

「全体の視点」と「部分の視点」

人がモノを買う本質が「A・I・D・E・A（×3）」という心の動きにある、となると、私たちがモノを売るためにすべきことも、おのずと1つに絞られます。そう、お客様の心をいかにしてこの「A・I・D・E・A（×3）」モデルに乗せていくか、ということです。この方法が分かれば、きっと今まで以上にモノを売ることが実現していくはずです。

そこでここからは、本書の締めくくりとして、「A・I・D・E・A（×3）」の流れをお客様の心の中に作り出すための、具体的な打ち手について考えてみたいと思います。

なお、この実行に当たっては、「全体の視点」と「部分の視点」の2つが大切だと考えます。

「全体の視点」とは、「A・I・D・E・A（×3）」のステップを止まることなく走り抜けてもらうための全体の設計をすること。そして「部分の視点」とは、「Awake（気づき）」や「Identify（認識）」などの個々のステップで、それぞれ適切な思考をしてもらうための個別の手を打つことです。したがってここからの考察も、大きくこの2つの視点に分けて進めていこうと思います。

3-①「A・I・D・E・A（×3）」をしっかりと走り抜けてもらうには

「全体設計」の重要性

これまで見てきた通り、モノを買いたいという気持ちは、1つの情報や行動だけから生まれるものではありません。一発で買いたい気持ちを生み出せるような「魔法の言葉」や「伝家の宝刀」は存在せず、むしろ「Awake（気づき）」から始まり「Action（行動）」に至る**5つのステップを完走してもらうことこそが、唯一の買ってもらうための方法**だということです。

となると重要になるのが、いかにして完走してもらうか、言い換えれば、いかにして5つのステップの途中での脱落をさせない「全体の設計」をするか、ということ。簡単そうに聞こえますが、この実現は、非常に難しいもの。なぜなら、実際のビジネスの多くの場合においては、ステップごとに携わる人や組織が変わってしまうという現実があるからです。

例えば携帯電話を売る場合で言えば、最初の「Awake（気づき）」や「Identify（認識）」の部分は、主に広告が担うことが多く、ここに携わるのは主に宣伝部門や広告会社となります。ですがその後の「Discussion（対話）」や「Emotion（感情・感覚）」「Action（行動）」の部分は主に店頭で行われるため、携わるのは販売部門となりますし、実際の顧客との対応は販売代理店というまた別の組織が担っているケースも多いと思います。さらに言えば接客時の検討を促すためのパンフレット類は、販売促進部門やデザイン会社など、これまた別の人たちが作っているといったことも多いでしょう。

つまり、職人が自分で商品を作って自分で販売しているような個人商店でない限り、「A・I・D・E・A（×3）」の各ステップは、現実的には別々の人や組織によって、バラバラに対応せざるを得ないのが現実なわけです。

モノを買ってもらうために欠かせないのは「ステップの途中で脱落させずに、いかに完走

図1　「目立つことに特化したCM」と「商品価値を意識したCM」の放送結果の傾向

	検索によるホームページ来訪者数	ホームページでの販売数
目立つことに特化したCM	○	△
商品価値を意識したCM	△	○

してもらうかだ」ということを考えると、このバラバラに対応せざるを得ないという現実は、多大なロスを生み出しかねないリスクをはらんでいます。

本来、「A」→「I」→「D」→「E」→「A」の矢印を一直線に並べて顧客をゴールに誘導しないといけないのに、各々の対応がバラバラになる、つまり矢印がバラバラの方向を向いたり途切れたりするせいで、結果的に間違った誘導をしてしまう、ということが起こってしまいがちなのです。だからこそそれを避けるために、全体設計をきちんと行うことが重要です。

CMによる反応の違い

私たちがそれを再認識させられるのが、複数タイプのテレビCMを放送した時にしばしば見られる次のような現象。

例えば、商品名を連呼するなどの「目立つことに特化したCM」と、商品がもたらす効果や生活の向上を描いた「商品価値を意識したCM」の2タイプを放送したとします。その際にインターネット上の検索行動や販売数を調べると、図1のような傾向を示すことが多いのです。
「目立つことに特化したCM」は、放送することでインターネット上での商品の検索の数が大きく増加します。これは、目立つがゆえにCMを認知する人がより多く生まれることに起因すると考えられます。

ですが逆に、こういったCMの場合、実際の商品の販売数は検索数の伸びに比べて芳しくないことが多いもの。おそらく、目立つことに力点を置いた結果、肝心なニーズへの気づきや商品価値の理解がなされないことがこの背景にあるのでしょう。

一方で、「商品価値を意識したCM」の場合は、全く反対の傾向を示します。商品に関わる情報中心の映像的インパクトの少ないCMになりがちなせいか、インターネットでの検索数は「目立つことに特化したCM」のようには伸びません。ですが、商品の販売における影響はこちらのほうが高く、最終的な販売数では「目立つことに特化したCM」を上回ることもしばしば見られます。

この結果が示唆するのは次のようなことではないでしょうか。すなわち、単に「Awake

図2　「目立つことに特化したCM」と「商品価値を意識したCM」の効果の違い

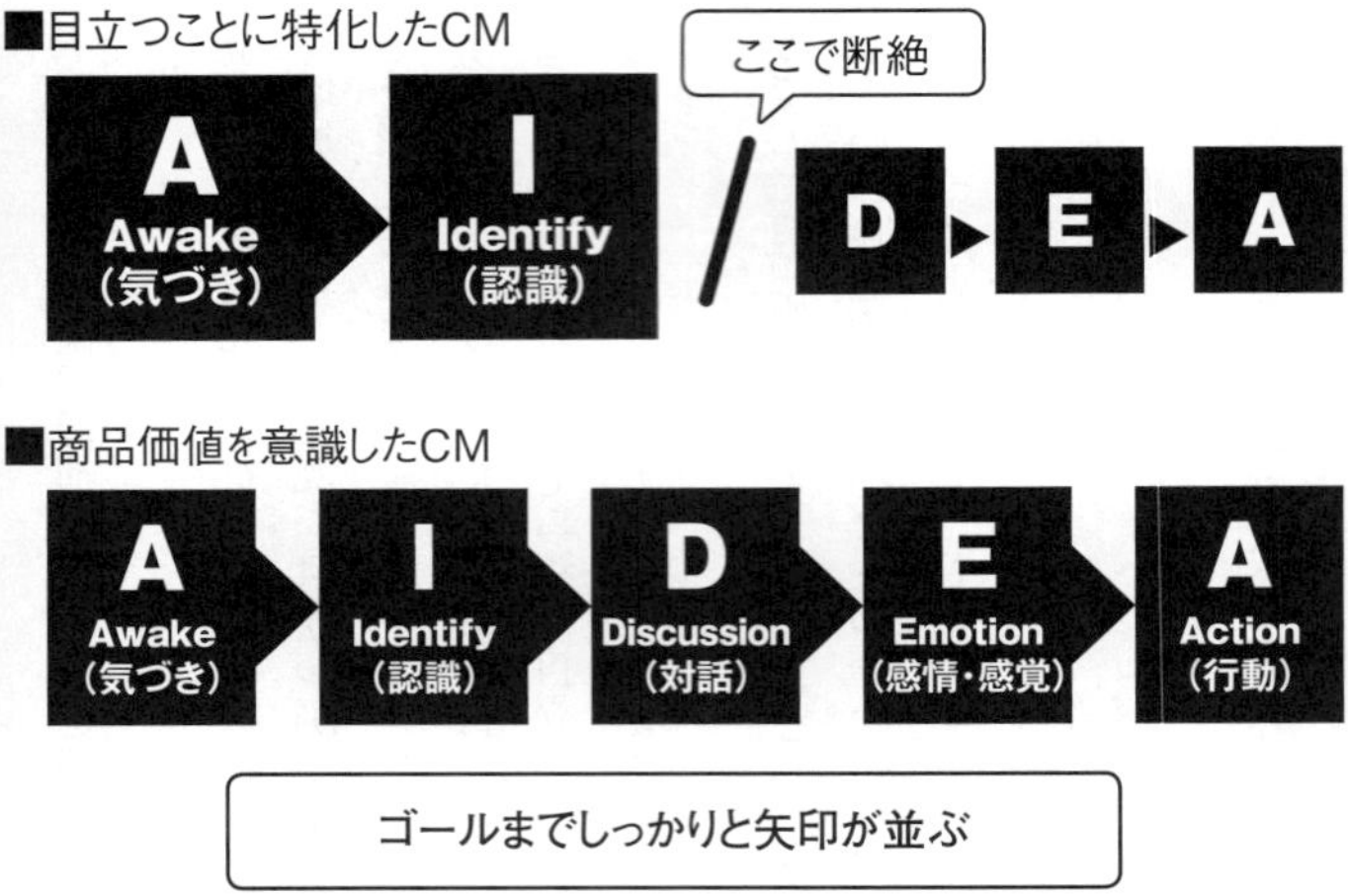

（気づき）」や「Identify（認識）」という部分のことだけを考えれば目立つCMのほうが効果的だが、最終的に「A」・「I」・「D」・「E」・「A」の全ステップを完走した数という視点で見ると、ニーズや商品価値を意識したCMのほうが効果的である、ということです。

つまり、「A・I・D・E・A（×3）」モデルを部分的に見るのと全体的に見るのとでは、CMの評価は正反対になってしまうのです。

先ほどの「A」→「I」→「D」→「E」→「A」の矢印を一直線に並べるという話で言えば、図2のように、目立つCMのほうは途中で矢印が途切れた形となっており、逆に商品価値を意識したCMは、最初のほうの矢印は細かったものの最終的にゴールまでしっかりと矢印が並ぶ形になっていた、というふうに捉えることができるのです。

全体の『監視』は難しい

広告の事例をもとにご説明しましたが、もちろん「A・I・D・E・A（×3）」の各ステップの対応がバラバラになるという事態は、なにも広告の側だけに起こるものではありません。

広告による「Awake（気づき）」と「Identify（認識）」は適切に行われていたのに、その後の接客の際に全然違う方向性の話をしてしまったせいで、せっかく好感を持ったお客様を脱落させてしまった、というケースもあるでしょうし、「Discussion（対話）」や「Emotion（感情・感覚）」までは完璧に進んだのに、最後の対価の提示の仕方が良くなかったために、「Action（行動）」で行き詰まってしまったというケースだってあるでしょう。

つまり大切なのは、どこで問題が起きるかではなく、「A・I・D・E・A（×3）」のステップを全体で捉えて、途中で脱落を生むようなズレが発生していないかを常に『監視』する、そういった「全体の視点」が重要だということです。

幸いにして私たちが携わっている通販は、スタートの「Awake（気づき）」からゴールの「Action（行動）」までを1本の広告表現で完結させるビジネスモデルです。したがって1人の広告制作者が、「A・I・D・E・A（×3）」の全ステップで脱落が生まれるズレが発生していないかを、一貫して『監視』することが可能です。

ですがそれでもなお、実際に制作した広告に脱落ポイントが生まれ、結果的に思った反応が得られないということもしばしば起こります。「お買い物心電図」の結果グラフを見て、「ここに脱落ポイントが潜んでいたか……」と初めて気づかされる、まさにそんなケースです。

ましてやそれを、ステップごとに関わる組織や人が変わる中で行っていくのは、とても難しい課題だと思います。加えて、この後に触れますが、個々のステップでの打ち手も様々に試行錯誤される中で、全体の流れが適切かどうかを見極めなければならないわけです。

となるともはや、この全体を『監視』するという作業は、人間業だけでは対応できないかもしれません。「どのくらいの数」の「どのようなお客様」が、「どのような形」で各ステップを通過しているのかを細かくデータ化して状況を把握し、それを解析することで脱落点が発生していないのかを『監視』するようなデータ分析力は、今後ますます欠かせなくなってくるでしょう。また、データだけでなく、各ステップの担当者から上がってくる声を統括して把握する役割を設けたり、各ステップの担当者間で適切な情報共有ができる仕組みを作って、不要な伝言ゲームミスを根絶するような組織作りも必要かもしれません。

いずれにしても、そのスタート地点は「A・I・D・E・A（×3）」を完走してもらおうという全体の視点。実現が難しいということは、裏を返せばチャンスでもあるということだと思いますので、私たちも引き続き、このような視点を持って「モノを売る」本質と向き合っていきたいと思います。

3-②「A・I・D・E・A（×3）」の個々のステップの精度を高めるには

さて、続いては「部分の視点」、すなわち「Awake（気づき）」や「Identify（認識）」などの個々のステップで、お客様の反応をより良いものにするために打つべき手法について考えてみましょう。

具体的には、各ステップで起こりがちないくつかの問題を取り上げ、それに対する解決策を考えることを通して、個々のステップで必要な打ち手の精度を高める方法を深掘りしていきたいと思います。

もちろん、打ち手と言っても広告キャンペーンのようなお金のかかるモノばかりでは応用が利かないと思いますし、そもそも私が考えなくても、世の中にはたくさんの広告に関する解説本が存在しています。ですので本書においては、広告の話というよりもむしろ、コスト0円からできるアイデアなど、多くの方がすぐに実践できるような打ち手について考えていきたいと思います。

■「Awake（気づき）」の精度向上のために

「反応する人のパイ」を意識する

買い物行動のスタート地点となるのが「Awake（気づき）」。これまでに何度も触れてきた通り、ここでは「心の戸棚の奥にしまわれた自身のニーズに気づいてもらうこと」が大切となります。

そして実はもう1つ、買う人の数を増やすという観点で、このステップで留意しなければならない点が存在します。それが、実施しようとしている打ち手で、実際にニーズに「気づく」人がどのくらいいるか、という点。

「Awake（気づき）」は買い物行動のスタート地点であるがゆえに、この段階でどれだけの人が反応するかで、最終的に買ってくれる人の数も変わってきます。だからこそ、ニーズに気づく人がどのくらいいるのか、言い換えれば**打ち手に「反応する人のパイ」がどのくらいあるのかがとても重要**になるのです。

そうなると必然的に、具体的な打ち手を考えるに当たっては、「反応する人のパイ」を意識することが不可欠となります。

先ほど「Awake（気づき）」の例として取り上げた洋服のショップのディスプレイで言うと、掲示したディスプレイがどのくらいの人のニーズの気づきにつながるのか、を考えることが、パイを意識することに当たります。当然、反応する人の数はコーディネートのパターンによって変わるため、お店の集客を考えるなら、できるだけ多くの人が反応するコーディネートを掲示することが大切になるのです。

これはＣＭにより「Awake（気づき）」を作る場合でも同じです。どんな表現を用いて、どんなニーズにどんな形で気づかせるかによって、ＣＭで反応するパイの大きさも変わります。したがって、買ってくれる人を最大化するためには、反応する人のパイが最大化するようなＣＭを作る必要があるわけです。

私が実際に経験した例で言うと、肌に効果のあるサプリメントの広告の「Awake（気づき）」の違いにより、反応するパイが明確に異なったというケースがあります。具体的には、顔の肌の老けをテーマにしたものと、手や首の肌の老けをテーマにしたものの2つの広告を作って放送したのですが、後者のほうがより多い反応を得られた、つまり反応するパイが大きかったというケースです。

単純に考えると顔の肌の老化に悩んでいる人のほうが数としては多いと思われますが、実はこの市場って、すでに各種のスキンケア化粧品がひしめく大競争市場。ゆえに顔の肌をテーマにしたのでは、サプリメントに目を向ける人が少なかったと考えられます。

逆に手や首の肌の悩みは、悩んでいる人の数自体は減るのかもしれませんが、一方で競争相手は少ないまだまだ未開拓の市場。ゆえに、その悩みに答えてくれるサプリメントが新鮮に見えたため、結果的に反応する人が多かった、ということなのでしょう。

このように、「Awake（気づき）」によるパイの大きさは、単純に市場の規模とイコールになるわけではなく、競争相手との関係性や、表現の伝わりやすさなどの複数の要素も絡んで決まってきます。したがって結果を得るためには、単に市場規模を分析することに留まらず、どんなニーズを、どんな表現で、どんなふうに伝えるとパイが最大化するのか、ということまで考えることが重要です。

テストの重要性

もっとも、複雑な要素が絡む広告の反応を予測するのは非常に難しいもの。そこで通販広告の現場では、先ほどのサプリメントの例のごとく、確実にパイの大きい層を動かせる「Awake（気づき）」を生み出すために、必ず複数の表現を作ってテストをします。テレビCMでも複数のタイプを制作して少量を放送し、その結果が良かったものを広げていくという手法が取られますし、低コストで多数の表現がテストできるインターネット広告の場合は、数十種類の表現を投入して勝ち抜き戦を行うということが当たり前のように行われています。こうすることで、確実に大きなパイを狙える広告表現の開発を実現しているのです。

表現のテストをやっていて常々思うのが、自分が思った仮説が当たる確率は決して高くない、ということ。もちろん「人がジュースを飲みたくなるのは、のどが渇いた時では？」というような仮説が外れることはあまりないのでしょうが、例えば3つの商品パッケージデザイン案があったとして、そのどれが反応が良いのかといった感覚に依存する仮説は、そう簡単には当たらない気がします。

こういった心理に関わる仮説は、思い込みに頼るよりも実際にテストして検証する方が何倍も高精度だというのが、現場にいる私の実感です。だからこそ、「Awake（気づき）」の**精度を上げるには、思い込みに頼るのではなく、テストを行いながら打ち手の検証をしていく**ことがとても大切だと思うのです。

テストとか検証とか言うと大仰な感じがしますが、実際にはそんなに難しいものではありません。例えば洋服屋さんの店頭のディスプレイで言えば、定期的にディスプレイを変えて入店客の数や客層に変わりがないかを観察してみる、といった工夫がまさにそれに当たりますし、あるいはインスタグラム等のＳＮＳを活用して複数のコーディネートを提案し、その反応を見てみるというのも、立派なテストだと言えます。洋服屋さん以外でも、取り扱っている商品を日替わりでＳＮＳで発信したり、店頭で日替わりの一押し商品として打ち出してみるなど、どのように気づかせることで反応する人の数が増えるかを知る方法はたくさんあると思います。

つまり、言い方を変えれば、テストをすることそのものが大事というより、どんな情報を打ち出したら、どのくらいの人が反応してくれるのかという相関関係に常に意識を払うことが、顧客のパイを広げていくうえで大事だということです。

とにかく、人はニーズに気づけばおのずと解決策を探す生き物。簡単にできることから始めていきながら「Awake（気づき）」の精度を上げていけば、おのずと売り上げも上がっていくことでしょう。

■「Identify（認識）」の精度向上のために

バズっても売れない理由

自身のニーズに目を向けた人が、それを満たすモノとして商品の価値を「認識」する段階が、この「Identify（認識）」です。したがってここでは、**きちんと商品の価値を「認識」してもらうことが不可欠。**商品の価値が「認識」されなければ、この段階でモノを買うための心の動きが途切れてしまうからです。

先ほど、「目立つことに特化したＣＭ」と「商品価値を意識したＣＭ」の２タイプの放送結果のお話をしましたが、この例はまさに、商品の価値の「認識」が弱ければ、心の動きが途切れてしまうということを示した事例だと言えます。

実は、これと同じことが、数年前に流行したインターネットでのバズ動画（インパクトのある内容でSNSなどでの拡散を狙った動画）でも言えるのではないでしょうか。

このバズ動画という手法は、自然発生的に拡散されることでコストを掛けずに情報を広げられる画期的なPR方法として、広告、広報関係者の間で一時期大きな注目を集めました。ですが、実際にやってみると、思ったほど動画が拡散されなかったり、仮に拡散されたとしてもなかなか商品の販売につながらなかったり、下手をすると炎上してしまったりなど、期待した結果になかなかたどり着けないものでした。

そんなせいもあって現在ではかなり下火になってきているのですが、この手法がうまくいかなかった根本的な背景には、商品の価値を「Identify（認識）」させる力の欠如という問題があったのではないかと思うのです。

拡散されることが大きな目的のため、この手の動画は、注目されることや面白いと思われることに力点を置いて制作されます。その分だけ、動画の主題と商品の関係性が希薄になることも多く、ややもすると動画の内容が商品と無関係になってしまっているケースもありました。仮にそのような動画が、内容の面白さだけで拡散されたとしたら、どうでしょう。商品の存在や価値が、その動画に触れることで「Identify（認識）」されるでしょうか。

視聴者が喜んで受け入れ、拡散させたのは、あくまで商品と無関係なエンターテインメントの部分。そんな動画を見ることで、自身のニーズに気づいたり、商品がニーズを満たすことを「Identify（認識）」する可能性は著しく低いと思われます。たとえ再生回数が増えたとしても、バズ動画ではなかなか物が売れなかった裏には、このような構造的な理由が潜んでいるのです。

この事例が示すように、「Identify（認識）」の打ち手を行う場合には、まずは確実に商品の価値を「認識」してもらうことに力点を置くべきです。そのためには、その商品を必要としている人がどんな人なのか、どんな思いを抱えていて、どんなことに関心を持っているのか、そういったことを市場調査や顧客の行動観察によって正確に把握することが欠かせません。

つまり、拡散とか再生回数といった数を追うのではなく、**商品を必要としている個々人に目を向けて発想していくべき**、ということです。そうして見つかった適切な「認識」の手法があれば、わざわざ拡散などを狙わなくても、同じニーズを持った人の間での口コミという形で広がっていくのではないでしょうか。

目先の数字を追わない

同じ課題は、飲食店などの情報発信においても散見されます。典型的なのが、SNSの活用の方法。とにかくフォロワー数が増えれば情報発信の効率が増すからと、お客様の都合や心理を無視して頻繁にフォローと解除を繰り返すようなアカウントに、皆様も出会ったことがあるのではないでしょうか。本質的には、飲食店が顧客を拡大するためには、そのお店を必要としている方々に価値を認識してもらうことが不可欠です。それに対し、このようなフォロワーを増やして一方的に発信できる環境を作る、という発想は全く逆だと言わざるを得ません。

やはりここでも、自分たちにとって都合よく思える目先の数字を追うのではなく、顧客からどのように認識されるべきかという本質を意識して、適切に情報を発信していくことが大切だと思います。

また、そうした面で注目したい要素の1つに、情報発信のタイミングというものがあります。例えば、飲食店からの情報発信は、ランチ前の11時30分ごろにおいては消費者にとって有益な情報になるものの、逆に15時を過ぎてしまうと全く意味のないものになってしまう、というふうに、情報の価値はタイミングによっても全く変わってしまうのです。にもかかわらず、個人の飲食店とかだと、ランチの営業が落ち着いて手の空いた15時ごろにSNSを発信している、みたいなことも多いのではないでしょうか。

大事なのは、相手に自分ごと化され、価値がある存在だと「Identify（認識）」されること。本書でも何度も触れましたが、人はニーズがない限りモノを買うことはありません。ゆえにモノを売るには、ニーズを持っている人に、しっかりと商品の価値を認識してもらうことが不可欠となります。顧客1人1人に目を向けて、タイミングなどの状況も考慮しながら、いかにして効果的な「Identify（認識）」を実現していくか。そんな視点が、売り上げを伸ばすためには重要なんだと思います。

■「Discussion（対話）」「Emotion（感情・感覚）」の精度向上のために

手書きの書評ＰＯＰ

買うかどうかを決める過程において、「Discussion（対話）」および「Emotion（感情・感覚）」の検討ステップはとても重要な役割を担います。にもかかわらず、**これらの行為はお客様の心の中で行われるため外からは見えにくく、そのせいで対策が難しいという面も持ちます**。ゆえに、実際にモノを売る現場では、ここの打ち手が不足しているケースが非常に多いように思われます。

そこでここでは、具体的にこの部分の打ち手としてうまく機能している事例を紹介しながら、「Discussion（対話）」、「Emotion（感情・感覚）」施策の精度の向上について考えてみようと思います。

「Discussion（対話）」を促すことに成功している代表的な事例が、以前話題になった書店における店員さんの手書きの書評ＰＯＰ（売り場に設置される販促物）ではないでしょうか。実際にこのＰＯＰによってその書店の売り上げが大幅に伸びたと言われることからも、このやり方は人間のモノを買う心理に非常にマッチしたやり方だったと考えられます。

このＰＯＰが書店に来るお客様の買いたい気持ちを動かした裏には、対価と価値の検討を促し、さらに価値を向上させるような、いわばインターネットショッピングにおけるレビューと同様の効果があったのだと考えることができます。

このＰＯＰが開発される前までは、書籍の価値を伝えるツールとして位置づけられていたのは、新聞の書評欄や本の帯に書かれた推薦文でした。これらはあくまで、対価を払って本を買った人が感じた価値ではなく、専門家が本に載っている情報の価値を診断したものです。

そこにやってきたのが、書店の店員さんというお金を出して本を買う立場の人の推薦。インターネットモールのレビューと同じ役割を果たすものが登場したことで、対価と価値の2つがテーブルに乗ることになった。それにより、店頭で対価と価値の検討のスイッチが入ったため、このＰＯＰが本の売り上げ増加に大きく貢献したのです。

Discussion（対話）を促すお客様の声

こうした対価を払う人の目線での情報は「Discussion（対話）」を促すうえで非常に有効ですが、実際に販売の現場に取り入れられているケースは多くはありません。

例えばスーパーの野菜売り場では、生産者の声が紹介されていることは多々あれど、その野菜を買うお客様の声が紹介されているケースはあまり見かけないと思います。

そこで、売り場にある各種の野菜に主婦目線でのコメント（パートさんに書いていただいたものでいいと思います）を書いたPOPを掲示する、といったことは検討してみる余地があると思います。

実際、私が大分県の山間部、玖珠町《くすまち》にある小さな地元のスーパーに行った際に、このようなPOPに出会ったことがあります。手書きで、しかも段ボール片に殴り書きされた、ちょっとした野菜のおいしい食べ方。ですがそれを読むだけでいろいろと味の想像が膨らみ、野菜はもちろん、そこに紹介されていた調味料までも買いたくなったことを鮮明に覚えています。

このスーパーには野菜以外にも至るところに、同じ人が書いたと思われる筆跡と着眼点のPOPが設置されていました。おそらくこの種のPOPを設置したことで、心が動いてついで買いをする人がたくさんいたのでしょう。何度かテストをする中でそれに気づいたバイヤーさんが、「これは効果があるぞ！」と広げたのが、このお店の各所にあるPOPだと思われます。

このやり方は、野菜以上に価格と価値が多様なワインや日本酒などであれば、なおのこと有効になるのではないでしょうか。専門家としての説明は店員さんで対応可能なので、それを補完する意味でそれぞれの銘柄のお客様の評価コメントを売り場に掲出すれば、検討している方にとってはとても有益な情報になると思います。

そのPOPのデザインも段ボールに殴り書きするのではなく（それはそれで臨場感があって良かったのですが）、コメント内容に合わせて上質なものやにぎやかなもの、お得感を感じるものなどバリエーションを設ければ、「Emotion（感情・感覚）」に訴えかける効果も持たせられると思います。

それからもう1つ、先ほど女性向けのセレクトショップの小話として紹介した、ぽっちゃりの店員さんがいると自分に似合うかどうかの自問自答がされやすい、という話。これもある意味「Discussion（対話）」の本質に着目した成功事例と言えるかもしれません。商品を第三者的に見てもらうのではなく、「自分ごと」として検討してもらう、それができれば、買いたくなる可能性はもっと高まると思うのです。

これを応用すると、ぽっちゃり型の店員さんがいないお店でも、例えばいろんな体型の人が自社の商品でコーディネートした写真を用意して、自分が着るとどうなれるのかを検討する材料にしてもらう、といった手法を取ることで、同じような効果を生み出すことができるかもしれません。

　あるいは体型以外でも、あえて安価な服と組み合わせたコーディネート事例を用意して、手持ちの安価な服と組み合わせてもこんなに素敵なコーディネートができますよ、と伝えることで着回しが利くことを実感してもらうなど、この手の手法は様々に応用ができると思います。

「好き」を増幅する方法

　また、「Emotion（感情・感覚）」の面から「自分ごと化」を促している好事例として、最近の家具チェーン店で多く見られる、丸ごと一部屋を自社製品でコーディネートした展示が挙げられると思います。この手法は、売られている家具がどのようにコーディネートできるのかという情報を伝えると同時に、実際にその部屋で暮らした時の満たされた感情を覚えさせるという効果を持っています。

　ひとたび「こんな家具に囲まれた部屋で暮らすのって、いいなぁ」と思ってしまうと、人はその気持ちから逃れるのが難しくなるもの。単に家具を1個1個並べるだけの展示では作れないこの感情を生み出すことに成功した、という意味で、この手法は革新的なものだったと言えるのではないでしょうか。

同じように「Emotion（感情・感覚）」をうまくくすぐっている事例として挙げられるのが、コンサートなどのライブイベントにおける物販です。ＣＤの売り上げが激減している昨今、ミュージシャンの売り上げ確保の手段の１つとして注目を浴びているのが、ツアーＴシャツなどの物販事業。ライブイベントによって極限まで感情が高まると、当然のことながらその熱い思い出を記憶に残すために、モノだって欲しくなるものです。

しかも最近だと、メジャーではないアーティストの場合は、メンバー本人がライブ後に売り場に立つこともあります。私も、ライブ後に疲れてるのに申し訳ないなと思いつつ、メンバーを一目見てみたいせいで売り場に並んだことがあります。

こうして特別な記憶とともにグッズを手に入れると、アーティストへの愛着もさらに増すもの。その意味では、アーティストとファンがお互いＷＩＮ‐ＷＩＮに成長していけるという意味で、このやり方は現代の消費者心理にマッチしたとても良い方法だと思います。

この例に限らず、好きという気持ちを増幅するやり方は、「Emotion（感情・感覚）」に働きかけるうえで非常に有効な方法論です。

例えば車のディーラーで、愛車と同じ車種のミニカーをプレゼントするとか、そのメーカーの商品を使っているトッププロを招いて店頭でイベントを行うなどのやり方は、好きという気持ちを増幅し、欲しい気持ちを育てるうえで非常に大きな影響をもたらします。好きになった人は、かなり高い割合でそのメーカーの上位商品の顧客となる可能性が高いもの。その意味では、「Emotion（感情・感覚）」をうまく活用することで、アップセル、すなわち購買商品のランクを上げていくことが可能になるのではないでしょうか。

以上、効果的な「Discussion（対話）」や「Emotion（感情・感覚）」の施策について考察してみましたが、この部分には、まだまだ発見されていない革新的な打ち手がたくさん隠れているように思います。特に商品の現物を実際に手に取って体感できるという流通業には、その強みを生かしたやり方がきっとあるはずです。

有望なのは、これからますます加速すると言われる小売業とデジタル技術の融合。例えば、店頭で手に取った商品のユーザーの声が自分のスマートフォンで簡単に見られる、といったサービスも、技術が進めば実現可能と思います。

また、先ほど少し触れたＶＲなどのデジタル技術が進化すれば、小売店とインターネットモールは将来的に融合してしまうのかもしれません。すでに不動産屋などでは、VR技術を用いて、店頭にいながらにして希望する物件を360度好きなように見わたすことができるシステムも実用化され、物件選びの新たな検討材料としてお客様から好評を博しているそうです。いずれにせよ大切なのはユーザー目線での気づき。私たちもそこを大切に、新しい方法を模索していきたいと思います。

■「Action（行動）」の精度向上のために

「Action（行動）」ステップでの打ち手のカギは、なんといっても**決断に直結する「対価」の提示の仕方**です。積み上げ型や限定などの手法を駆使することで対価のハードルをいかに下げるかが、ここでの結果を大きく左右するのです。

タイムセールでの工夫

「Action（行動）」を促すことに成功している代表的な事例が、主にスーパーで行われるタイムセールではないでしょうか。夕方のスーパーで刺身がタイムセールとなり、値札の上に「表示価格から3割引」のシールが上から重ねて貼られている。それを見て、もともと買う気じゃなかった主婦の方がついつい刺身に手を伸ばしている、そんなシーンに皆様もよく出会うと思います。

これはまさに、時刻という分かりやすい基準を利用して新たな対価を提示したことで、「Action（行動）」を促すことに成功した事例だと思います。「対価」がお得になったことが分かりやすかったからこそ、本来なら高くて買わなかったはずの刺身を買ってもらえるという態度の変化が生まれたわけです。

「対価」が下がったことに分かりやすく気づかせるということを考えると、タイムセールのやり方はもっと様々にアレンジできるかもしれません。

例えば、タイムセールの「表示価格から○割引」のシールを貼る行為そのものをパフォーマンス化し、もっと目につき、もっと感情が盛り上がるような演出をする、といった工夫です。タイムセールの時のみパートさんに赤い法被《はっぴ》を着てもらい、目立つ赤い法被のパートさんが時間になると一斉にバックヤードから出てきて、集団で割引シールを貼っていく。そのような演出をすることで注目度を高めれば、タイムセールのインパクトはさらに増すでしょう。

対価そのものの価値を高めるのであれば、パートさんとのじゃんけんによって割引率が決まるタイムセールを導入する、といったアイデアも考えられます。じゃんけんという参加性を設けることでお客様の興味が高まることはもちろん、自分で割引という果実を勝ち取ったお客様は必ずそれを行使したくなるため、買ってくれる可能性は飛躍的に高まるのではないでしょうか。

第1章の「煽り型ＣＴＡ」で触れた通り、期間や人数を限定するのも対価のハードルを下げる方法として非常に有効です。

そう考えると、タイムセールの人数を限定し、時間も限定する、といった手法も一定の効果をもたらすかもしれません。通常のタイムセールは在庫品を売り切るということが主目的になっているせいで難しいかもしれませんが、そういった消費期限が短い商品だけでなく、通常は定価で売られている商品もタイムセール時に人数と期限を設けて紹介すれば、ついで買いの増加を実現できるかもしれません。

バーゲンセールでの工夫

また、タイムセールに限らず、対価の提示を工夫するという意味では、一般的なバーゲンやセールにおいても、まだまだ工夫の余地は残されているように思います。

例えばバーゲン時によく見られるセールシール。通常価格の値札に追加で貼られている赤色や青色の「表示価格から○％ＯＦＦ」と書かれているシールです。これは先述のタイムセール時に上貼りされる値札と同じ役割を果たしているのですが、この施策の有効性を増すのであれば、ここにバーゲンの終了期日も書くといいのではないでしょうか。

バーゲンで店頭にやってきたお客様がバーゲンの終了期日を把握しているかというと、実際にはそうでもないと思います。期間を限定されることで「今買っとかなきゃ将来的に損する」という意識（心理学的に損失回避の法則と言われます）が働き、対価のハードルが下がって行くことを考えると、この心理を働かせるうえでセールシールにバーゲン終了期日を書くことは、買いたい気持ちの大きな後押しとなる可能性が高いのです。

同じようなことで言うと、バーゲンセール商品に、さらにまとめ売りを適用するということも面白いでしょう。スーパーの精肉売り場や、量販店の靴下売り場で見られる、「３つセットで買うと９８０円」という売り方。この売り方を採り入れると、多くの方が3点を買うことが多いそうです。あるいはインターネットモールによくある、「○○円以上買うと送料無料」というバーを設けるのも、同様の事例です。

これらは「後で個別に買うと損するのでまとめて買ったほうが良い」という損失回避の心

理を生み出すことで買いたい気持ちを後押ししているやり方ですが、これを応用すれば、期間限定のバーゲン品をまとめ売りにすることは、二重の損失回避の心理を生み出すことにつながると考えられます。したがって、結果的により効果的な「Action（行動）」の後押しとなる可能性も高まるわけです。

一方で、バーゲンセール時に気になるもう1つ別の存在が、「セール除外品」です。セール時に多少雑多になった店の一角に、一線を画すように整然と置かれた「セール除外品」群。これを見てあなたはどんな気持ちを抱くでしょうか。

「これは、他のセールになっている商品とは違って、本当に価値がある商品なんだな」と思う方が多いと思います。そして、そう思った瞬間に、より価値の高いものが欲しいという心理から、バーゲンになっている商品よりもこういった「セール除外品」を買ったほうが良いんじゃないか、という気持ちが芽生えることも多いと思います。

つまり、バーゲンセールは、お得な商品を生み出すと同時に、価値の高い商品をも際立たせる役割も持っているわけです。だとすると、仮にそんな価値の高い商品の「対価」が下がったとしたら、どんな効果があるのか。言うまでもなく、相対的に対価がよりお得に見え、強力な「Action（行動）」の後押しになるはずです。

そこで、ぜひとも試してみたいのが、次のようなこと。もともと「セール除外品」だった商品が、後々セール品になったとします。その際には、あえて元の「セール除外品」の表示を残したままにし、その上にセールシールを貼るのです。これであれば、価値を高めたうえで対価のハードルを下げるという見せ方が簡単に実現できます。このような事例を店頭で見かけたことはほとんどありませんが、人間のモノを買う心理に照らし合わせると、このやり方はかなり高い効果を発揮するのではないかと考えられます。

価格の表示は非常に奥深いもの。よく知られた例で言えば、３種類の価格を用意すると真ん中の価格のモノが一番よく選ばれる、とか、均一の価格（１００円ショップなど）の場合、必要性が薄いものまでついで買いされることが多い、など、様々な価格に起因する行動パターンが存在しています。こうしたこともうまく踏まえながら、「対価」がよりお得に見える方法を検討することで、最後の「Action（行動）」を乗り越える人の数は増やすことができると思います。

価格の表示は、極論すれば手書きの価格表示シールを複数パターン作るだけでもテストすることが可能です。ほぼ投資額がかからない販売促進策として、まずはいろいろやってみる、というのもありではないでしょうか。実際、通販広告の現場では、価格表示の文字の大きさをわずかに変えるとか、価格の表示秒数をちょっとだけ伸ばしてみるとか、そんな細かな策をひたすら繰り返すことで、「Action（行動）」する人の数を地道に積み上げていっているのです。

■「×3」の精度向上のために

高額商品の場合、人は一度の「A・I・D・E・A」のステップでは買ってくれません。逆に3回程度このステップを繰り返すことで、徐々に購買の決意を固めてきます。だからこそ、「×3」を意識することで、モノが売れる可能性をより高めていくことができるのではないかと思います。

3回の接客を1セットで考える

「×3」の法則性に基づくと、初来店のお客様には、たとえどんなに商品に興味を示していたとしても、無理に決断は迫らず、とにかく価値と対価の自問自答に集中してもらったほうが良いと言えます。むしろ勝負は、2回目以降の来店時。本当に商品の価値を認めているのであれば、そのお客様は再度来店してくれる可能性が高く、そこで初めて「Action（行動）」を促すための接客をしたほうが、結果的に買ってもらえる可能性も高まるかもしれません。

そこで有効となるのが、1回1回の来店ごとに接客を完結させるのではなく、3回の接客を1セットとして顧客心理を動かしていく方法です。

例えば私の場合、初回の来店時に買わなかったりすると、そのことが後ろめたかったりして、2回目の来店に向けての障害になることが多い気がします。そのような心情を考慮して、初回来店時の最後に「またいつでもお越しくださいね。ご購入していただかなくても、見に来てくださるだけで嬉しいので」などと言っていただけると、2回目以降もすごくお店に行きやすくなります。

また2回目以降の来店時に、お店のほうが前回来店時のことを覚えていてくださり、購入の決断を迷っている私を受け止めてくれると、それだけで前向きに検討する気持ちになれます。複数回の来店を前提に顧客心理を考えていくことで、このような「×3」から生まれる顧客の心理にも、しっかりと対応することが可能になるのです。

「ショールーミング」

また、ここまで店頭での接客のケースで考えてきましたが、そもそも論で言うと、一般的に消費者は接客されること自体をあまり好んでいません。接客における消費者の意識について調査すると、ほとんどの場合、接客されるのを望む人のほうが少ないのです。理由は、付きまとわれて、強引に薦められたりすると断れなくて買ってしまいそうでイヤだ、というようなもの。ですが、とは言いつつも、買っていただくためには対価を超える価値を認識してもらうことが必要であり、売る側としてはそのために接客が欠かせないものであることも事実です。

そんな中で「×3」を実現していくためには、お店に3回も来て接客を受けてもらうというハードルの高いことを前提とするのではなく、商品の価値を認識してもらう場所と買うために来てもらう場所を別にする、といった手も考えられます。実際、店頭は商品の現物を確かめる場として活用し、購入は誰にも邪魔されないインターネットで行う「ショールーミング」と言われる消費行動が、昨今非常に増えてきています。この事実は、**商品の価値を認識する場所と買う場所を分けるというやり方が、現代の消費者の志向にマッチする可能性が高い**ことを意味していると思います。

このような消費者の行動の変化に対応するために、店頭などのリアルな空間での消費者の行動データと、インターネット上の行動データを結びつける動きが、現在ものすごいスピードで進化しています。過去に店舗に来た人に絞ってスマートフォンの広告を出す、といったことは、すでに各所で実際に行われているのです。こういった技術の進化を利用すれば、先ほどご説明した店頭での接客時の工夫といったレベルにとどまらず、「×3」を応用する範囲はもっと幅広く広がっていくと思われます。

以上、締めくくりとして考察した、全体視点と部分視点での「A・I・D・E・A（×3）」の活用法、いかがでしたでしょうか。極力実践しやすそうなものを中心に取り上げたつもりですが、やはりこの時代、より大きな効果や変化を狙うと、どうしてもデジタル技術を活用した手法に頼りたくなるケースが多くなってしまいました。

とは言え、どんなに技術が進化しようとも、最終的にその成否を決めるのは、いかに消費者の心理を動かせるか、という点に尽きます。技術の進化とうまく連携しながらも、そこに囚われることなく、より効果的に「A・I・D・E・A（×3）」の心の動きを作っていけるよう、私たちもさらに購買心理の追求に努めていきたいと思います。

エピローグの前に――心理学者からのメッセージ

この本の出発点は、電通九州さんからのアプローチだった。電通九州で埋蔵している、膨大な種類の広告とそれによる売上というデータの山に、心理学的な解析、考察を加えてみませんか？ という依頼をもらったのだ。まずは話を聞いてみようと思い、会社を訪問したところ、初回から驚愕の事実にぶつかった。膨大なデータが解析されずに積み重ねられていたのである。心理学者から見れば、宝の山を放置しているような状態であったのだ。この宝を部分的にでも掘り起こせれば、とても面白いことが言えるだろう。そのように思って、共同で研究を進めていった。

しかし、この作業は思った以上に大変だった。広告代理店社員の日々の業務に対して、心理学的な研究を進めることは、会社の利益にダイレクトにはつながらないからだ。立ち止まって考えなくても、ものすごい量の依頼で日々忙殺されており、トライ&エラーによって、直感的な正解はすでに手元にある。つまり、立ち止まって心理学を学ぶ必要はトップ広告代理店社員にはなかったのだ。

もう一つ大きな問題があった。守秘義務の関係でデータ解析の結果を、学術論文や学会発表で開示できなかったのだ。学術的な業績につながらない研究では、大学の教員にとっては旨味が少ない。

つまり、双方にとってこの共同研究は諸手を挙げて進めよう！　という旨味しかないもの、ではなかったのだ。しかし、それでも我々は膨大な時間を割いて、この共同研究を進めた。私たちを支えていたのは、広告と心理学への純粋な知的好奇心であったのではないかと執筆を終えて思っている。本当に広告について知りたい。広告を心理学的視点で眺めることが面白いと思ったからこそ、ここまでやってこられたのだと思っている。そういう意味で、本当に楽しい仕事であった。素晴らしい熱意で向き合ってくれた電通九州の皆さんには心より感謝を申し上げたい。

会社間の契約があり、情報開示に制限があったため、科学読み物・心理学読み物としては、不十分さがあるし、アンフェアに見える部分があり、私たち自身も非常に心苦しい部分があった。心理学の専門家からの批判は当然多数あると思う。あくまでも、一般書・読み物であり、学術書ではないという言い訳で、この点ご寛容いただきたい。

この本では「**心理学を活用することで生まれる、ビジネスへの大きな可能性**」が具体的に提示できたと信じている。この本によって、心理学自体をより身近に感じてもらえたならば、幸いである。活用されることで活きる学問としての心理学。心理学者のカーネマンは、ノーベル経済学賞を受賞した。それは彼の心理学上の理論が、経済学つまりビジネスの世界で大いに活用できることが分かったからである。恥を忍んで大言すれば、カーネマンの志を、この本では引き継いでいたつもりだ。少しでも心理学の価値・面白さが提示できており、その理解の一助になっていれば、最高の喜びである。

そして、次はあなたと、何らかの新しい心理学的な共同作業を始めたい。心理学を使ってみたいという人が読者におられたら、是非コンタクトを取っていただきたい。心理学の面白さと有用さが、より多くの人に伝わり、心理学を実際に活用してみたいと思ってもらえるように、心理学者としての日々を過ごしたい。

エピローグ

通販の広告って、なんとなく似てるよね……。

冒頭で提示したこの疑問の理由、ここまで読んでくださった皆様は、もう十分にお分かりいただけたのではないかと思います。

通販広告がどれも同じようなたたずまいをしているその裏には、長い間の経験を通して生まれた、モノを売るために欠かせない7つの鉄板法則が存在しています。

『呼びかけ&問いかけ型導入』で自身のニーズに気づかせ、『小公女型商品説明』で商品の存在を自分ごと化し、『答え合わせ型街頭インタビュー』や『中2でも分かる特徴紹介』で商品の価値を自問自答させ、さらに『感覚刺激型BGM&テロップ』で感情をも揺り動かし、そして『煽り型CTA』で対価のハードルを下げて決断を促す、加えてこれらを『トリプルリフレイン』することで、より深い検討をしてもらう、こうした技が表現に落とし込まれた結果が、皆様が見慣れたあの通販広告なのです。

そしてもう1つ、本書でぜひとも指摘したかった重要な点が、そのさらに裏側にある人間の普遍的な購買心理です。7つの法則が有効なのは、決して通信販売だからという特殊事情によるものではなく、そもそもの人間の購買心理がそのような特性を持つことによります。それを可視化したのが、後半で掘り下げてきた「A・I・D・E・A（×3）」モデルなのです。

本書では、通販広告の表現のあり方をできるだけ分かりやすくお伝えするために、皆様の目に触れることが比較的多いテレビ通販をメインに話を進めてきました。ですが実際には、現代の通販の大半はインターネット上で行われています。インターネット広告はテレビ広告と違って、静止画のバナー広告もあれば、動画の広告もあり、また検索結果に連動して表示される広告もあれば、はたまたニュースのアプリの記事の間に挿入される広告など、非常に多くの種類があります。しかも、その1つ1つで、数に限りなく表現のテストをすることが可能ですし、その結果もすべて数値で計ることができます。つまりここでは、テレビ広告とは比較にならないほどの、様々な分析や検証を行うことが可能なのです。

現時点では、インターネット上での購買行動も、大きくは「A・I・D・E・A（×3）」に基づいていることが各種のデータからも分かっています。とは言え、その細部における反応については得られるデータが多岐にわたるがゆえに、まだまだ分析できていないことがたくさんあるのが実情です。

正確に言えば、どんな刺激を与えたらどんな反応が生じるのかは分かっているのですが、その背景にどんな心理があるのか、あるいは各ステップでの行動がどのような心理変化のつながりで生まれているのかといったことに関しては、解明できていない部分がたくさんあるのです。

しかもインターネット広告の場合、技術的な進化がすさまじいせいで、広告のやり方も日々新しくなっていきます。ゆえに結果を立ち止まって考えるのが難しく、それがまた次々と未知の領域を増やしていくという状態を生んでいます。

そんな現実があるからこそ、私たちはあえて一度立ち止まり、現時点で分かっている現代の購買行動とその本質を明らかにしておこう、と考えました。本質が分かれば、インターネットの分野に眠っているたくさんのヒントもさらに掘り下げていくことができますし、それらを通して、モノを売るという行為を今後さらに効果的なものに進化させていくことができると思うのです。

広告会社のマーケターと心理学者とでタッグを組んだ理由も、まさにそこにあります。購買行動の本質に迫るには、行動の裏にある「心理」を紐解くことが欠かせません。だからこそ、現代の購買行動に日々直面しているマーケターと、人間の心のひだを知り尽くしている心理学者が1つになって研究するという方法を、私たちは選びました。そして、双方の知見を持ち寄り、分析し、検証を重ねた結果生まれたのが、本書なのです。

ですので、テレビや新聞広告のみならず、インターネットでビジネスを行っている方々にとっても、本書の情報が何かの気づきとなり、そこから新しい発見が導かれることを願ってやみません。

また、本書で明らかにした購買行動の本質は、広告などの伝達手法だけでなく、モノを売る行為の中心となる「商品」においても活用できるものだと思います。

人は基本的にモノの価値を買っています。ゆえに、極論すれば、唯一無二の価値を持つ商品であれば、広告表現の技法に頼らずとも世の中の方々から選ばれることが可能となります。

こんな話をすると、「そんな商品を開発できれば苦労しない」という声が聞こえてきそうですが、例えば、『呼びかけ&問いかけ型導入』の部分で触れた、「ニーズ」の話を思い出してみてください。世の中のニーズは多岐にわたり、しかも次々と新しいニーズが生まれているという現実がありました。

つまり、常に生まれる新しいニーズにアンテナを張り、真っ先にそのニーズに応える商品を投入すれば、唯一無二の価値を持つ商品を開発することは、あながち夢物語でもないのです。この例のように、モノがあふれるこの時代においても、購買行動の本質を知っていれば、魅力的な商品を生み出せる可能性は大きく高まると思うのです。

こうしたモノ作りの視点と、それを伝える表現の技法、2つを意識して磨いていくことで、まだまだビジネスが成功する可能性は無限にあります。そのために欠かせないのが、消費者がモノを買う心理の本質を知ること。私たちももっともっと観察眼と分析力を磨いて、新しい売り方や商品を開発することで、さらに世の中の役に立てるよう努力していこうと思います。

あとがき

本書を手に取り、そして最後までお読みいただいた皆様、本当にありがとうございます。

この世に貨幣が誕生し、「対価」と「価値」の取り引き、すなわち商売が誕生したのは、一説によると紀元前40世紀にさかのぼると言われます。人類の歴史において、その後まさに数えきれないほどの商売が行われて今に至るわけですが、不思議なことに、人がモノを買う心理というのは、それほどまでに繰り返し行われ、地球上のあらゆる人が常日ごろ行ってきた行為にもかかわらず、未だ誰も正解が分からない「永遠の難問」として存在しています。宇宙の成り立ちですら解明されつつある現代において、こんなテーマって、実は相当に珍しいのではないでしょうか。

そんな難問中の難問に頼まれもせず挑む、という今回のプロジェクトのきっかけは、当時の私の上司であった藤本浩司の「せっかく当社に膨大なデータとノウハウがあるのだから、それを体系化して、『買いたい』という気持ちを解き明かしてみないか」という発案からでした。それを聞いた時、私はまさに、「解体新書」ならぬ「『買いたい』新書」だなと、とてもワクワクしたのを覚えています。

藤本のご縁で九州大学の妹尾武治先生、そして福岡女学院大学の分部利紘先生をご紹介いただき、まずはデータの解析からスタートしたのが、さかのぼること2年前のこと。その時点ですでにある程度の経験則は確立していたのですが、実際に検証するのはそう簡単ではありませんでした。

多くの通販広告は、様々なノウハウをこれでもかと盛り込みまくって作られています。ですがそれだと、いったいどのノウハウが本当に有効なものなのかを個別に検証することが困難です。そこでまずは、ノウハウを1つ1つ抜き出し、それがあるのとないのとでどのような差が出るのかを、地道に検証していきました。そうした中で分かってきたのが、正しいと思っていたものが統計的にはそうでもなかったり、逆にあまり気に留めていなかった方法論に確固たる効果が認められたりといった、経験を超えた先に見えてきた真実です。これらは本当に私たちの知的好奇心を掻き立てるものでしたし、こういった発見があったことで、日常の仕事においてもより一層意識して広告表現の効果の差異を注視することが増え、さらにいろいろな発見につながるという好循環も生まれました。

同時に生まれたのが、人がモノを買う心理は本当に奥が深く、掘れば掘るほど新たな疑問が出てくる、まさに永遠の難問だという実感です。答えに迫るどころか、その端の端を覗き見たに過ぎないのが本書の研究ではありますが、それでも、こんなにも取り組み甲斐のある研究に携われたことは、マーケティングのノウハウを高めるという意味でも非常に有益でしたし、何より自分の人生において他に代えられるものがない貴重な経験になりました。

研究の成果を、今回こうして一冊の本にまとめることができたのは、ひとえに心理学の豊富な知見と実績をお持ちの妹尾武治先生、そして分部利紘先生のご指導の賜物です。すべての統計データの検証はもとより、私が感覚で立てた仮説を1つ1つ精査してくださったからこそ、なんとか書き上げることができました。

そして、そんな行程で一進一退を繰り返す私たちの研究を見守ってくださり、世の中に届ける機会をくださった光文社の三宅貴久編集長の存在なくしても、本書の刊行は決して実現できませんでした。

改めてお三方に、この場を借りてお礼申し上げます。

また、本書につながる様々な通販ビジネスの実体験の場を、これまでの長きにわたり私たちに与えてくださったのが、当社電通九州とお取引してくださるクライアントの皆様です。このような経験をクライアントの皆様から与えていただかなければ、そもそも私が人間の購買心理に興味を持つこともなかったでしょう。その意味で、まさにクライアントの皆様こそが本書の生みの親だと思います。改めてここに深い感謝の意を表させていただきます。

加えて、そうした日々の仕事を前から後ろから支えてくれたのが電通九州の社員でしたし、とりわけ本書においても調査や作図を手伝ってくれるなど多大な協力をしてくれたのが、私が所属するダイレクトマーケティング部のメンバーでした。日々、頭を悩ませながら執筆に励む私を見守ってくれた家族と合わせ、いつも支えてくださる皆様にも心から感謝いたします。

先ほども触れた通り、人がモノを買う心理というのは、「永遠の難問」です。世の中の変化に沿って、その答えは常に変わり続けるものなのかもしれません。そんな答えを求めて格闘されている多くの方にとって、本書の研究が何かのヒントになったとしたら、私たちにとってそれに勝る喜びはありません。

そして、これからも私たちは、引き続き「永遠の難問」に立ち向かい、『買いたい』新書」を完成に近づけていきたいと思っています。もし本書をお読みいただき、一緒にビジネスに取り組みたいと思われた方がいらっしゃいましたら、ぜひとも遠慮なくご連絡をください。ともに成果を目指すことこそが、難問に挑む最良のやり方です。私たちも全力でサポートいたしますので、ぜひ一緒に新しいマーケティングのあり方を作り出しましょう。人数も期間も限定はありませんので（笑）、お電話、お待ちしています！

ありがとうございました。

株式会社電通九州　ダイレクトマーケティング部　香月勝行

香月勝行（かつきまさゆき）

株式会社電通九州ダイレクトマーケティング部所属。クリエーティブ、マーケティングの経験を融合した「結果の出る広告企画」が得意技。

妹尾武治（せのおたけはる）

東京大学大学院人文社会系研究科修了。博士（心理学）。同大学IML特任研究員、日本学術振興会特別研究員（SPD）、ウーロンゴン大学客員研究員等を経て、九州大学芸術工学研究院において准教授。

分部利紘（わけべとしひろ）

東京大学大学院人文社会系研究科修了。博士（心理学）。同大学院医学系研究科、日本学術振興会特別研究員（PD）を経て、福岡女学院大学講師。

売《う》れる広告《こうこく》　7《なな》つの法則《ほうそく》　九州発《きゅうしゅうはつ》、テレビ通販《つうはん》が生《う》んだ「勝《か》ちパターン」

2019年11月30日初版1刷発行

著　者 ── 電通九州・香月勝行　妹尾武治
分部利紘

発行者 ── 田邉浩司

装　幀 ── アラン・チャン

印刷所 ── 堀内印刷

製本所 ── 榎本製本

発行所 ── 株式会社光文社
東京都文京区音羽1-16-6（〒112-8011）
https://www.kobunsha.com/

電　話 ── 編集部03(5395)8289　書籍販売部03(5395)8116
業務部03(5395)8125

メール ── sinsyo@kobunsha.com

 ISBN 978-4-334-04442-8